DIALOGUE

若林幹夫とリサーチチームは原広司とのダイアローグに先駆け、1970年代から90年代にわたるアトリエ・ファイのアーカイブ資料を手に取って見る機会を得た。また、国立近現代建築資料館に収蔵されている資料も閲覧した。ここに、チームの目に留まったアーカイブ資料の一部を紹介する。キャプションは太田佳代子。

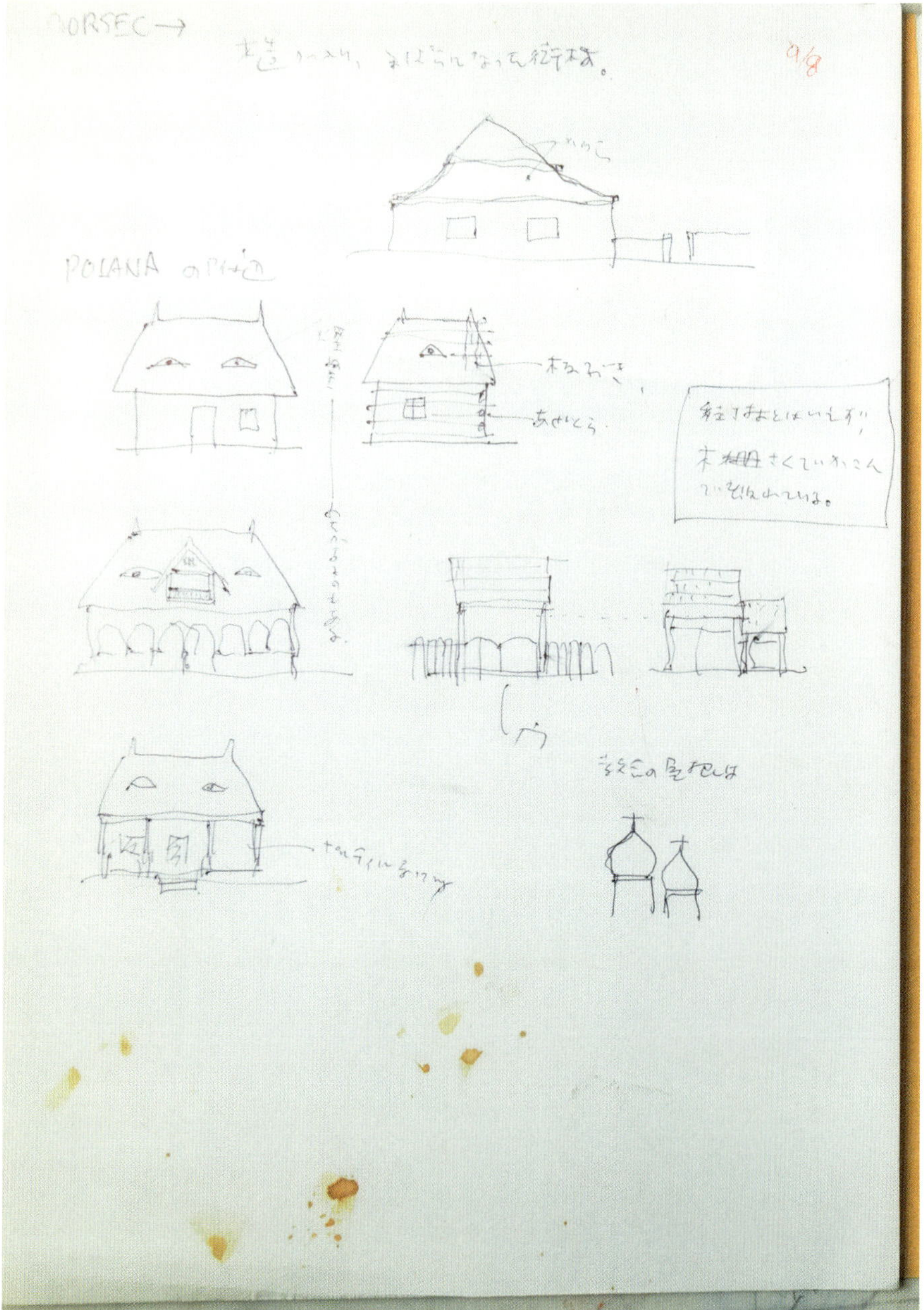

ボルセクもポイアナもルーマニア北部の緩やかな丘陵にある。ポイアナ近辺の家々の板葺き屋根には、目のような通気口が開いている。ここは原が「屋根の目の集落」と呼んだ地域で、家々が木柵でゆるく囲まれ、不規則に並ぶ離散型集落だった。この地域での観察から、原は装飾と近代の関係について胸打つ分析を導き出している。

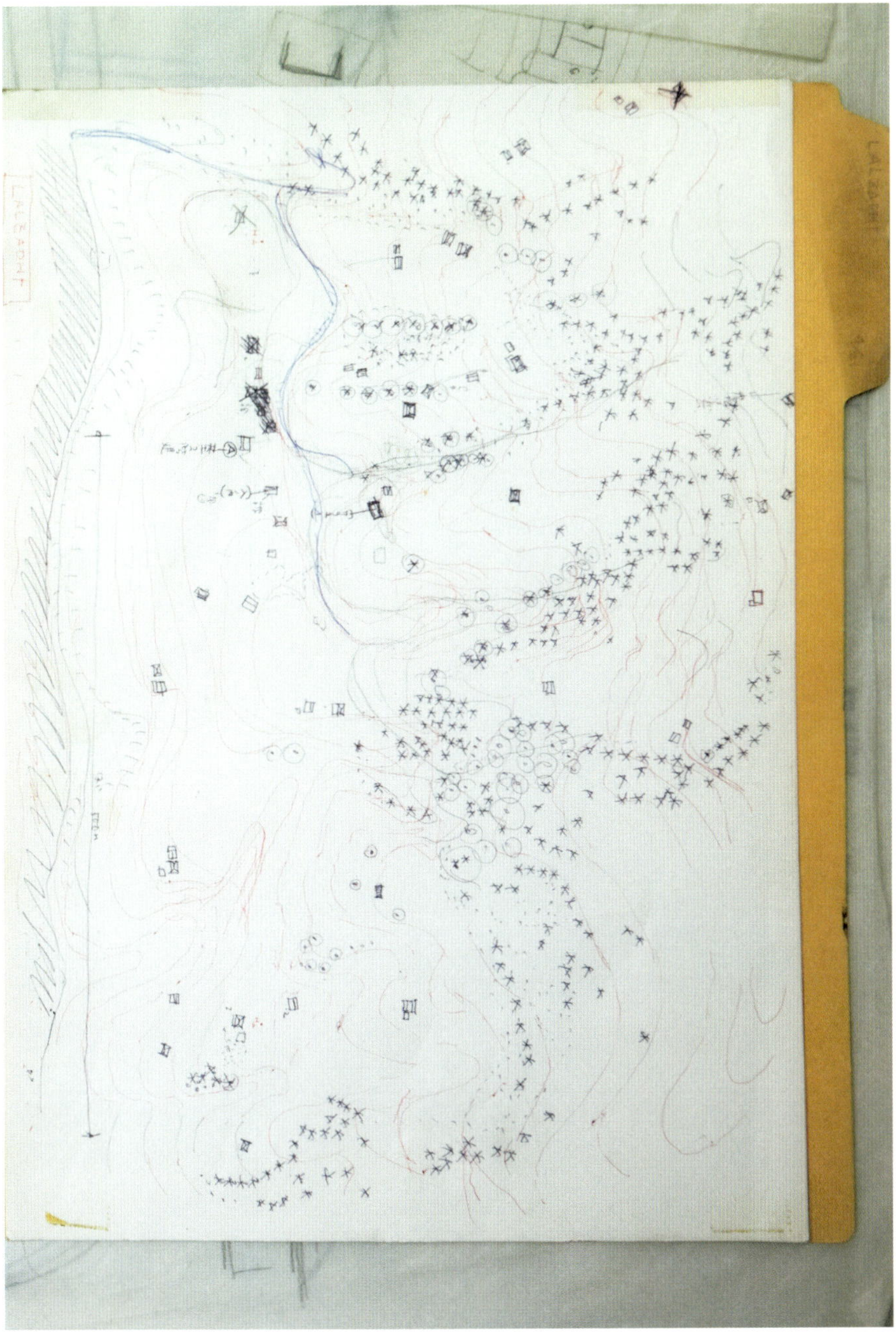

ラルザディはヒマラヤ山麓の急勾配の斜面に広がるネパールの集落である。住居が畑を介してほぼ等間隔に分布していることに注目した調査チームは、等高線を引いて家々と畑の配置を表記した。原はラルザディを「離散的な配列則を顕著に示す例」としている。どの家にも大きな庇があり、その下は作業や休憩に使われていた。

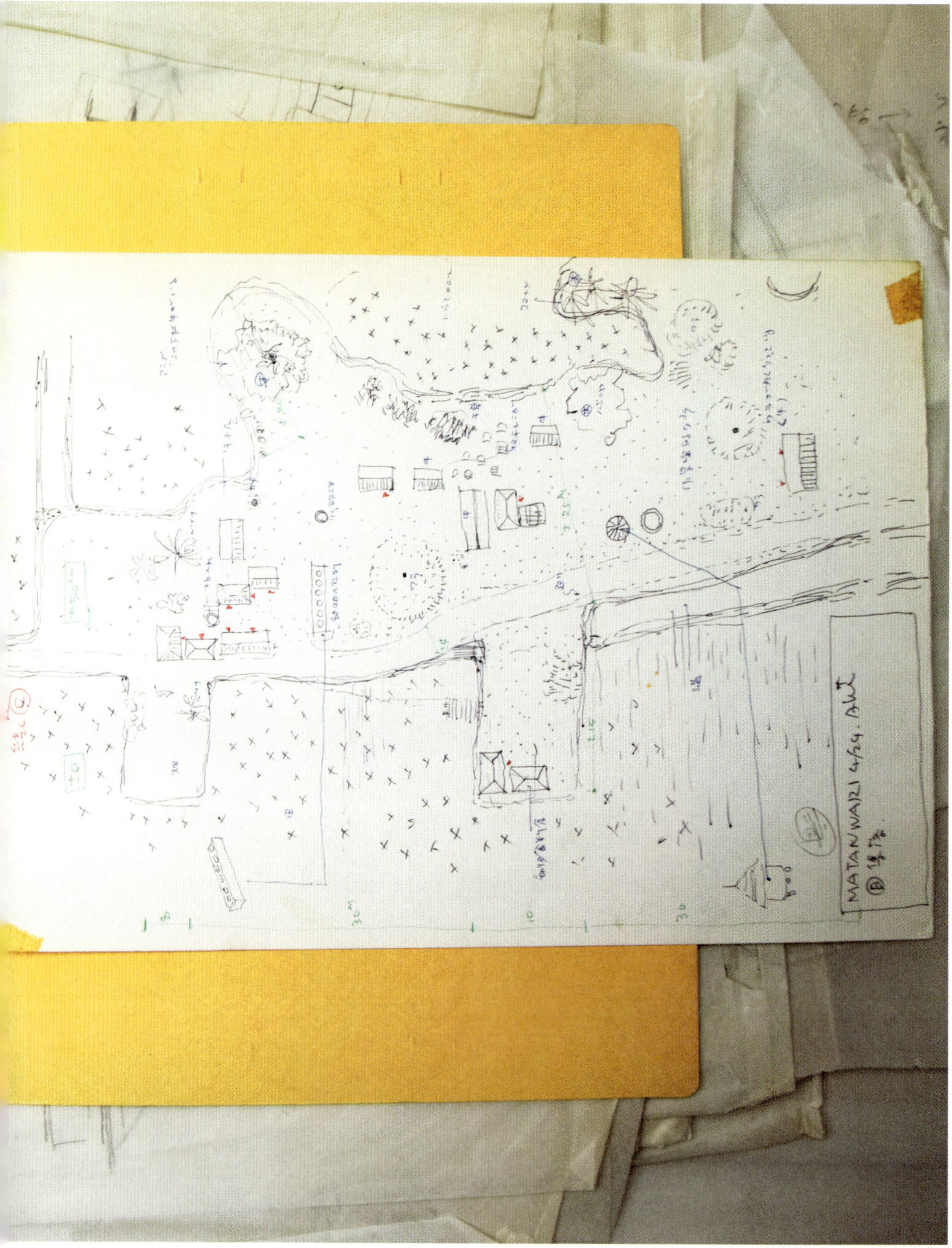

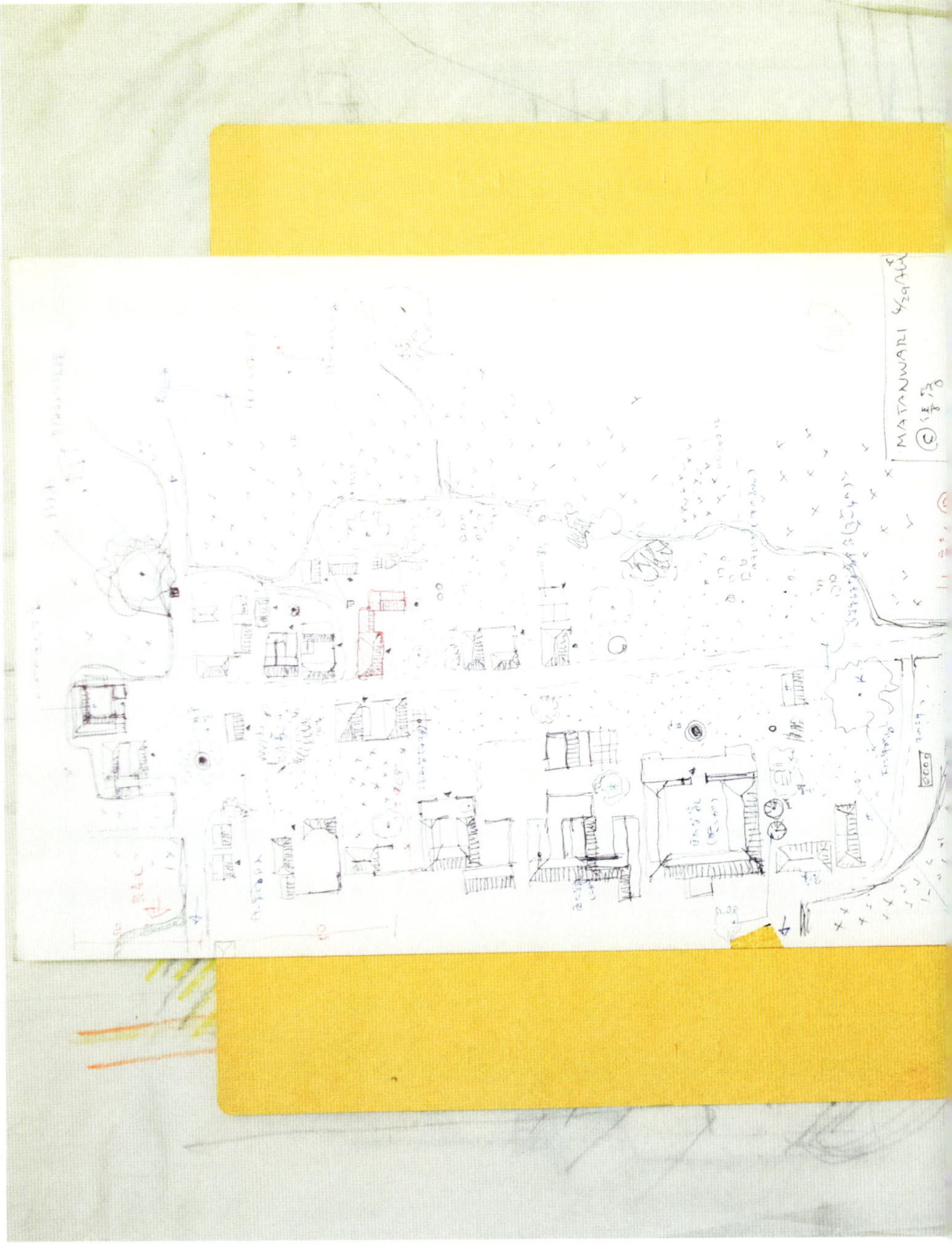

マタンワリはインド・ガンジス川流域の集落。家々が盛り土に建ち、あたかも海に小島が群れなしているかのようだったと原は言う。この全体平面図は、家々と畑の関係、労働と居住の場の関係、牛と人間の空間の交わりなどを伝えている。原は畑を介して数個のゾーンに分かれるマタンワリを「分散配置型の集落」と呼んだ。

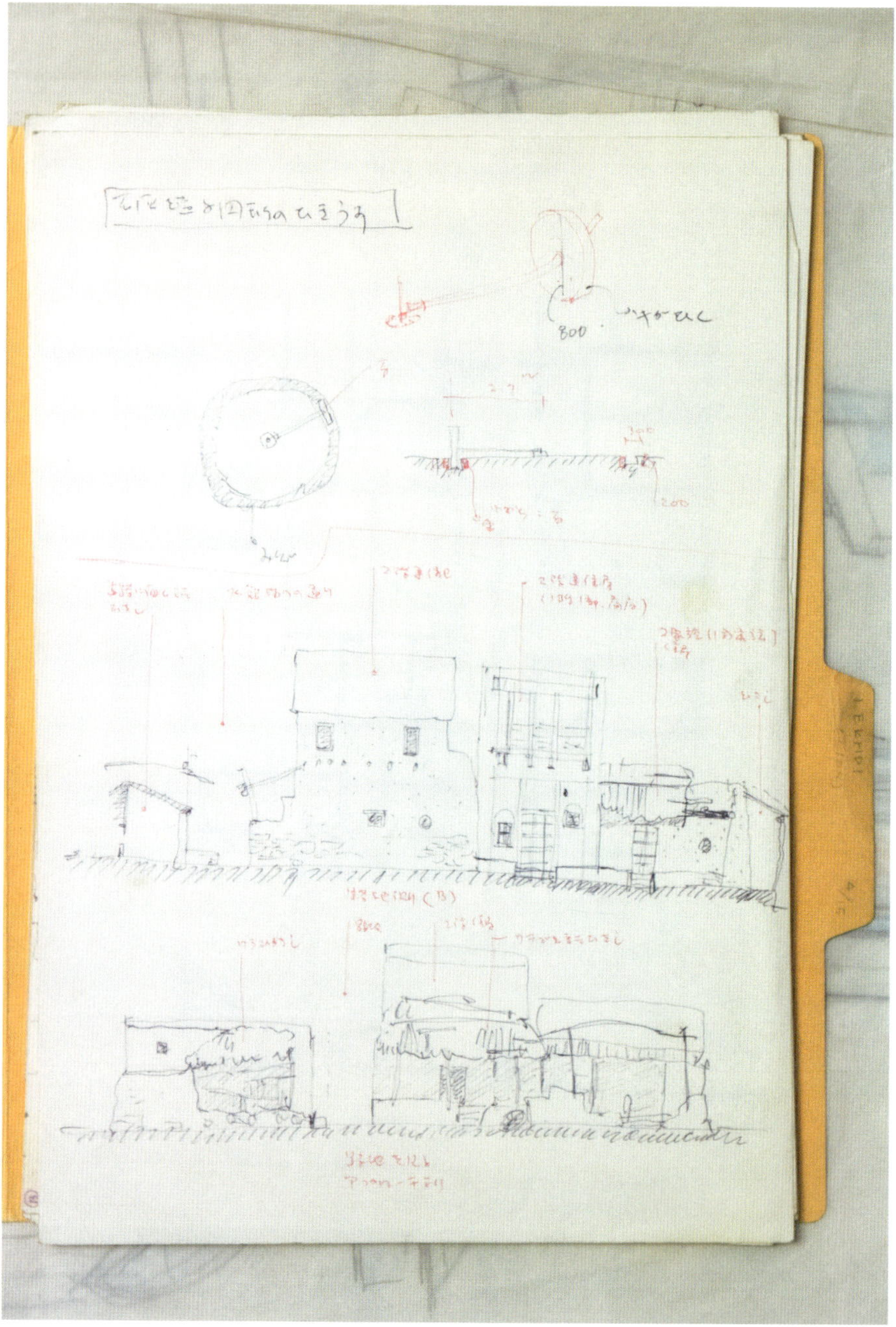

インド西部アジャンター石窟群に近い集落レイでの調査記録は、集落の複雑な構成ゆえか、路地に面した家々の立面図の記述が細かい。レイはカーストが上の集落、ケディとつながり、自らもヒンドゥー教ゾーンと仏教ゾーンからなる。異なる建築様式が混在するレイを、原はほとんどカオスに近い「混成系集落」の典型と呼んだ。

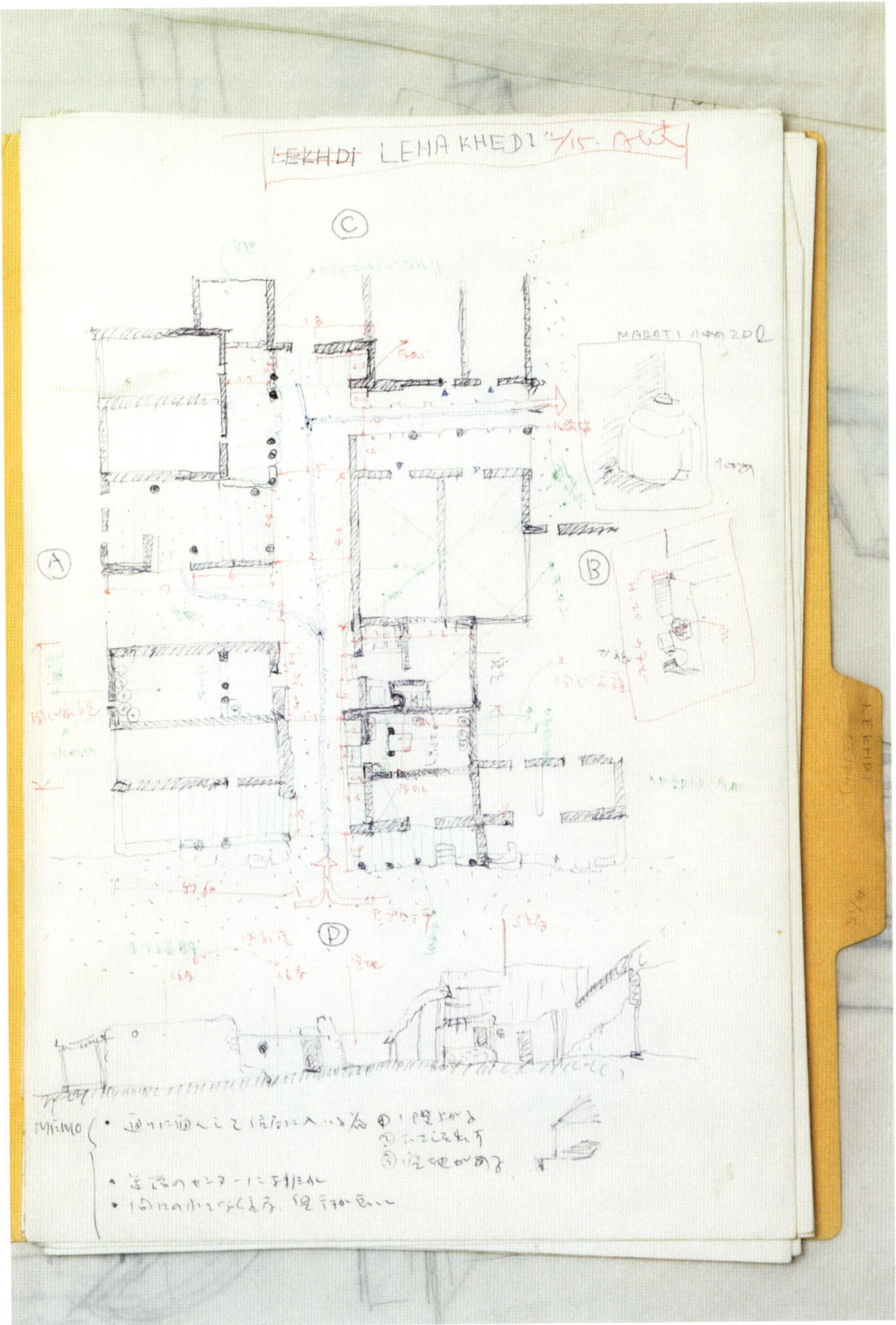

同じく農業集落レイの、ヒンドゥー教ゾーンの平面図と立面図。かまどや水瓶の描写がある。路地の中央に狭い溝が通り、排水を担っている。調査チームは共同体と家々の関係に注目し、路地と家の関係や空地の存在を記している。農業を営むこの集落では、かつて耕作地や農業設備が共同所有されていた。

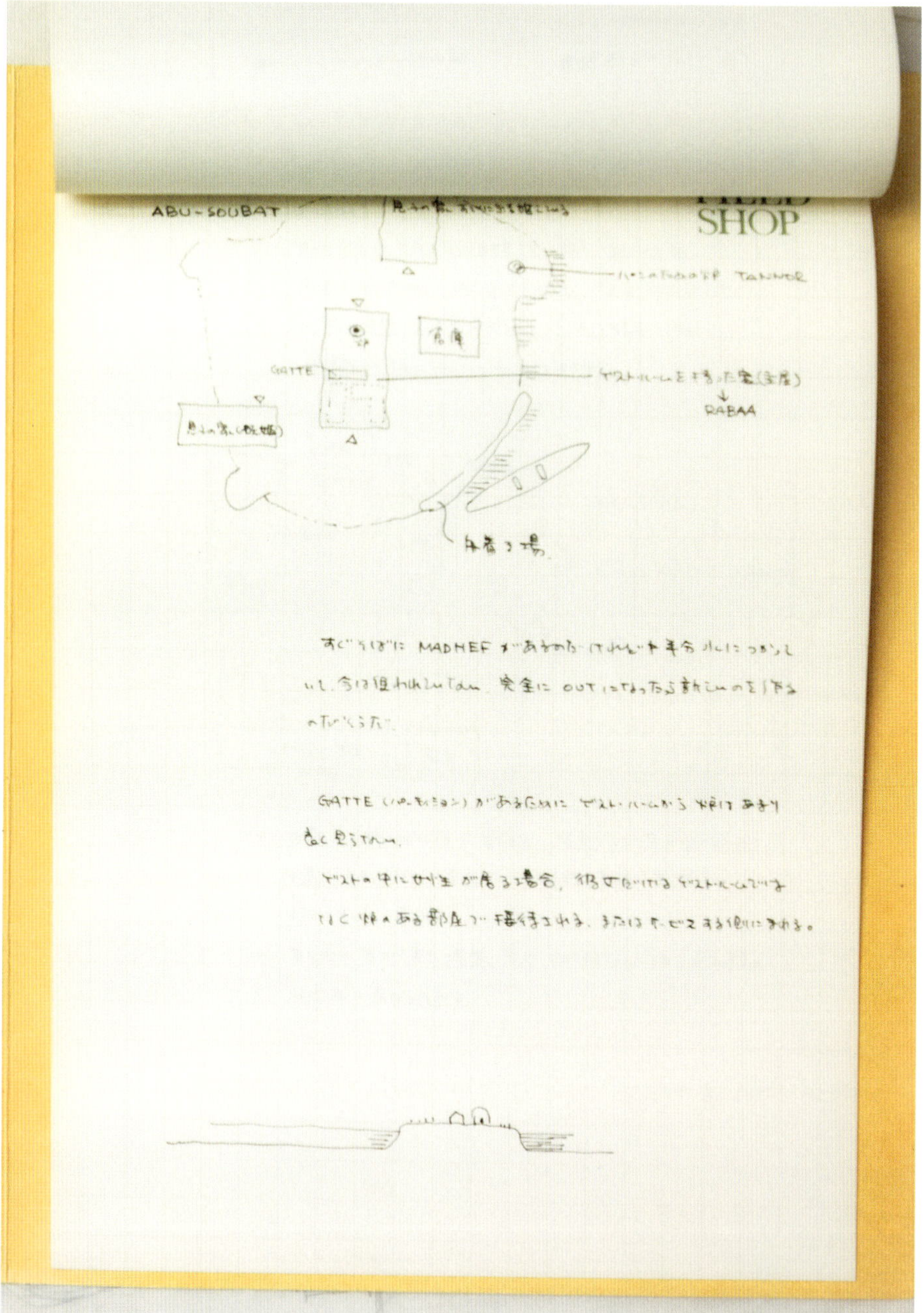

イラクのアブソウバットは、チグリス・ユーフラテス川下流の沼地に広がる「家族島の集落」。一家族が住む数戸の家を載せた島が水上に点々と浮かぶ。アシを編んだ家は、数年ごとに家族同士協力してつくり直さねばならない。自然が共同体を結束させ、厳しさと安定性のきわどい平衡感覚が集落をつくる、と原は考察している。

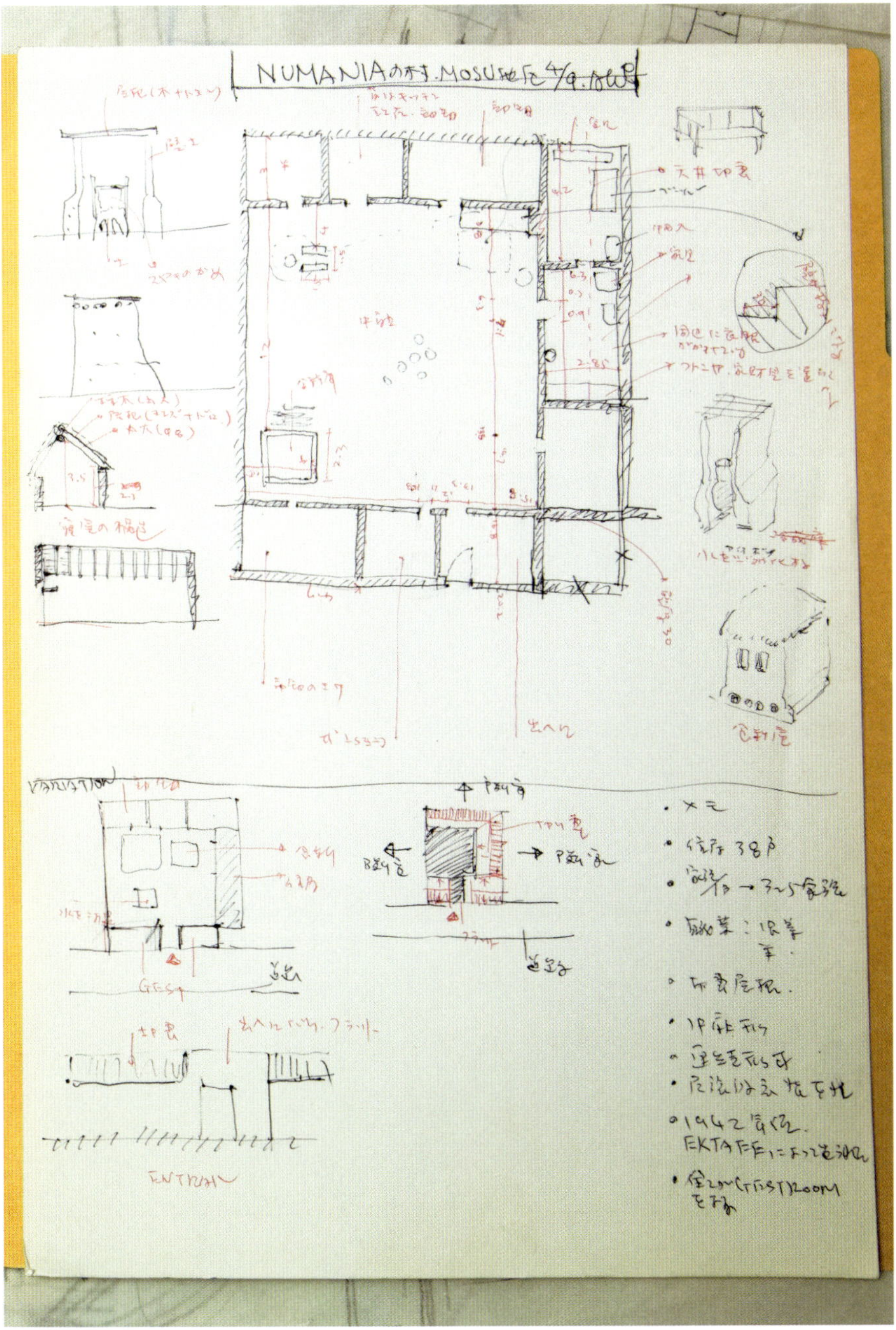

イラクのヌマニアでは、四角い中庭を囲む家が数珠のように連なっていた。三辺に沿って居室が並び、親子3〜5家族が暮らしている。もう一辺は隣家の裏壁。どの部屋に行くにも、大事な食料庫や水がめのある中庭を通る。家族全員で施設を管理し防衛する配置は、古代アッシリアやバビロニアに通ずると原は記している。

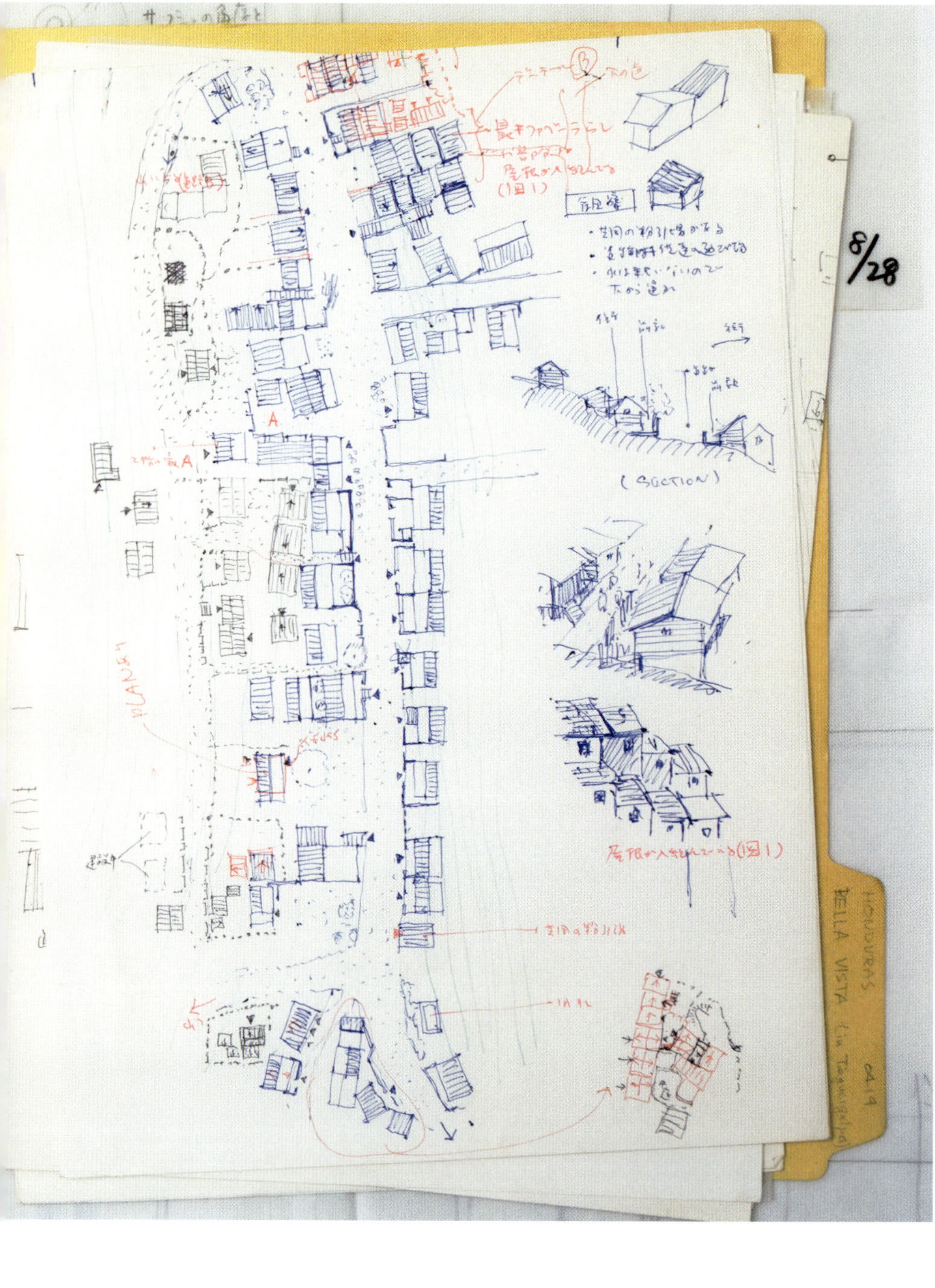
8/28
(SECTION)
HONDURAS
BELLA VISTA

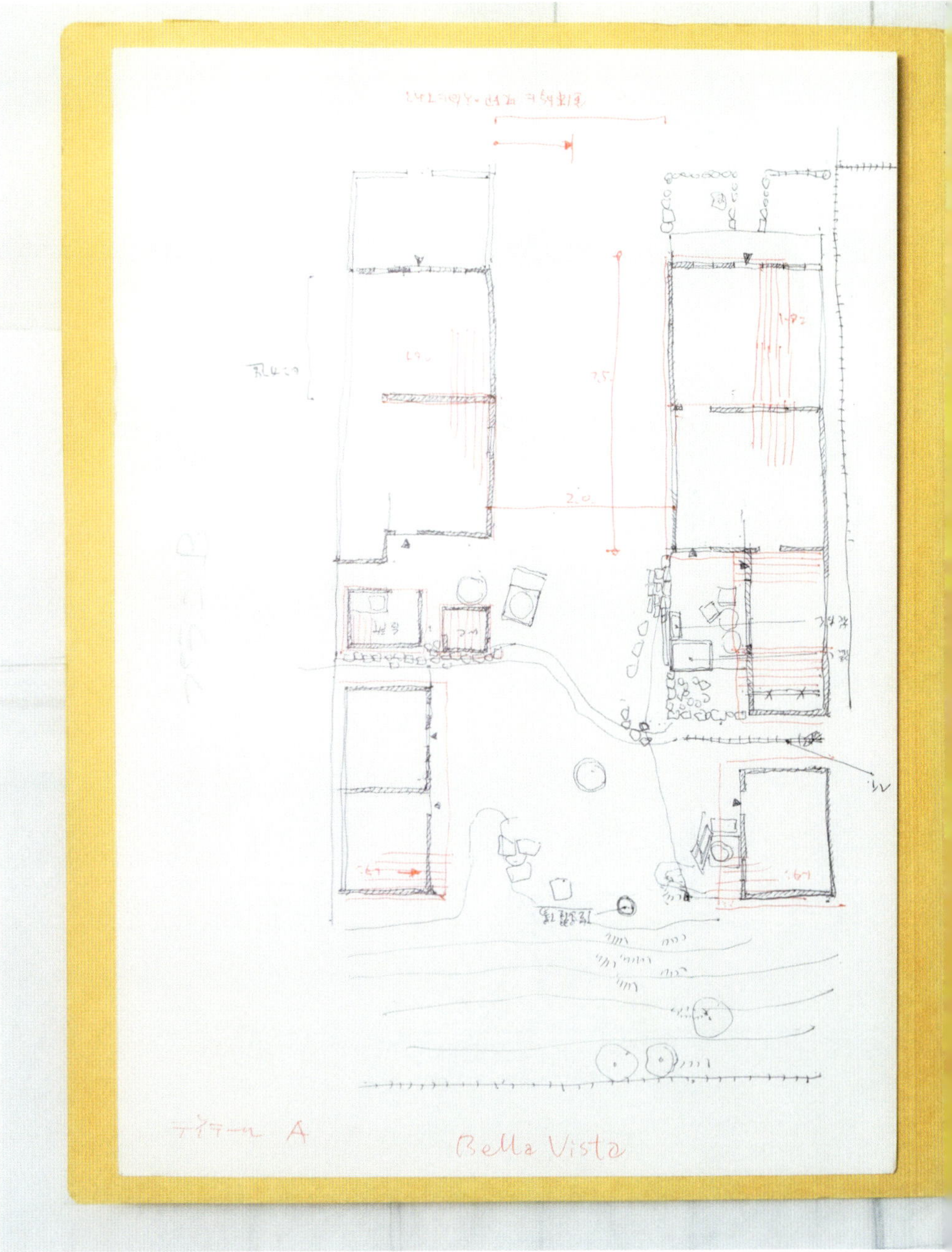

ホンジュラスのテグシガルパでは、山肌を覆う貧しい住居の密集が都市的景観をなしていた。斜面に沿って隙間なく建つ家々の入り組んだ屋根や、粉挽場や水場など共同設備の位置が記されている。原はこの集落について、混沌状態を切り抜けるために発見された方法が、未曾有の秩序を導いた幸福な例だと書いている。

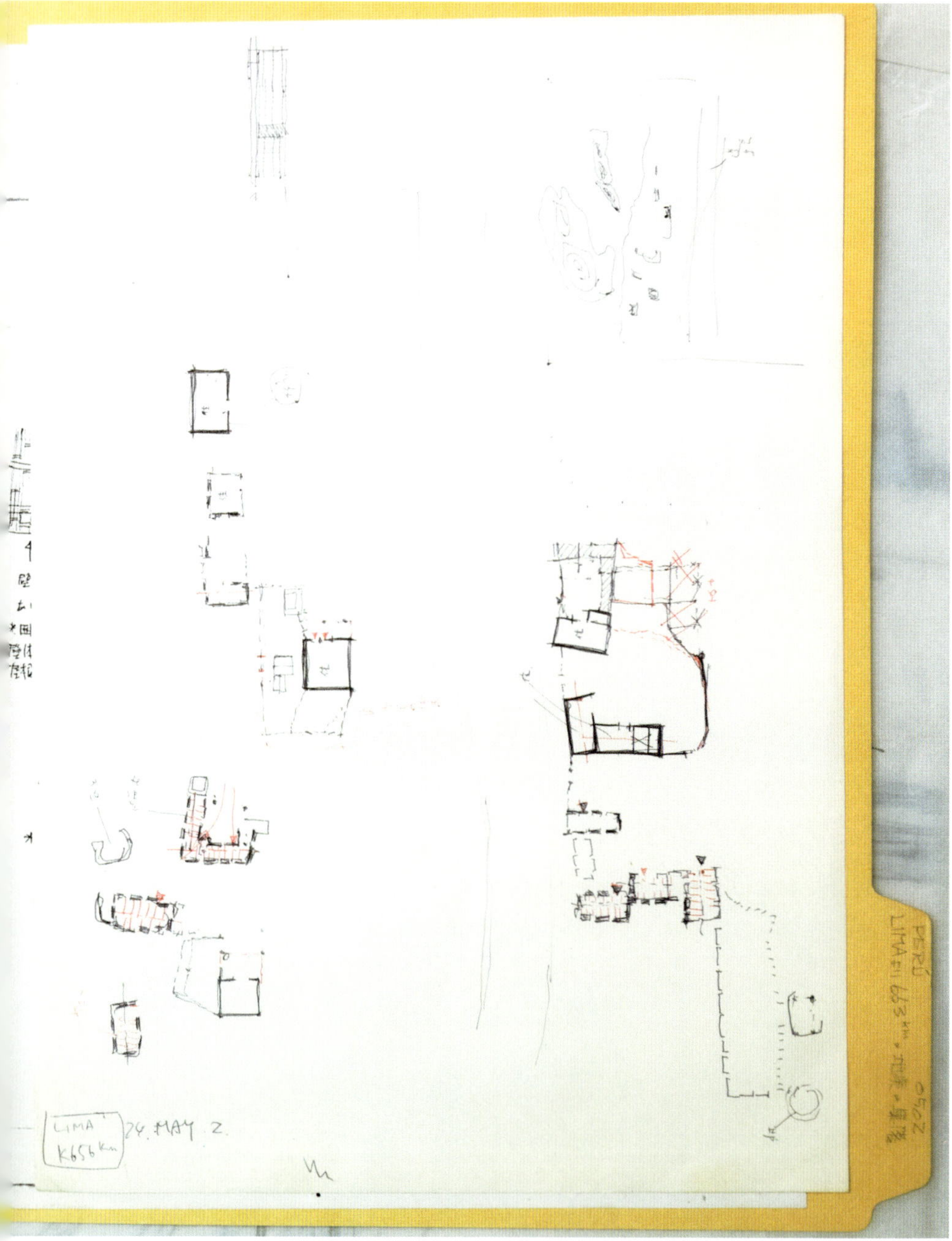
LIMA
K656km
24. MAY 2.

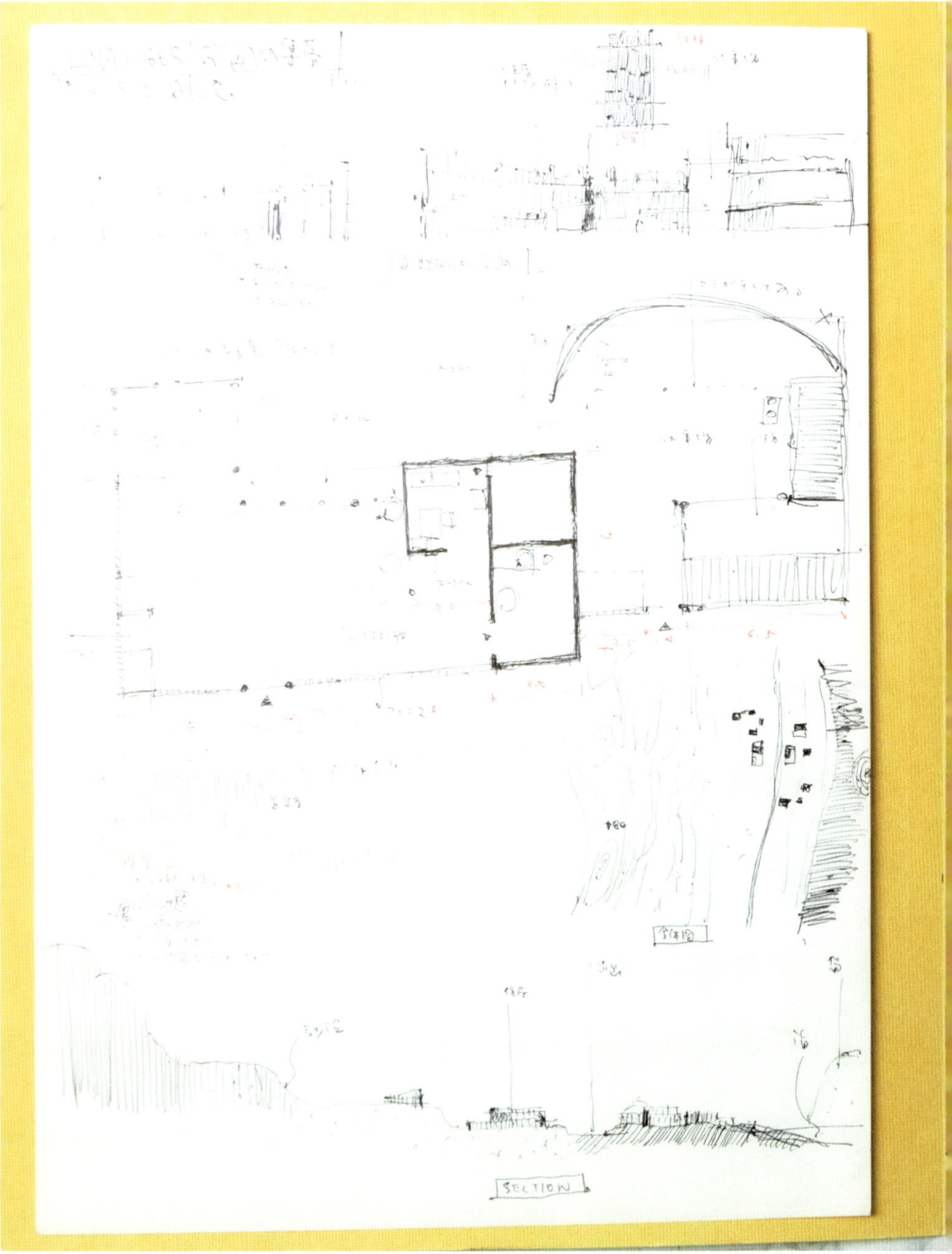

「LIMAより665kmの海べの集落」とある。オコーニャだろうか。断面図は、砂漠と海に挟まれた集落の独特の地形を描いている。チームは木柵に注目し、組み方や材料、配置も描写した。家の中では人間と家畜の空間がつながっていた。木柵は集落が侵入者を見張る効果的な装置でもある、と原は分析している。

原が 1970 年代の大半を費やし、学生たちと世界の集落を訪ねては手描きで起こしていった無数のドローイングやスケッチは、アトリエ・ファイに保管されている。集落の構成、自然環境や地形との関係の考察、家々の外観や内部の様子、間取りや様々なディテールが、建築の表象技術を駆使して記録されていた。

「ヤマトインターナショナル」の設計にあたり、原はトレーシングペーパーと鉛筆を使って無数の鳥をスタディした。このエスキス（スケッチ）の下部には、「あとり」「ひよどり」と記されている。「鳥は、集落や建築の友である」と、原は書いている。

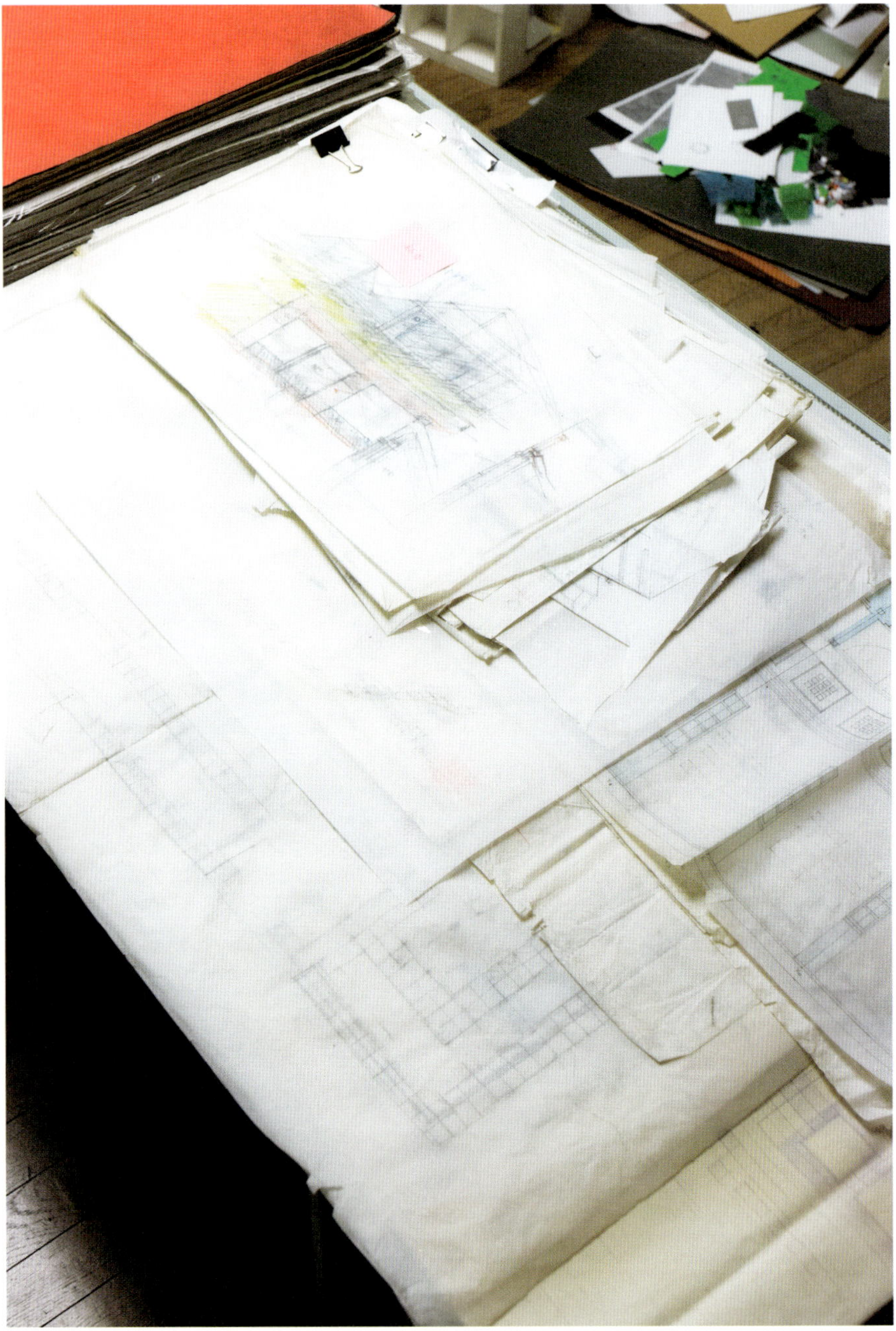

原とアトリエ・ファイは、「ヤマトインターナショナル」のために膨大な量のエスキスやドローイングを作成している。そこには、大規模建築や均質空間の設計に際してとられる典型的なアプローチ、すなわち基準階平面やディテールを規則的に繰り返すことに対する、強固な抵抗が表れている。

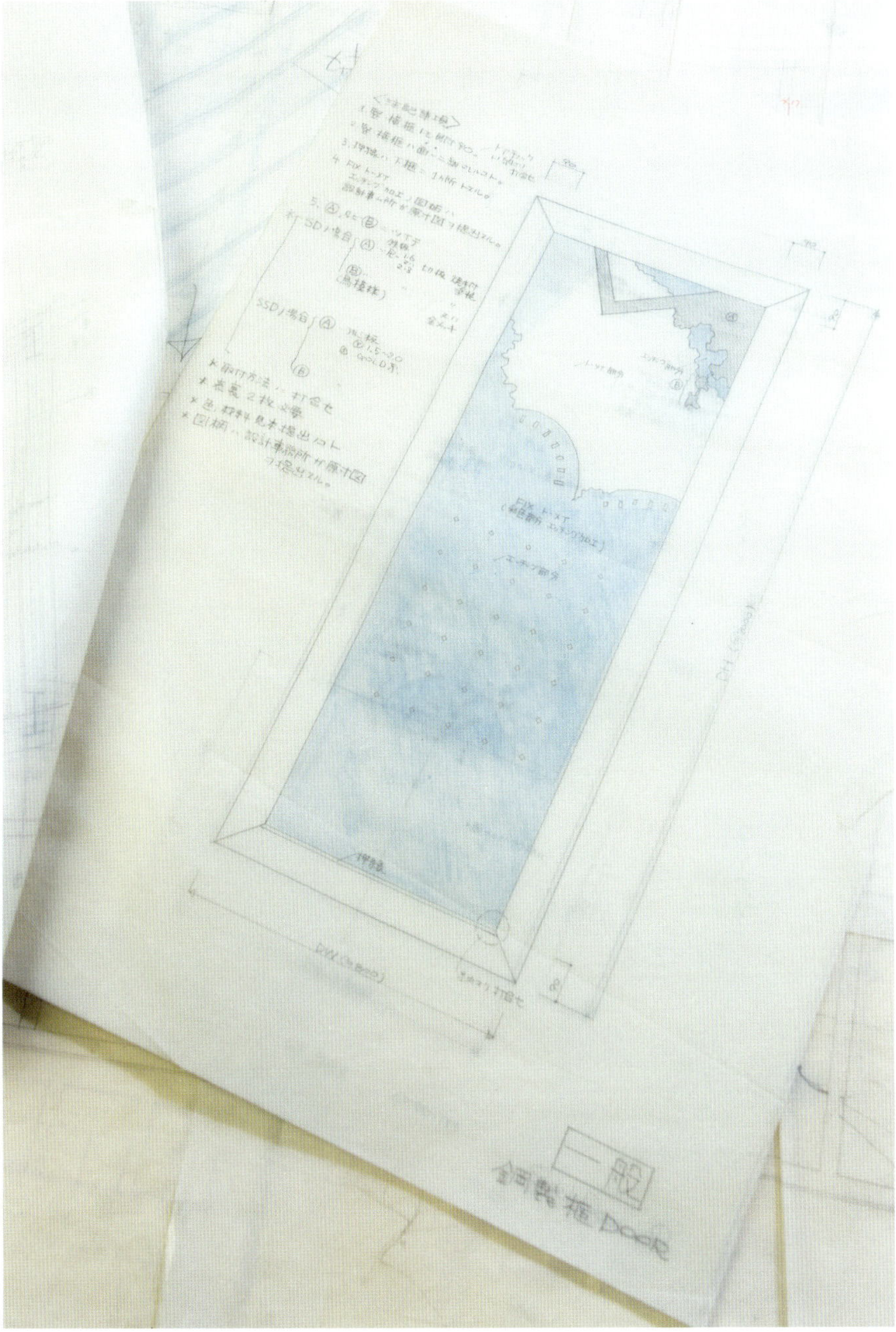

アトリエ・ファイが「ヤマトインターナショナル」で施工業者に向けて書いた鋼鉄製ドアフレームの指示図面。図柄は精確に描き込み、左脇には「エッチング加工ノ図柄ハ設計事ム所ガ原寸図ヲ提出スル。」と注記している。右上に小さな鳥模様が。ドア１枚のためにも、入念な図面作成と施工者とのやり取りがあったことが窺える。

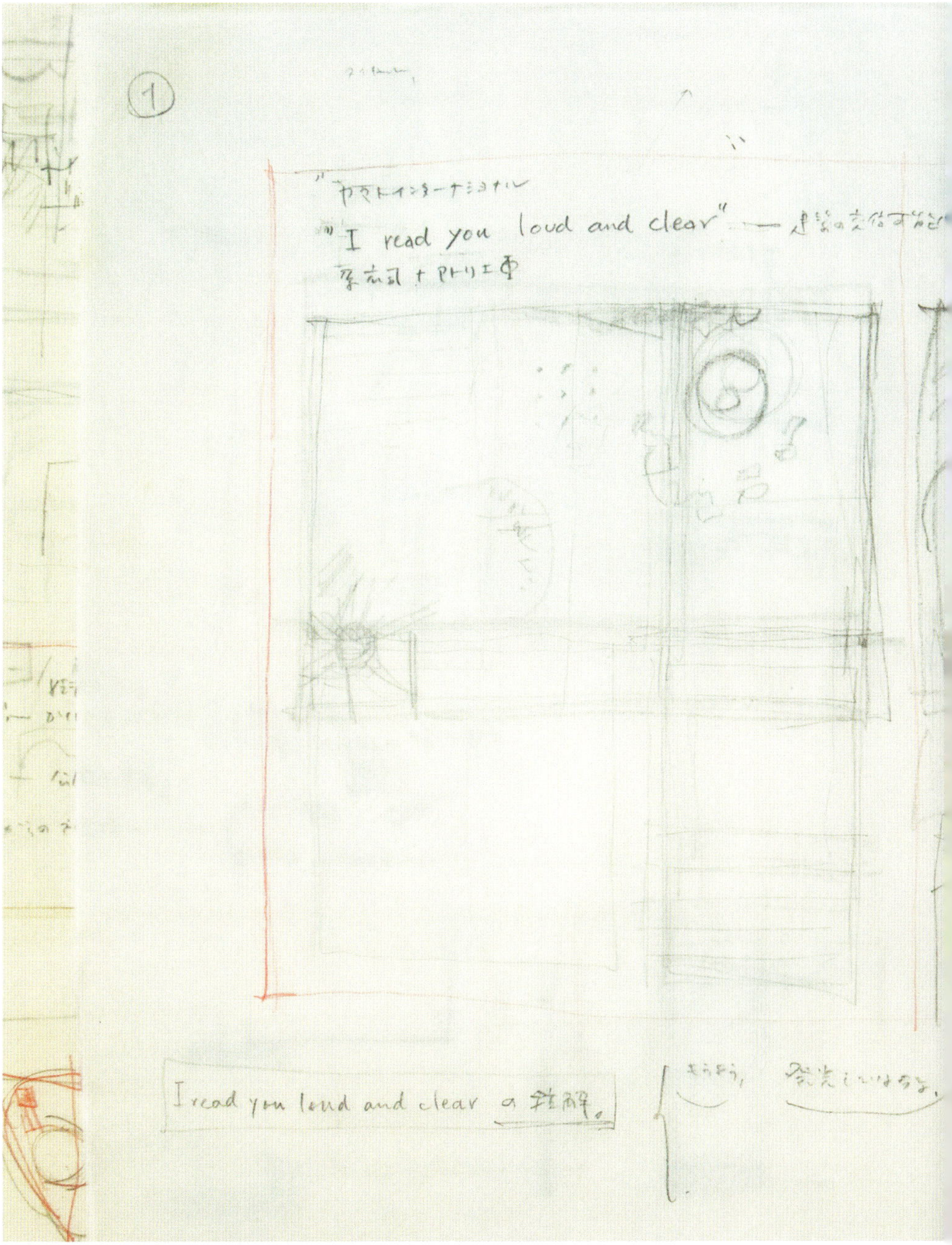

「ヤマトインターナショナル」は光の応答性を計画した建築だった、と原は語っている。エレベーターホール照明計画のエスキスには「"I read you loud and clear"—建築の交信可能性について」とある。肉声と身振りの「交信可能性」という、離散型集落の観察で得た学びを都市建築につなごうという強い思いが、原にはあったのだろう。

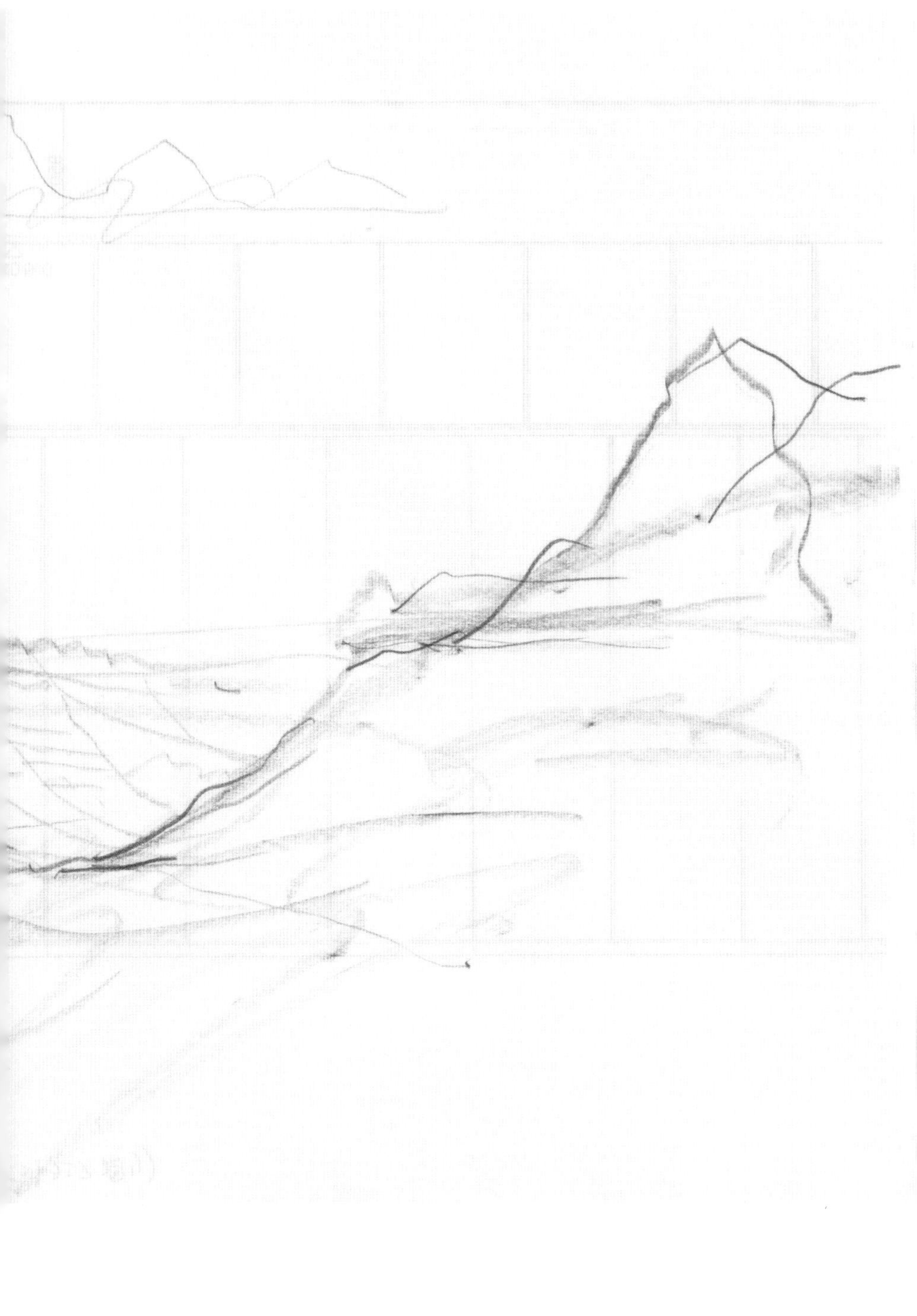

「京都駅ビル」の構想は駅の広場を立体的につくるという発想から始まった。京都駅の立体的な広場とは、日本文化の原点でもある谷だと原は確信した。原にとって谷とは、南アルプスと中央アルプスに挟まれた自身の故郷であり、そこから仰ぎ見る風景が発想の原点だったと、生涯のパートナー・原若菜氏は言う。

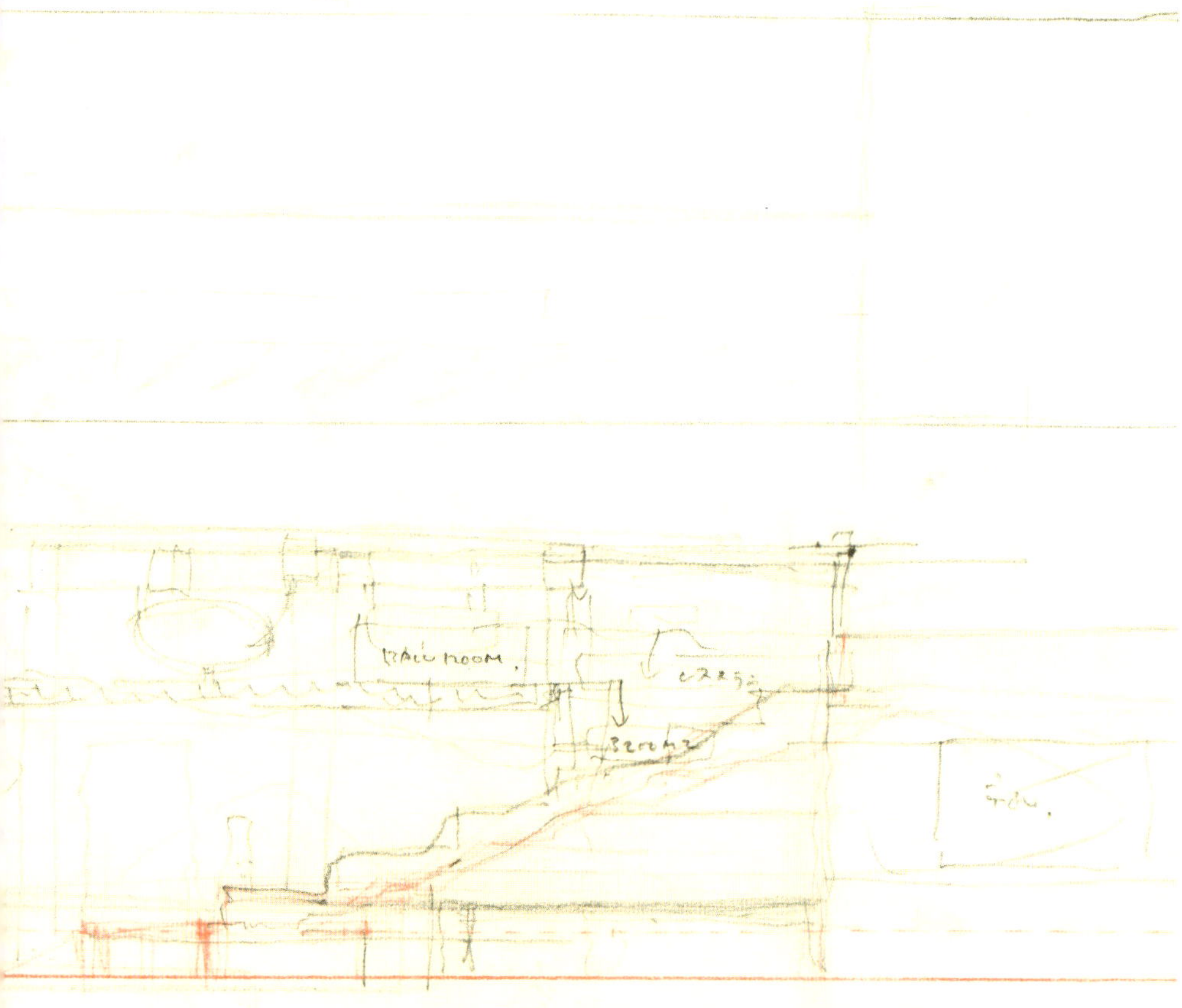
BATH ROOM.

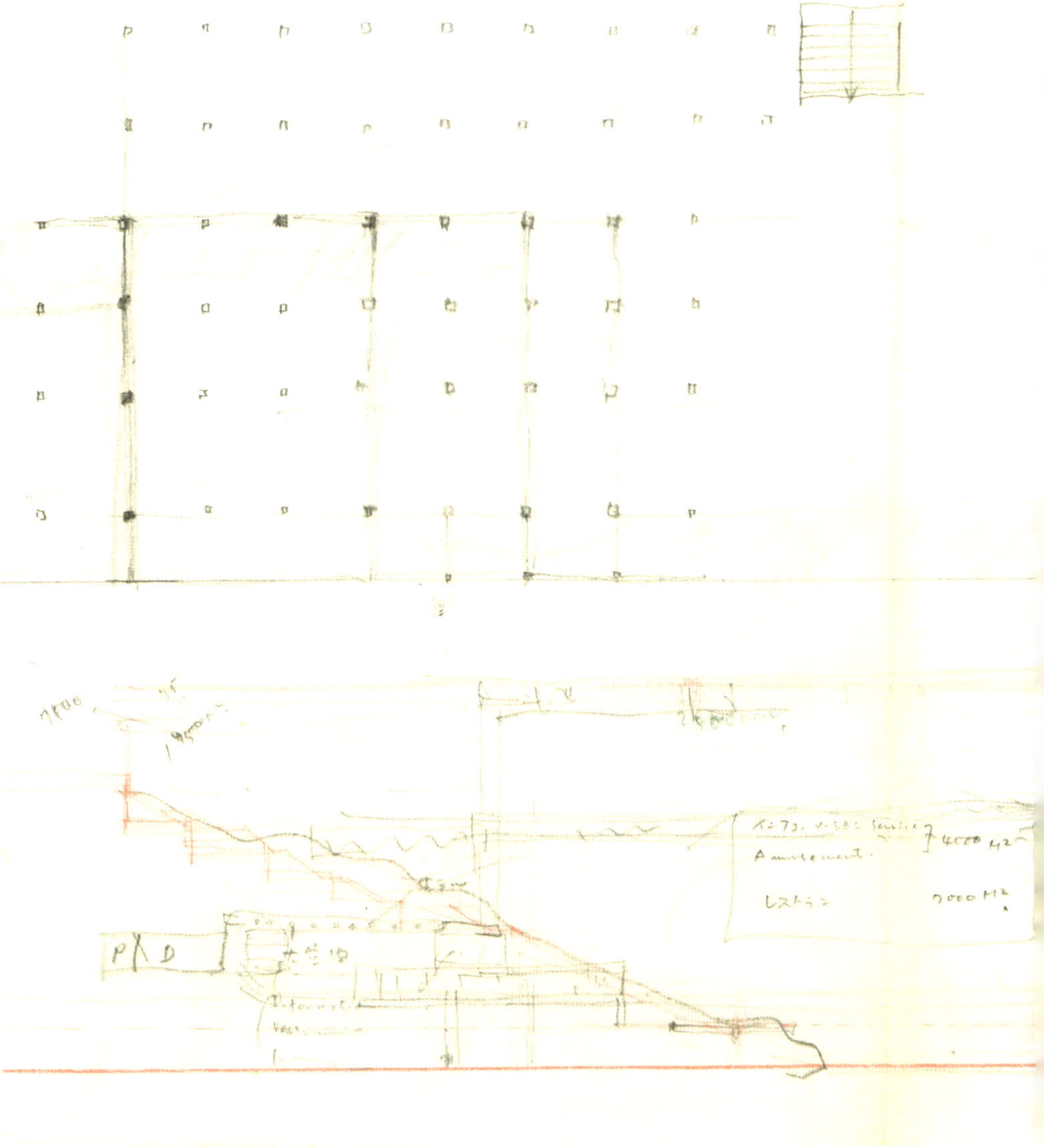

長手方向の断面図がＶ字型の谷を表す。原は建築を考えながら、常に手を動かしていたのではないだろうか。「京都駅ビル」について描かれたドローイングは、直筆のものだけでも 1,000 点に上る。

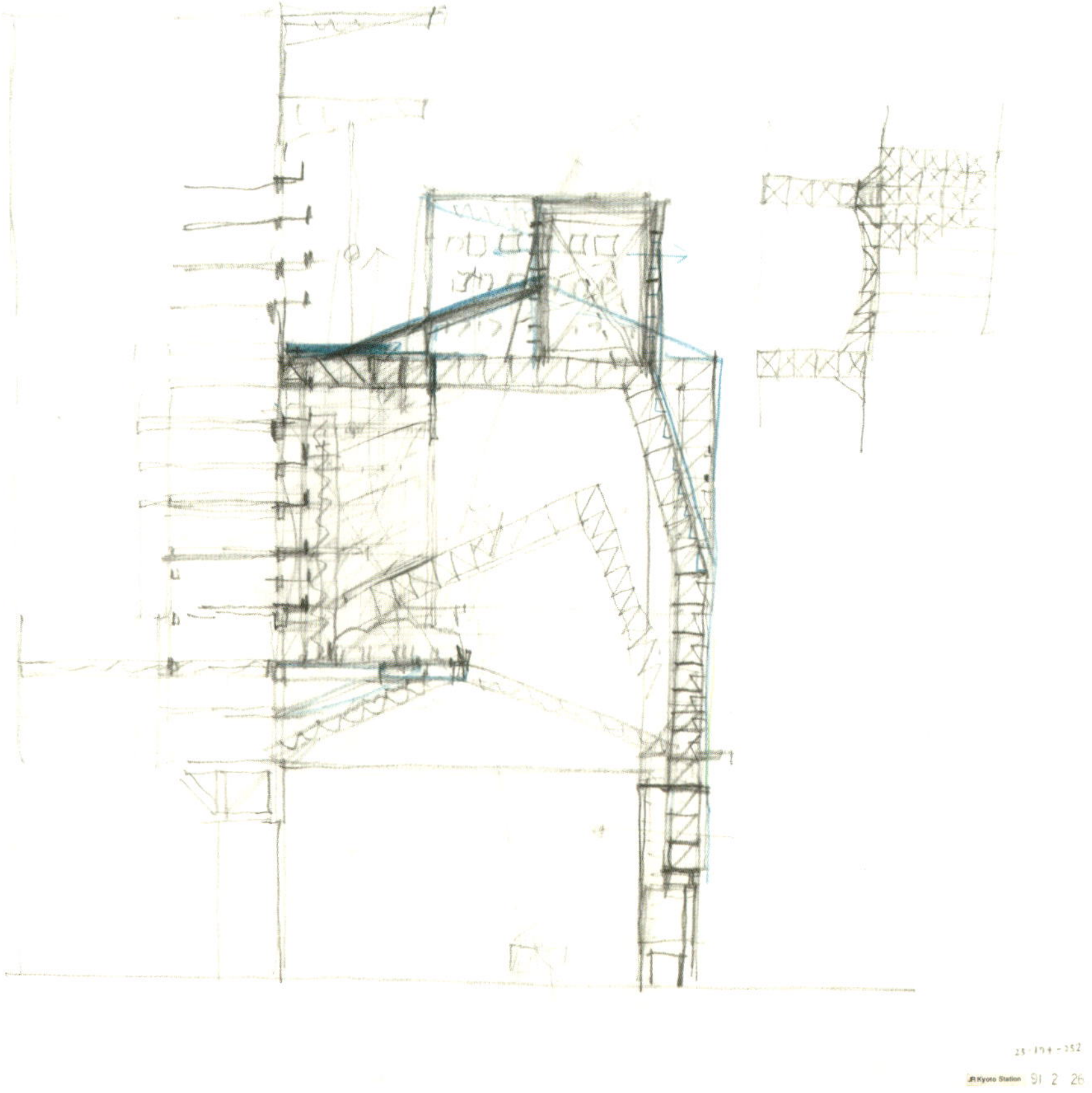

トラスで組んだブリッジがいくつかの角度に折れ曲がり、キャンティレバーから物が吊り上げられている。右下に「91年2月26日」を示すスタンプがあるので、コンペ期間中のスタディだ。これほど巨大な架構をどうつくるかは設計者にとって重要で、仮設の組み方を模索していたときのものと思われる。

ビルを前面から見た際の立面と断面が入り混じったエスキスには、中央駅という現代の都市建築が多様な層（レイヤー）の集積として描かれている。そこには、集落で仰ぎ見た壮大な風景も重なっていたのかもしれない。

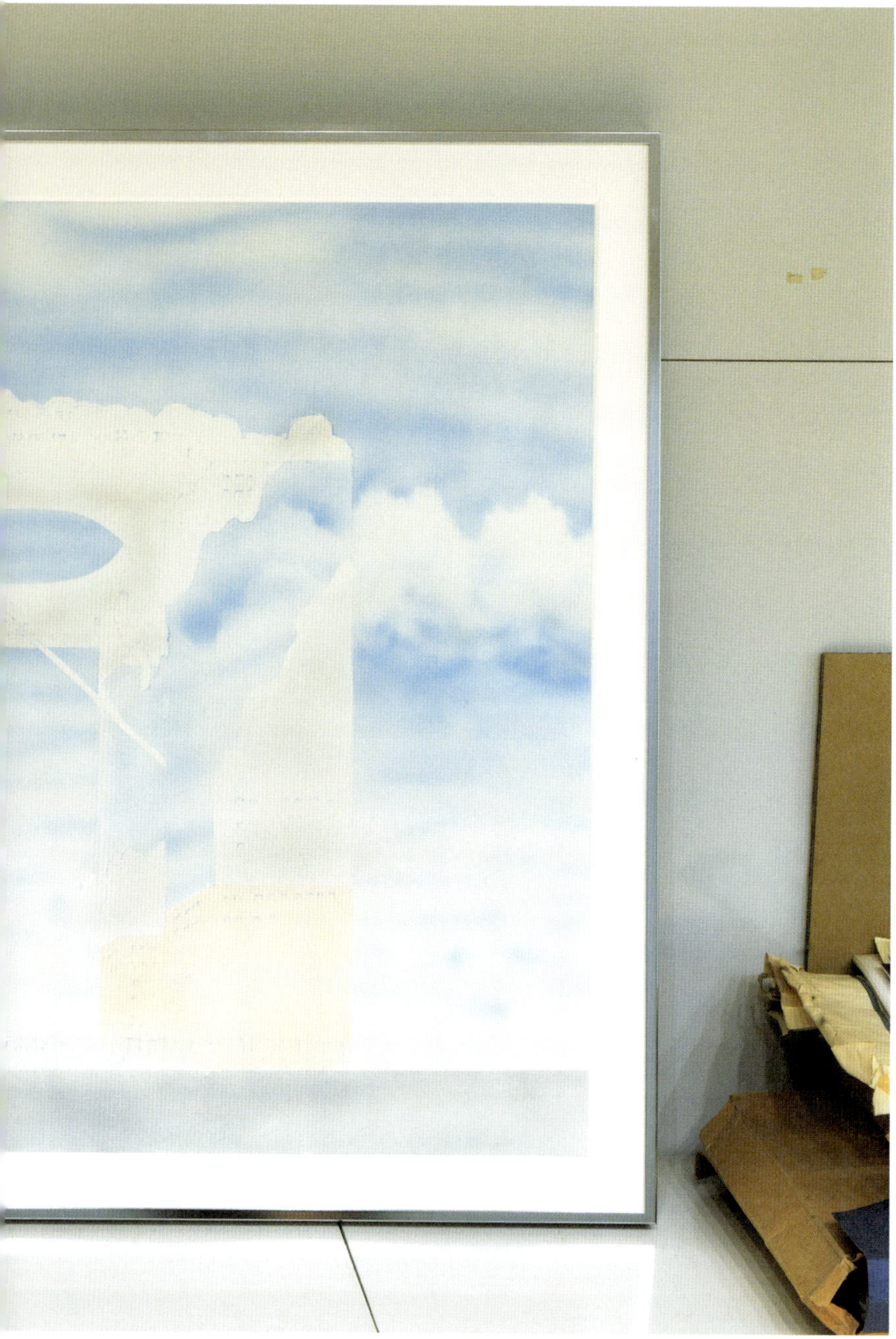

「梅田スカイビル」最初期の構想ドローイングは、額装されてアトリエ・ファイに飾られていた。ひとりの建築家が大阪都心の超高層ビルにかくも壮大な構想を抱き、実現させたことは歴史的な偉業である。額の裏面には2017年7月14日に書かれた原の直筆原稿が貼られていた。

1988年、私は4つの塔に支えられた空中庭園（幻想、空から見渡す大阪の風景を庭と見立てる展望台）のスケッチを描いた。【中略】コンソーシアムの技術陣（石田、清水、佐々木氏等）が各棟の（各階の）床面積が1000㎡ほどないと実用的でないと勧告したので、展望台が3塔によって支えられた提案をすることにした。【中略】（その後、ホテル塔が自立することになり、2塔に支えられた案が実現された。）

宇宙船が今まさに、超高層のてっぺんから飛び立った瞬間だろうか。建物と宇宙をつなぐ船の絵は、各エレベーターホールの天井にエッチングされた。

空中庭園を集落のシルエットが囲む。厳しい自然の中で、人々が知恵を働かせながら暮らしてきた集落に原は格別の敬意を抱き、その物語を大都市建築に投影した。

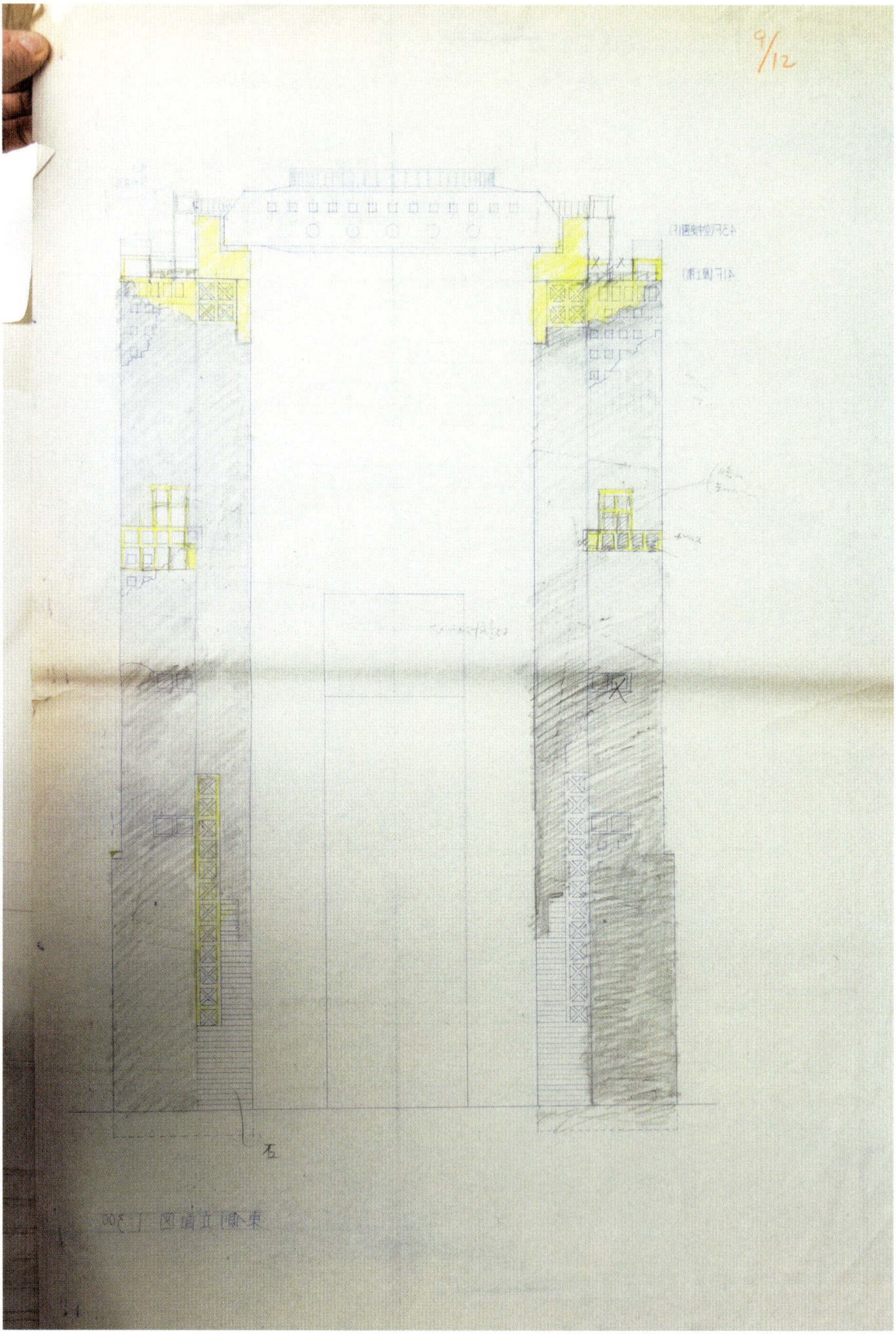

青焼き図面に色鉛筆で着色した「梅田スカイビル」の東側立面図。若菜氏によれば、当時、映画『タワーリング・インフェルノ』を見た原が、火災時に袋小路になってしまう高層建築の欠陥を痛感したことも、2棟の超高層をつなげて循環させるアイデアに展開したのではないかと言う。

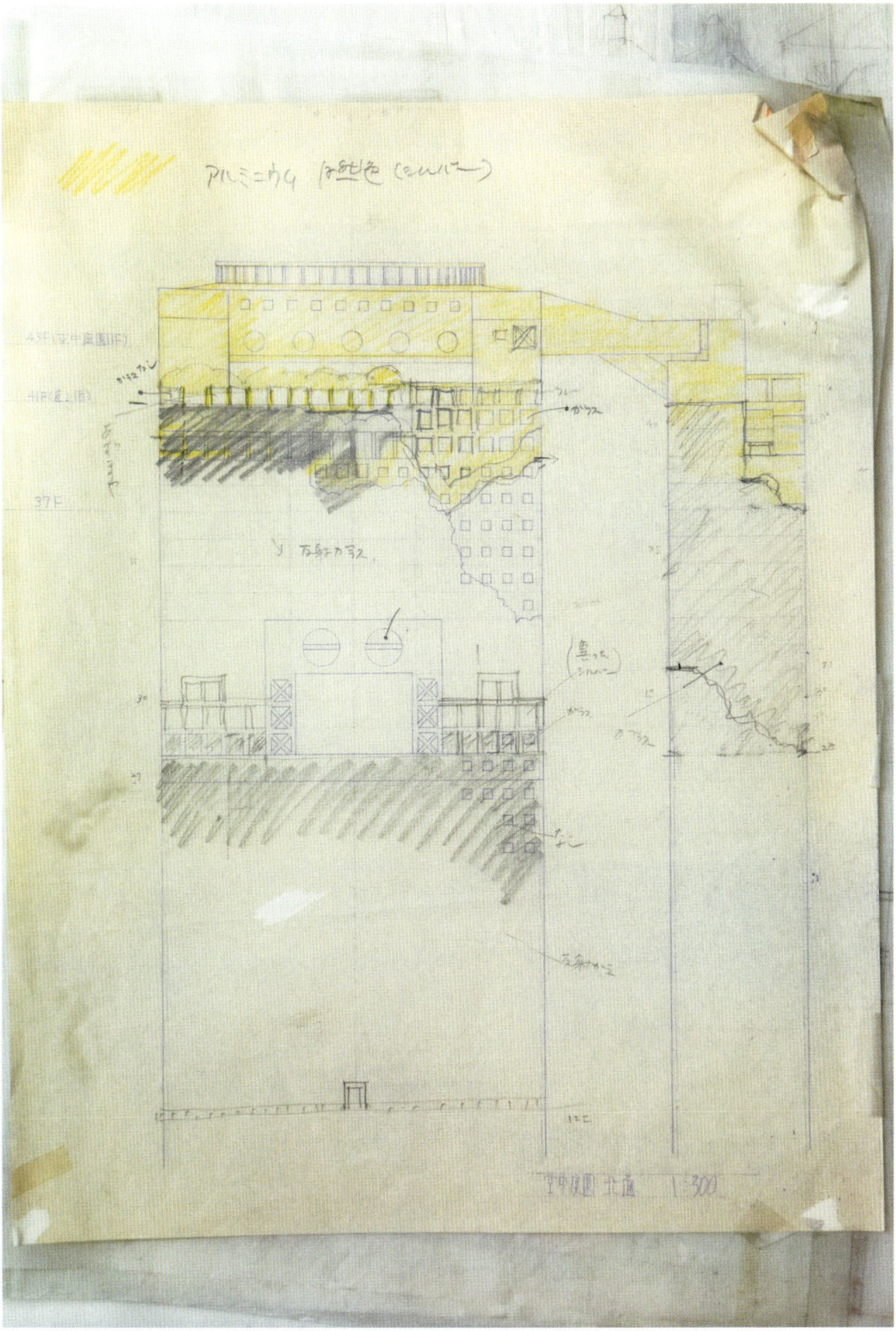

こちらの青焼き図面には頂部ファサードの材質や色の指示が書き込まれている。黄色い部分は「アルミニウム 自然色（シルバー）」とし、反射ガラスや石など異素材を緻密に組み合わせる。「ヤマトインターナショナル」のように、遠くから仰ぎ見る集落のイメージが浮かび上がってくる。

超高層ビルを取り巻くオープンスペースの構想が丁寧に描かれている。原たちは公開空地という未知の法規を必死で学んだ。結果、敷地の中央と周辺を大きく開放し、豊かな自然にすることで建物の容積を最大限にし、設計要求を満たす戦略に達する。若菜氏によれば、建物の設計の前にランドスケープの構想が決まったと言う。

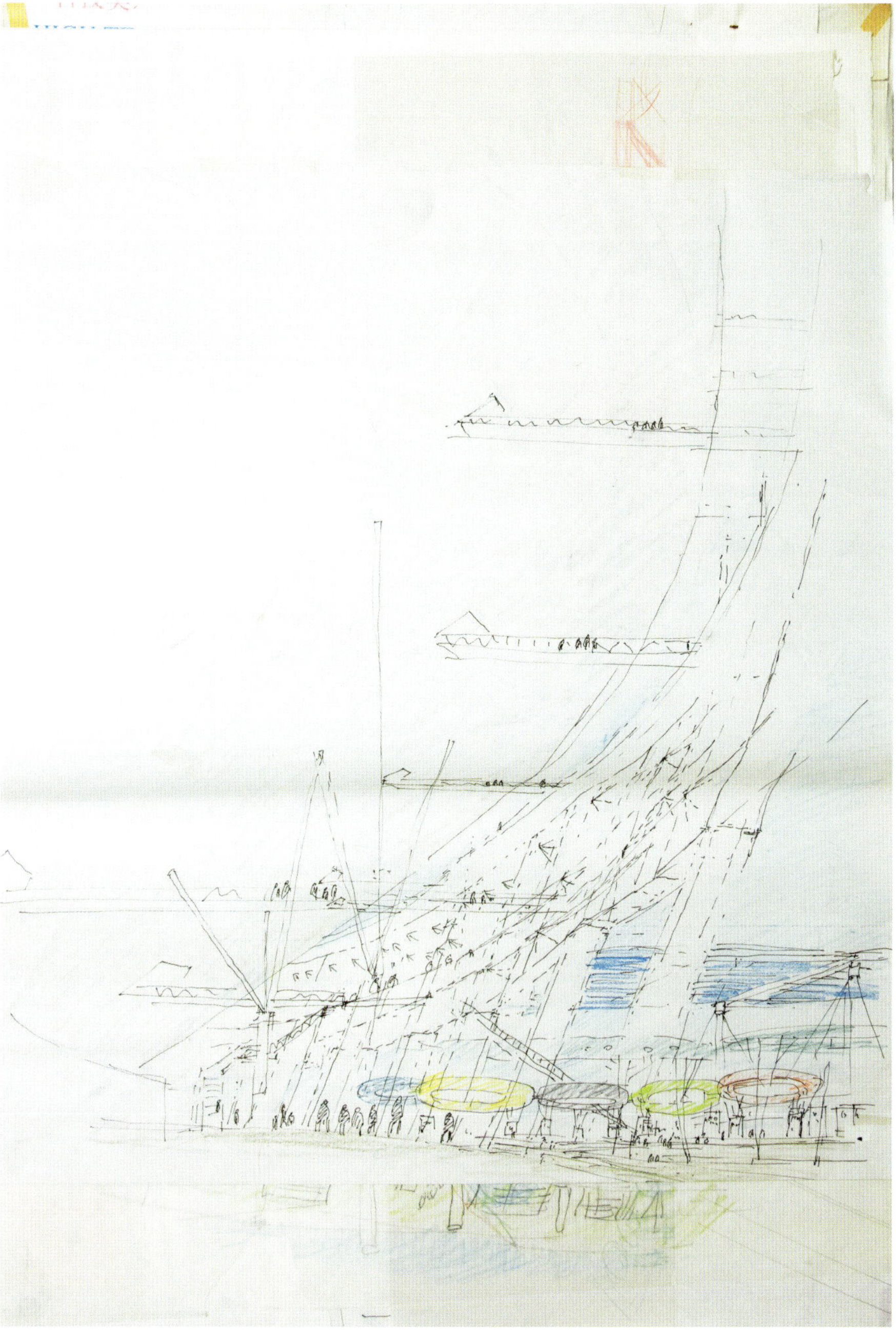

「札幌ドーム」のフォルダには、パブリック空間からコンコースを通り、アリーナの座席に着く人々の動きを描いたエスキスがあった。動線が渦巻き、エリア同士が視覚的につながる空間構成は、近未来都市のパノラマを彷彿とさせる。「京都駅ビル」同様、ここでも原は中央に谷地形を思い描き、壮大な祝祭空間を構想していた。

鳥
カッコー、カッコー。（賢治）
Beethoven Sy No6「田園」(1807-06)
Libertango
Adios Nonino
Maria de Buenos Aires
Five Tango Sensations
La revancha del tango
Karl Amadeus Hartmann

原がいつも座っているデスクの向かいの壁は、彼が手書きした無数のカラフルな付箋で覆われていた。いずれも音楽論を執筆するにあたり書き留めたメモである。その光景は、文学、哲学、音楽を横断する原の博覧強記と連関能力をそのまま視覚化したかのようだった。

原はダイアローグに向けて定規とケント紙を取り出し、20世紀以降の世界の哲学、科学、宗教、政治経済、文学、芸術の事象を横断する独自の近現代史年表をつくった。実際に、近代とポストモダンをめぐる長時間のディスカッションとなり、様々なジャンル間の相関関係や時系列の因果関係をつかむうえで、この年表が活躍した。

集落調査

1974年　ホンジュラス、ペルー
1975年　ルーマニア
1977年　インド、ネパール、イラク

原広司＋アトリエ・ファイ建築研究所 建築作品・プロジェクト

ヤマトインターナショナル

所 在 地　大田区平和島
延床面積　12,073.94㎡
階　　数　地上9階　塔屋1階
構　　造　鉄骨鉄筋コンクリート造
設計期間　1985年
竣　　工　1986年

梅田スカイビル

所 在 地　大阪市北区
共同設計　木村俊彦構造設計事務所　竹中工務店
ランドスケープデザイン　吉村元男＋環境事業計画研究所
延床面積　216,308.48㎡
階　　数　地下2階　地上40階
構　　造　鉄骨造＋鉄筋コンクリート造＋鉄骨鉄筋コンクリート造
設計期間　1988〜90年
竣　　工　1993年

京都駅ビル

所 在 地　京都市下京区
延床面積　237,689㎡
階数　地下3階　地上12階・16階　塔屋1階
構造　鉄骨鉄筋コンクリート造＋鉄骨造
国際コンペ　1990〜91年
設計期間　1991〜94年
竣工　1997年

札幌ドーム

所 在 地　札幌市豊平区
共同設計　大成建設・竹中工務店JV
延床面積　98,281㎡
階　　数　地下2階　地上4階　塔屋2階
構　　造　鉄骨造＋鉄骨鉄筋コンクリート造＋鉄筋コンクリート造
設計期間　1997〜98年
竣　　工　2001年

目 次

序——建築と社会をめぐるダイアローグ

アルベール・フェレ（カナダ建築センター　アソシエイト・ディレクター）

今あなたが手にしているのは、有名建築家の作品集ではない。その建築家が何を考え、周りの環境とどのように関係付けて建築をつくってきたかに、直に触れられる空間としてつくられたものだ。簡潔に言えば、これは歴史の記録である。若手の建築家や学者が長谷川逸子、原広司、伊東豊雄それぞれを囲み、日本の現代建築の形成に寄与したと言ってい い彼・彼女のかつての行動を回想してもらい、新しい知を手に入れた、その一連のプロセスをドキュメントしたものである。

ダイアローグは三回行われた。東京で実施するカナダ建築センター（CCA）のサテライトプログラム「CCA c/o Tokyo（東京発のCCA）」の一環として太田佳代子がキュレーションしたもので、言わばオーラルヒストリーの実験的な演習として構成された。建築家や学者がリード・リサーチャーとなって事前研究を行い、長谷川・原・伊東それぞれとの対話に臨み、モデレーターとして進行するという手順で進められた。オーラルヒストリーとは、研究テーマに直接関与した人間へのインタビューを通して、新しい歴史情報を獲得する専門的な手法である。オーラルヒストリーは一次資料、つまり出来事に関して直接得た知の形態であり、これまで存在しなかった情報のまとまりをもたらす。それゆえに、建築史の本を著すうえでも、建築分野の研究を専門とするCCAのような組織にとっても、非常に重要なものとなっている。オーラルヒストリーが存在することで、歴史的な出来事そのものよりも、その出来事が起こった背景や、それがなぜ、どんなふうに起こったのかに焦点は移り、視野は広がる。

今回のプログラムが目指したのは、都市・社会のニーズや欲望が大きく変容しつつあった一九七〇年代から八〇年代、それぞれ新しい方法によって建築を実践した三人の建築家が、何に関心を抱き、どんな問題意識をもち、どんな直感に打たれ、さらにはどんな性格だったのかさえ徹底的に聞き出すことだった。当時、世界では多くの建築家が近代建築の規範や様式を何とか突き破ろうともがいていた。一方、日本では（meanwhile in Japan）一部の建築家たちが、社会全体のニーズにコミットする糸口を見つけようと、それぞれのやり方で建築設計の慣習を打ち破っていた。彼らが具体的にどうやってそれを成し遂げたのか、我々は興味をもった。テクノロジーの発達とグローバリゼーションが何をもたらしたかを我々が既に見てきた今日だからこそ、彼ら建築家たちの取り組みが価値あるものなのだと思っている。

こうしてできたオーラルヒストリーを、我々は三冊の小さな本として出版することにした。小さな本にすることで、様々な考えがどのように発展し、やり取りされていったのかが手に取るようにわかる。あるいはインタビューされる側が思考し、インタビューする側が考えを広げていったプロセスを追体験できる。そしてそれが読者自身の考えを広げていく助けになる――そう考えたためである。ダイアローグの記録に合わせ、三人の建築家それぞれのアーカイブで見出したドローイングやメモの写真も収録した。これらのアーカイブ資料は、建築家たちとのダイアローグの前後の過程で選んだもので、言わば言葉で表わされた思考を視覚的にサポートする物証と言っていい。さらに、リード・リサーチャーがダイアローグの後で書き下ろした考察も掲載した。この考察はCCAのウェブサイトでも読むことができる。

実際、三つのダイアローグは日本語で行われたが、最初の本は英語で出版された。millegraphによるこの改訂版の出版により、ダイアローグがオリジナルの言語に里帰りしたことを、我々はとてもうれしく思っている。

翻訳＝太田佳代子

二〇一九年四月二八日、渋谷の閑静な一角にある原広司氏のスタジオ「アトリエ・ファイ建築研究所」に、若林幹夫ほかCCAプロジェクトのメンバー、原氏と長年交流のある人々など一〇数名が集まり、原広司を囲んでインタビューを行った。

若林幹夫　社会学者、早稲田大学教授。都市と社会、文化、生活との関係をテーマに、多数の著書を執筆している。

原広司　建築家、原広司＋アトリエ・ファイ建築研究所主宰。数学、文学、音楽、思想などのジャンルにも精通し、設計、執筆、研究を精力的に行ってきた日本建築界の巨人。一九六〇年代以来、日本の建築思考に大きな影響を与えてきた。

門脇耕三　建築家、明治大学准教授（建築構法ほか）、設計事務所アソシエイツのパートナー。二〇二一年ヴェネチア・ビエンナーレ国際建築展では日本館キュレーターを務めた。

山本理顕　建築家、山本理顕設計工場主宰。神奈川大学客員教授。一九七一年から一九八一年まで原が率いる集落調査に参加、五〇カ国以上を訪れた。

植田実　建築評論家、編集者。一九六八年に創刊した雑誌『都市住宅』の編集長として、一〇年近くにわたり日本建築における実験的な創造、議論、調査を鼓舞し、支えた。

太田佳代子　建築・都市をテーマとするキュレーター、編集者。CCAの日本プログラム「CCA c/o Tokyo」のキュレーターとして「Meanwhile in Japan」ほかを企画した。

連勇太朗　建築家、NPO法人CHAr代表理事、株式会社@カマタ取締役、明治大学専任講師。社会変革としての建築を主題に実践・研究を行う。

市川紘司　中国語圏の近現代都市空間を専門とする都市建築史家。東北大学大学院助教。著書『天安門広場』で日本建築学会著作賞受賞。

原若菜　原広司＋アトリエ・ファイ建築研究所共同主宰。一九六九年、原広司と共にアトリエ・ファイ建築研究所を設立以来、パートナーとしてすべてのプロジェクトに携わってきた。

砂川晴彦　京都美術工芸大学講師。専門は日本建築史・東アジア近代都市史。住田百合耶と共に、このインタビューに向けてのアーカイブ・リサーチを行った。

（登場順、略歴は本書刊行時）

若林幹夫　今、我々が原さんに注目する理由を端的に言えば、一九七〇年代から八〇年代のポストモダニズムという欧米の建築界の同時代の動きと原さんとの関係を明らかにしたい、ということです。確かに原さんの活動は、近代という時代と近代建築を問うという意味で、ポストモダニズムと重なる部分があった。ところが、原さんはポストモダニズムとはまったく相反する視点や思想をもたれていたのではないか。当時から四〇年経った今、この差異をはっきり理解しておくべきだと思うのです。

原さんについては、もうひとつ、この機会に検証できればと思うことがあります。一九八〇年代の後半に日本はバブル経済を迎え、かつてなく活発な都市開発が行われていったわけですが、その時代に原さんは、アトリエ・ファイという比較的小さな設計事務所を率いながら、「ヤマトインターナショナル」（一九八六）や「梅田スカイビル」（一九九三）、「京都駅ビル」（一九九七）といった都市スケールの巨大建築をひとつならずいくつも実現されました。超高層ビルの設計は今でも個人の建築家にはほぼ不可能と思われていて、依頼されることすらないのに、なぜ原さんだけがこのような異例の業績を成し遂げることができたのか。

それは原広司という建築家を、そしてまた八〇年代の日本の建築と社会を考えるうえで、きわめて重要な問いだと思うのです。

こうしたことを考えるうえで我々が注目するのは、七〇年代を通じて東大の原研究室で行われた世界の集落調査と、同じ時代に原さんが発表された論文「均質空間論[★1]」です。これらのアカデミックな研究者としての調査や思考と、建築家としての仕事との関係を理解することが、原広司という人物の業績を理解するうえで不可欠だと思うのです。

今日は七〇年代を通じて行われた集落調査から、現代の先端をいく巨大建築の設計まで、言わば前近代とポスト近代の間を自由に往復されてきた原さんの稀有な射程を理解するために、我々のチームで周到に用意した質問を投げかけていきたいと思います。

原広司　じゃあ、まずは均質空間論の話をしたいんだけど、いいですか？

若林　はい、是非お願いします。

パラダイムシフト

原　マックス・ヤンマーという物理学者が書いた『空間の概念』（講談社、一九八〇、原書一九五四）という本を読んで、僕は大した人がいるなと思ったわけですよ。この本にはアルバート・アインシュタインが序文を書いているのですが、ヤンマーの言う「コンセプト・オブ・スペース」という概念が非常に重要なんじゃないかと、僕は今日まで思ってきているんです。

ヤンマーは、この時代は終わった、既に新しい時代に入ったんだと言う。そして、まさに終わった時代の空間概念、つまりコンセプト・オブ・スペースが「均質空間」であり、新しい時代には別の新しい空間概念が対応しているはずではないかと。

ちょうど同じ頃、ジェームズ・ワトソンらがＤＮＡを発見しました。そのあと、ジャック・モノーが色んな反応に媒介するものの研究を進めるうえで、実証主義的な見方では符合しないことが出てくると論じた。どうしても偶然が支配するというふうに考えざるを得ないことがあると。そして、イリヤ・プリゴジンらが『混沌からの秩序』（みすず書房、一九八七、原書一九八四）を出した。こうした流れを見ていくと、どうも生物学的なレベルでも、物理学の単純な現象のなかでも、同じようなことが言えるんじゃないか、やはり新しい時代が来ようとしているんじゃないかと。

そういうヤンマーの主張を読んで、僕は既に建築論として自分が言っていた均質空間という考え方にかなり自信をもったんです。それは彼の主張とぴったり同じというわけではないけれども、機械論的世界観が破綻したという点において、均質空間という、常に変わらないスペースへの批判の裏付けにはなったわけです。

若林　ヤンマーの『空間の概念』は、学生時代に原さんの授業で紹介されて私も読みましたが、この本自体は科学史・思想史における空間概念の系譜学ですね。原さんの建築家としての問題意識と、ヤンマーが提起した空間概念論とは、どのように関係するのでしょうか。

原　つまりね、自然主義、ロマン主義からいかに脱却するかというのが近代の課題だった。ヨーロッパの意志が、そこから脱出しようとしていた。そうして色んなことをやってみた結果が均質空間だった。しかし、どうもあまりおもしろくないよと。結局、近代以前の居住形態である集落と近代建築を考えるときに最も根底となる議論ではないかと思うのは、そういうことだと僕は思っているんだけどね。

僕たちは、現実に均質空間にめちゃくちゃに締めつけられているとは思う。建築は特にそうなんだけど、もう一度ちゃんと自然主義に戻ったほうがいいと思うんだよね、ロマン主義みたいなものに。そこからちょっとやり直す道筋を考えないと。

認識のうえで、建築にとって何が大事かと言ったら、人の動きとか、経路とか、登場の仕方とかです。建築というのはそういうものでつくるんですよ。やっぱり出来事の集積でないと。単なる物の集積では駄目で、無理がある。やっぱり集落はそこができているからすごいんだよ。何しろ彼らは、これは手も足も出ないなっていうやつをつくる。例えば、地形のわずかな差を使って、水を各戸に全部流して、そうして最後の水を使って農地をつくるというような、イランの砂漠の景色がある。その風景のなかに生活が見えるんだよな。

若林 今の、建築というのは出来事であり、現象であって、物の集積ではない、というお話は、社会学の社会記述にも通じるところがあるように思います。行為や関係からなる出来事の集合である社会の構造を、それ自体で自存するオブジェクティブな対象であるかのように捉えがちですからね。

門脇耕三 例えば、言語学的なり論理学的なモデルを採用することによって、人間の行動がある程度、半自律的に決まるんだとすると、空間にも似たような性質があるのではないか。そういうことを考えていらっしゃるのでしょうか。

原 つまりね、物がある形式をもっているとき、その形式が基本となって、その中にいる人の行動がある程度、方向付けられる、人の出来事が発生してくるということを、我々建築家は比較的信じているんだよな。

若林　人と物の関係のなかで出来事が起こってくる。ある意味、人はその仕掛けがないと物事を起こせないということを、クロード・レヴィ＝ストロースが『悲しき熱帯』（中央公論社、一九七七）の、南米のボロロ族の集落についてのエピソードで書いていますね。ボロロ族の集落というのは、ボロロ族の信仰と社会構造が埋め込まれた空間だった。出来事としてのボロロ族の社会は、物としての集落の構造なしには生起し得ないものだったのです。そのボロロ族を何とかキリスト教に改宗させようと、サレジオ会の宣教師たちが一案を思いついた。宣教師たちはボロロ族の集落を、元の円環状のものから、グリッド状のものに変えてしまったのです。その結果、ボロロ族の人々は、円環状の集落を舞台として日々行ってきた宗教的な儀礼を行えなくなり、伝統的な宗教はあっという間に崩壊してしまった。

山本理顕　集落の配置が変わった途端に、みんな一気にキリスト教に改宗していったという話ですよね。

若林　それは社会が、物の道具立てと共に起こる出来事だということですよね。逆に言えば、その出来事を日々我々が更新して社会ができていく。ボロロ族よりも複雑な社会を生きる我々にとっても、社会と物とはそのような関係にある。建築家の仕事とは、そういう新しい道具立てを考えることで、新しい関係の可能性をつくっていくということなんだと思います。

山本　ただ、そこには出演者がいなくちゃいけない。我々は舞台をつくるまでで、演者を待っているんですね。人々は舞台に立った途端に演者になることができる。

原　そう。我々の仕事は、舞台をつくって場面を待つ商売なの。

集落への旅

若林　既に集落の話が出ていますが、原さんは一九七〇年代を通じて、東京や大阪のような大都市とは対照的な、近代以前の居住形態である世界各地の集落を訪ね、調査して記録するという稀有な活動をされています。この集落調査が、その後の建築理論の形成だけでなく、住宅から超高層に至る様々な種類の建築設計を実践されるうえでも大きな意味をもったに違いないと思います。長期にわたる調査の記録は集大成されて何冊もの本になり、続く世代にも大きな影響を与えてきました。

そこでお伺いしたいのですが、そもそも原さんが集落調査に乗り出されたきっかけは何だったのでしょうか？　一九七二年から七八年まで、五回にわたって行われた集落調査の足跡を紀行文として書かれた『集落への旅[★2]』を読むと、最初はヨーロッパに共同性の原型みたいなものがあるんじゃないかということで、ヨーロッパ、中東、アフリカ北部という地中海周辺地域に出かけられますね。でも実際そこで見た集落を成り立たせていたのは、当初考えていた共同性とは違うものだというのが、モロッコあたりで見えてきますね。共有地に生えているヤシの木にもみんな持ち主がいるという、象徴的なエピソードも語られています。

その後南米の調査に行ってみると、それらの集落がどういう原理でできているのか、どうもよくわからない成り立ちというのが見えてくる。それは要するに地中海周辺世界に見られるような共同性や集まり方ではなくて、散らばっていることの社会性とでも言えるものが、空間の形として見えてきたということだと思います。そこで原さんは「離散型」という言葉を発見される。

アフリカのコンパウンドの場合は、建築言語のあり方が全然違っていた。インドに行くと、今度はまた最初つかみどころがなくて、「混成系」だということが見えてくるわけです。原研究室の世界の集落調査がおもしろいのは、そういうふうに、最初に考えていたのとはどんどん違う方向に認識や理解が広がっていくところじゃないかと思います。

原　最初に旅に出たのは、ほんの思いつきというかね。僕の研究室で、変わりつつある建築や都市について議論して、近代建築が切り捨ててしまった集落を、実は自分たちはまだ見てもいないということに気付いたんですね。当時はまだ、建築の分野から僻地にまで出かけて集落を調査するというのは珍しかった。そこで、できるだけたくさんの集落を見てみようといった軽い気分で出かけたわけです。

だけどね、世界にはヨーロッパの論理に乗らない集落形態が絶対あるはずだ、という確信のようなものもあった。そこで僕らはまずは守備範囲をヨーロッパからアフリカに至る地中海周辺に決めてね。地中海周辺地域を選んだのは、近代建築のなかで語られていた共同体、つまり「コミュニティ」という概念が、この地域の中世集落を規範としたものだったからで、ル・コルビュジエもこの中世集落像を範として都市の理論をつくり上げていきました。そこで、ガルダイヤに行ってみた。結局、なぜル・コルビュジエが「デザインボキャブラリーはここに全部ある」というようなことを言ったかがわかったし、それが非常に重要であることもわかったけれども、ル・コルビュジエが範としていた「集落」とは違う集落が本当はあるに違いないとも思ったんですよ。

そこでさらに調査を続けることにして、今度は中南米へ行って調べてみたら、インディオたちの離散的な住居の集合体としての集落というものがあった。まさに、ヨーロッパの人々が見た集落、あるいは彼らの集落論とはまったく違うものを、我々はそこではっきり見たわけです。

この離散型という形態を見つけたことは大きかった。結局、僕は一〇年かそれ以上、集落調査を続けました。調査に基づいて南米の実験住宅[★3]に時間を費やして、いくつか住宅を建ててみたりもしました。

若林　なるほど。私が思っていたのは、もしかしたら集落調査の旅をする前から実は原さんは発見したいものが既にあって、それが旅を通して具体的な経験をするなかから見出されていった面もあったのではないか、ということなんです。集落を通じて近代建築に対する、原さんにとっての「現代建築」を発見していった……。あるいは、原さんのなかに元々あった大きな疑問が、集落調査を媒介にして解が得られていったのではないか。その疑問とは、原さんが一貫して唱えてこられた近代建築、とりわけ均質空間に対してのものではないかと思います。この仮説は正しいのかということを是非お聞きしたいと思います。

原　やっぱり僕は生きるとか、生命をもっているとか、そういうことをもう一度考え直さないといけないという危機意識を集落調査でもちましたね。今我々が前提としている現代建築というものが、どうも怪しいというふうに基本的に考えない限り、破滅が待っているような気がしてしょうがないけどね。

逆に言えば、集落ではないようなものをつくろうということが、近代建築の基になったわけですから。ところが集落というものを実際に見てみると、自然発生的だとか、あんまり高貴でなく民衆的なものだ、とかいう一般的な言い方が示すものとは全然違うんですよ。本当は集落のほうこそ高貴なような気がするんだよ、僕はね。もちろん古典建築もたいへん素晴らしいし、アクロポリスもいいし、パルテノンとか色々あるけれども、集落もそれに劣らず非常に高貴なんです。すごくエレガントなものなんです。

でも、だからと言ってそういうものに戻せっていうようなことはまったく思わないのね。ただ、人間が自然の真っただ中に生きていたという、その感覚ね。いや決意と言うかな。そういうものをもつことから始めない限り、駄目なんじゃないかという気がするけどね。

植田実　原さんが言われた「集落ではないもの」って、例えば単体の建築で、単体であるときに最も力を発揮し、でも理念的には美しい都市の一単位であるという矛盾を抱え込んでいる。その矛盾によってこそ底知れない生命力を維持してきたわけですね。つまり、原さんが近代建築の基と言われたものが、解けない課題のように強靭だと私は感じていたのですが、突然、集落調査という近代の建築設計を無効にしかねない絵が現れた。あの時代は、そんな印象でした。

建築史研究の先生たちの、保存・復元・再生に関わる調査が、最後に家並みの絵に届いた瞬間、近代に拮抗する建築の姿が垣間見えてしまった。屋根や格子の形や素材まで描くわけですからね。さらには海外の大学の建築学生たちが日本の昔ながらの集落に泊まり込んで何もかも絵に記録したりした。日本人にとっては生活そのものになっているものは目に見えない。異邦人にとっては土間に脱ぎ捨てられた下駄ひとつでも探究の対象になったでしょう。ばらばらに置かれた物が単なる物に終わらず、住むこと、いやもっと大きなシステムにつながる世界像を、彼らは予感できたのだと思います。

その方向を反対にした集落調査があった。原さんは身近なところから、むしろ一番遠くのほうに行くというスタンスを取った。それは内田研[★4]という、歴史というより構法研究という、全員物のことを考えている人たちのなかにいたことと無関係ではないと思うし、当時の、言わば集落調査大流行の状況を見極めての、原さんらしい孤高のタイミングだったとも思えます。

原　やはり保存という意識が強かった。まさか集落が、古典建築と並べて語ることができるものであるなんていうふうには、誰も思わなかったんだよ。
　集落の良さというのは、物でできているんだけど、何か生き生きとしているし、秩序もすごく良いし。何だかわからないけれど、まぶしい。だから、人間の認識の仕方、人間の意識の働きを、例えば、オーバーレイならオーバーレイという手法によって建物をつくり上げていくことで証明しているような気もするし。

離れていながら、まとまっている

原　集落調査には山本さんたちと一緒に行ったこともあるけれども、ひとつ僕らが見出したのは、ラテンアメリカにある離散型の集落というものを、はっきりした形で捉えられたことだと思うんです。

山本　スケールの話ですが、調査で南米に行ったときに僕はびっくりしたことがあるんです。建物が離れて見えるんですよ。ぽつん、ぽつん、ぽつんとある。僕は単に孤立して建っているだけだと思ったわけだけど、原さんは、「違う」と。じゃあ上から見てみようと言い出して、複葉機をチャーターしたんです。南米でだよ！　それにカメラマンと原さんが乗って、上から写真を撮ったのです。そうしたら、住居群がまとまっているのがわかった。高いところから見ると、スケール感が全然違うということがわかったのです。住居や住居群がそれぞれに孤立しているのではなく、関係している。離散というタイプがあるんだと。そして原さんは、新しい言葉をつくった。それを「離散型の集落」と呼んだのです。この言葉はすごい発見だったと僕は思うんですよね。

植田　離散というのはつまり、言葉としては個々別々の存在だけど、もっと離れて見てみると、それぞれまとまった集落単位の存在だとわかってくる？

原　身ぶりが伝達可能な範囲の中に必ず民家があるんだ。

山本　声が届く。危険なときには、大きい声を出すと届くぐらいの距離。

植田　人間の身ぶりや声が近隣とつながる。現代の集住形式から失われている連結の仕組みというか、目に見えない構造体みたいな。

若林　今の離散型の集落の話は、原さんもよくご存知の社会学者・見田宗介が言う「交響圏とルール圏」の話にもつながる気がするんです。人間の社会には交響圏とルール圏という二つのあるべき社会のあり方がある。交響圏というのは、人々がお互いに一緒にいて楽しい、あるいは肯定的な関係があり、話をすることによって関係をつくれるくらいの集まりです。最小ユニットは二人で、純粋に理論的なモデルとしてはその規模に上限を設けることはできないけれど、無限に拡大しようとすれば集団の内外に危険を生み出す。そういう感性的に響き合うシンフォニックな関係がもてる関係を、見田は交響圏と呼んでいます。一方、ルール圏というのは交響圏の外側の領域で、交響圏相互の関係や問題がルールによって決められ、解決される領域です。ルール圏では響き合う感性ではなく、文字どおりルールが支配し、人々はルールに従うことになる。交響圏というのはルール圏の海に島のように浮かんでいて、互いに他の交響圏を否定しない限り、ルール圏としての社会の広がりのなかに存在することを認められる。このモデルを当てはめると、離散型の集落は伸び広がった交響圏のような社会なのかなという感じがするんです。

原　離散型の集落がすごいのは、それが都市に見えるの。めちゃくちゃに広がっているんだよ。

若林　スケールから言えば、普通考えられる交響圏のイメージをはるかに超えているというわけですね。交響圏とルール圏というのは、均質空間的な場所とそうではない場所の住み分けの原理として読み替えることもできるんじゃないかと思うんですが。

原　端的に言うとね、地球上の我々の自然の外にもうひとつの自然をつくって、それをいつでもどこでもコントロールできるようにしようという考え方が均質空間なんですね。だけど、集落はそれに対してまったく違う意味をもっている。

建築とは出来事を記述すること

若林　なるほど。集落調査が原さんの仕事にとってもった意義のひとつは、均質空間の決定的な欠陥を、世界各地の数多くの集落を訪ねて確信されたということなのだと思います。一九八〇年代に入り、集落調査をひと通り終えた原さんは、次第に大きなスケールの仕事を手掛けるようになります。そういう仕事に集落調査は何をもたらしたのでしょうか？

私の印象だと、原さんは建築や都市空間を言ってみれば「地形」としてつくられているように思われます。実は集落調査と並行して建築設計をやられていた頃から、原さんは「反射性住居」と名付けられた、谷のような構造を内包した一連の住宅をつくられています。設計する建物が大きなスケールになることによって、建築の地形性みたいなものがどう変わってきたのかということにも興味があります。

原　僕が試みているのは、まだ途中までしかできていないんだとしても、全部を場で記述しようとしているんだよ。つまり、僕は出来事を記述する方法を探して、それを提案しているわけだ。あるいは、出来事を表現する方法と言ってもいい。僕は建築というものは出来事として語る、様相として語るべきものなんだと思っています。出来事というのは様相ですから。じゃあ、どういう観点で様相を表現したらいいのか。結局、僕は場の理論で統一しようとしているんです。つまりね、人間の行動とか、物の現れ方といったことを、ちゃんと場の理論で統一して説明しないといけないんじゃないかと思っているんです。

若林　均質空間論をはじめとする論考や、同じ時代に雑誌『現代詩手帖』に連載された論考などで、原さんは現代社会に生きる建築家の存在意義として構想力や建築作品の物語性の大切さを述べられています。そうした主張が、今の「場の理論で出来事を記述する」こととつながっているのかなと思いました。つまり、固有の条件をもつ固有の場所に新しい力を吹き込むために構想力がいるんだと。

太田佳代子　世界各地の集落調査をされた原さんは、人間がどんな条件下でどういうふうに暮らすのか、圧倒的に多様な状況を見られ、体験されていると思いますが、それに加えて、数学や音楽や思想や文学といった、世界の様々な構想力を自らの源泉としておもちであることも、構想力に大きく関わっているのではないでしょうか？

原　道具立てと言うのかな。それをもっているというか、広く見るための視界の取り方と言うのかな。視界の取り方はそんなに間違っていないかなと思っているけどね。ただ、実際にそれを色々な場所で展開するときに選び方が色々あって、うまい選択ができるかどうかという議論は、それはもうたくさんある。

太田　やはり、集落調査での経験が「視界の取り方」に大きく関わっているのでしょうか？

原　それは大きいと思う。僕は科学を信じている人間ですからね。もちろんそこには限界があることもわかって信じているわけだけど。そういう人間からすると、集落で見たのは人々による実験なんだよね。この程度まではやっていいんじゃないかとか、これ以上やるとおかしくなるんじゃないかという、何か人間が住むことの実験のなかでのデータみたいなものを集落で見たということなんだよね。

若林　こんなところではこんな住み方ができるんだと。

原　そう。だから、まあこのくらいやっても大丈夫じゃないかなという想定もできる。

太田　「ここまではできるだろう」という確信をもちつつ、新しいシナリオないし物語を提示されるわけですよね。

原　そう、大丈夫そうだと。

太田　逆に言えば、設計を依頼する人たちも、「ここまではできるはずだ」という企てを受け入れる理解力だけじゃなく、勇気や寛容性も試されることになる。お金を出す人が建築家に示された構想に乗ってくる、その建物を使う人も乗ってくる、ということが必要で、建築家の構想には彼らを引っ張る力が必要になるわけですよね。

原　そのとおりだと思う。ただ、本当は僕が一番よく知っているのは文学の世界です。やっぱり文学にはすごい構想力がある。そのレベルのことを建築で言うのは相当難しいよね。でも何と言うか、そういう物語に相当するものが、集落には色々あるんですよ。

矛盾した状態に居続ける

原　僕は人生のなかで、これはどうしてもできなかったなと思うことが二つあるんです。僕はと言うより、僕らのジェネレーションがやれなかったことが。

ひとつは多数決です。多数決ではない決定方法はないのか？　代表制とか、色々な決定方法のパターンが考えられてきたけれども、結局、多数決以外の方法はない。つまり、他の少数者を価値付ける方法がないんですね。僕は多数決を考えるとき、黙っている人がいると思うわけ。戦争直後の頃の、本当に食べ物がなかったときの経験から言って、本当に貧しくても、本当にたいへんでも、そう言えない状況というのがあるんだよね。それを体験しているから、そのことが僕には非常に基本的な問題に見えるのです。委員会をつくるというのもそう。どういう建物をつくるかを決めるために委員会をつくる。そして多数決で決めるわけでしょ。でも、なんで多数決がいいのよ、と僕は思うわけです。選挙や多数決で決めるなんて一体どういうわけだ、もっと他に決め方があるんじゃないのかと。何しろ僕は、どんなに小さな集団も、どんなに大きな集団も、そして個人も、みんな同じなんだ、等価なんだとしか考えられないわけです。でも、多数決という方法は乗り越えられなかった。多数決はどうしても我々が乗り越えられない限界なんですよ。

もうひとつ、どうしても解決できなかったと思うのは、貨幣です。物の価値を測定する手段としてはお金しかない。保険から、人の命から、何から何までお金で表現する以外の方法がない。なんでお金に変換しないと物事の価値を表現できないようになってしまったのか。マジョリティとマイノリティの関係も、貨幣の問題も、今、非常に大きな問題なわけじゃないですか。つまり、近代というのはそういう難問を抱えてしまっている。そしてその難問、その矛盾は、知らないうちに、かつてと比較にならないくらい強固になっているわけです。

誰かすごいやつが出てきて、こういうふうにすれば、多数決の世界とは違う世界が現れるという方法を発明できれば良かったんだけどね。でも、それがない。実はそれがあれば、後期資本主義というものに代わる、つまり本当に文化的な意味での革命ができるのかもしれない。

若林　つまり、多数決や貨幣価値という近代のルールが抱える同じ矛盾を、現代の均質空間も抱えていると？

原　僕は一生を通して、資本主義の枠組みのなかに生きながら、弁証法と「非ず非ず」について考えてきました。弁証法と非ず非ずは「not」なんですよね。「not」というのは、「否」ということ。否定していくこと。でも実は、色んな「not」があるんじゃないか。東洋的な「not」とか、日本的な「not」とか。それは数学の問題としては、バートランド・ラッセルとかアルフレッド・ノース・ホワイトヘッドとかが散々議論しているわけですが。でも結局は、委員会にせよ、議会にせよ、均質空間にせよ、それを乗り越えるのは無理だということを認めて生きるしか仕方がないんだと思ったわけです。

連勇太朗　弁証法的に考えると、均質空間に代わる次の空間モデルがある、と言えるわけですが、原さんはそうではないんだとおっしゃっているわけですよね。今言われた非ず非ずの定理で考えると、均質空間の次があるわけではなく、均質空間と共存するようなものが多様に増えていくという世界観、認識なのですか？

原　いや、違う。いや、自分でもわかっていないのよ、それ。今まで、こういう問題を考えながら設計してきたんです。ところが、現実的にはもう身動きができないじゃないですか。我々は身動きができないけれども、それには非常に反抗して生きているということなんじゃないですかね。常にうろうろしているんだよね。それは資本主義に象徴されるものと言えるのかもしれないけれども、そういう現実との二重性みたいなもんですかね。

連　原さんは、近代レジームのなかに生きる職業建築家であることに関してはどうお考えですか？　と言うのは、職業建築家の存在が均質空間を生み出すひとつの要因になっているのかもしれません。離散型の集落自体が、建築家という存在を介さないものとしてある、あるいは建築家を生んだ社会システムとは別のシステムによって生み出されているわけですよね。

今の建築家という存在は生産関係のひとつだと捉えたとき、その建築家という存在に対してその批評的立場というか、それに対する距離感ももたれているのでしょうか？

原　本質的に、僕らは生まれたときから疎外された状態にいるわけです。だけど、今さら搾取とか疎外とか言うんじゃなしに、そういうものなんだという理解の仕方と、生きる技術というものが必要なんだと思う。災害が降りかからないように、巧妙に。

建築家というのはどういう思想であろうが、色んなことでぶつかるだろうから、そのときにうまく問題を回避できるような仕方で、やっぱりちょっと息を潜めていないといけないんだよね。どういうふうに生きるか、生きる方策をいつも用意しておかないと長生きはできないよ。常に、非ず非ず的に生きないとね。今はきっと弁証法的に生きるわけにはいかないんだよ。それは大事なんだよ。こういう状況において、建築家としての職業にもし差異があるとすれば、構想力とか物語性とか、そういうようなもんだとは思うね。我々はみんな、どうしようもない状態に追い込まれているんだろうけれども。

市川紘司　矛盾した状態のまま常に居続けるしかないんだ、ということですよね。建築というのは科学的であるにもかかわらず芸術的でもある。そういう相容れない性質が、原さんの、一方では様相や現象といった抽象的な概念を追求しつつ、他方では一分の一のスケールで物の図面を手描きで描いてしまう姿勢から読み取れるような気がしています。しかし、そういう矛盾した状態に居続けることは、ひとりの人格としては、なかなか困難ですよね。普通にやると分裂してしまう。しかし建築をやる以上、その矛盾した状態に居続けないとならない。我々若手世代は、割と竹を割ったようにどちらかに振り切ってしまいがちですが、原さんのふるまい方を改めて学ぶ必要があるのかもしれないなと思いました。

原 だけど、山本理顕や俺たちの集団は非常に大らかだけどね。いつも矛盾のなかで生きているけれども。

すごい枠組み

若林 原さんはかつて「集落や自然が大スケールの建築や現代の都市に埋蔵される」[★5]とおっしゃっていますが、そうした建築のヴィジョンと集落調査とはどう関係しているのでしょうか？ つまり、集落調査から現在、そして未来への軌道を考えてみたいのですが、原さんの建築がおもしろいと思うことのひとつは、例えば先ほどお話した交響圏のような空間の中に、その外部のルール圏的な空間である都市をもち込むというところなんです。つまり「住居に都市を埋蔵する」というのは、親密な、シンフォニックな交響圏の中にもパブリックな場所、言わば交響圏の外側にある距離をもった関係みたいなものが埋め込まれていて、そこに戻れるような家が今必要なんじゃないかということを、建築で表現されているんだと思うんです。

原　それについてひとつ言いたいんだけど。文学では「内と外」という関係が盛んに使われるらしいじゃない。僕は、建築の「内」であるインテリアに入ったら、ある部分では「外」になるというようなのをつくりたいんです。いつもそう思っている。「京都駅ビル」でもそうだったし。何か、そういう反転性をつくり出したいと言うのかな。

若林　今回調査させていただく機会を得た色んな資料を通して眺めると、原さんの建築では巨大なスケールのものであっても、建物の中に雲のような造形が現れたり、集落の重なり合いが表象されていたりということがひとつの特徴になっていると思うんです。建築作品自体が巨大なスケールなんだけれど、そうした建築の中に、集落や自然という、より巨大なものが埋め込まれ、現れている。山とか雲といったものの形態を、そのまま建物のデザインとして大胆に入れ込んでいく。そういうふうに自然のもつ様相をどう空間に表すかが、原さんの建築にとっては非常に重要なことなんだろうと。

そうしたことも、今言われた「反転性」や「物語性」につながっていくものなのでしょうか。原さんはかつて、自然というのは自然のままあるんじゃなくて、構想を通じて社会のなかに現れてくるものなんだ、という意味のことをおっしゃっていたと思います。このことについて是非伺いたいです。

連　原さんの建築について、日本の建築家のなかでも非常に特殊だと思う部分は、「反射性住居」のように非常に小さいスケールを扱う一方で、「梅田スカイビル」や「ヤマトインターナショナル」のように非常に大きいスケールの建築をも達成しているという点です。そうやってスケール感を大きくしていったというのは、ひとつの戦術だったのでしょうか？

原　それはそんなことじゃなくてね。生きていくなりに、その問題に出くわしたんですよね。

若林　建築のスケールに関して言うと、原さんの扱われるスケールが大きくなることによって、空間の「物語」をどう変えていったのでしょうか？　物語というのは原さんの建築のキーワードのひとつだと思うんですが、小さな建築の物語性と、全貌を把握したり動いていったりするのに時間がかかるような、巨大な建築空間の物語性というのは自ずと違うんじゃないかと思うんですね。

さらに大きな文脈で言うと、消費社会化し、バブル期が到来し、情報化していった八〇年代の日本社会の状況と、集落調査を経験したうえで巨大な建築をつくる作業との関わりを、どう考えられていたのでしょうか？

原　つまり、色々と身動きができない立場に立たされたときに、どういうものがつくれるのかという実験をやったんだよね。新しいものをつくったり、失敗したり、もっとうまくできたんじゃないか、全体的にはこうしたほうがいいかなと考えつつ、部分的にこうやればいいんじゃないかなというようにね。例えば、均質空間は部分化をすればいいんだ、といったつくり方があるんだなとか。

僕は均質な空間もつくるんですよ。だけどそれを部分化するんです。つまり、建築のある部分に均質空間を封じ込める。「飯田市美術博物館」(一九八八)とかね。「梅田スカイビル」だって均質空間をつくらざるを得ない。均質空間にするためには空っぽの床が最低千平米はなくてはいけませんと。それはまあ、わかりましたというわけで。

だから、はっきりしていることもある。だけど、はっきりしていない部分もあるんだよ。いつも限界があるような気がするんだよ。何かこう、すごい枠組みのなかにいるような。

若林　その枠組みというのは?

原　資本主義の枠組み。資本主義というものがある限り、絶対に駄目だと思うものがあるね。

連　つまり、均質空間の枠組みが強過ぎるということですよね。

原　そうですね。どうせ我々は囚われの身で、自由がないと思っているんだけれども、何かやるなら祝祭性みたいなものをつくり出すと言うか、お祭りみたいにやったらどうかというのが、基本的に僕の考え方のなかにはあるね。だから、「梅田スカイビル」の場合は、均質空間を柱にしてしまって、昔の求心的な空間みたいなやつを結合して出してしまおうとか。

ラディカルだからこそ長続きする

太田　「京都駅ビル」のように、パブリックな機能をもつ巨大な複合建築をつくる場合、市場の要求と切り離して考えることはできないわけですが、建築家が差し出すものとしては、市場経済が求めているものを超える解、言わば多数派の想定を超えるものを建築の構想として提供する力が、今日問われている気がします。

原　「京都駅ビル」の場合はものすごくはっきりしていてね。あそこのコンコースの広さは最大限取っても全体の一〇〇分の一くらいの面積しかないんです。そもそも設計対象のなかに前庭が含まれないですから。前庭は全部、バスとかのために使われる。だから、普通なら駅の前にある広場に代わるものを、立体的につくったらどうかなと思ったわけです。

広場のような空間をもつ駅だと認識されるには、V字型の、谷の格好をしたものをコンペに出さなくては駄目なんじゃないかと。谷というのは日本の文化の原点だと僕は思っているので、あそこに突然谷をつくるのがきっと正解だと。稲作、農耕を始めた日本の文化の原点として「京都駅ビル」をつくるというのはいいんじゃないかなと。駄目な例として、見通しが利かない東京駅があったわけだよね。ああいうものじゃないものをつくろうと（笑）。

それと、京都自体の特性を象徴するような建築的言語というものは、一切使わなくてもいいんじゃないかと。駅という鉄骨構造との言語のつながりを考えるという考え方もあるかもしれないけれども、もう少し物事をラディカルに捉えてやっていかないと長続きしないんじゃないかな。そんな考えですよね。

若林　「京都駅ビル」には建築的な仕掛けがいっぱいありますね。初めてあそこを訪れたとき、原さんはここに建物じゃなくて地形をつくったんだと思いました。コンコースから続く長い階段もそうで、ずっと上がっていくと丘の上に出るようになっているじゃないですか。

原　そうそうそう。ああいうのは、日本人は絶対やるはずだとかね（笑）。

太田　その「京都駅ビル」の四年前、大阪の都心に「梅田スカイビル」が完成したときも衝撃でした。まさにバブル経済のピークの頃に設計が進んでいたと思いますが、相当に強固な資本主義レジームのなかで、あの建物を実現したわけですよね。

原　そうです。

太田　今日に至ってもやはりあれほどの規模で、あえて言えば建築家のわがままを押し通したように見える建築はないと思うんです。先ほど、レジームが「ますます強固になっている」と原さんはおっしゃいましたが、バブル期のゴリゴリの資本主義レジームのなかであの建築をどうやって実現できたのか、是非知りたいです。

原　それはね、きっとみんな僕のことをかなり誤解していると思うね。人は、僕が理屈を言っている人だと思っているの（笑）。ところが本当は僕はデザイナーなの。デザインをやらせたら圧倒的にうまいんだよ。
僕は組織と組んでやるでしょ。どんな組織と組んでも、よくみんな言うことを聞くなあと思うでしょう。でもデザインをやってみるとわかるのよ。色んなことをやるんだけど、僕がこれは駄目だとか、こうやれと言うと、必ずそのほうが優れているんだよ。常に緊張のなかで絶対に優れた案を出せる。

若林　原さんは小さな事務所をやっている個人の建築家でいながら、巨大な組織をパートナーとして巨大なスケールの建物を設計されていますよね。そこにはきっとおもしろさもたいへんさも両方あるんだろうと思います。

太田　今、ご本人が「設計がうまい」という表現をされましたが、そのことの意味を考えています。例えば、「梅田スカイビル」の場合は、てっぺんに大きな孔が空いている。超高層ビルというのは現実の話として、高さを競い、あるいは外観のインパクトを競いながら権威の象徴となったり、ブランディングの機能を果たしたりしています。ところが、「梅田スカイビル」はそれとは少し違う。あの大きな孔には、「有孔体」の理論もあるでしょうが、むしろ原さんが思い描かれた、文学的と言えるのかもしれない物語が織り込まれていると理解しています。

その物語というのは、例えばこれは原さんご自身が話されていたことですが、天から地球を見たときに、あの孔を通して人間が見えたらどうだろうと。超高層を通して地上の生活が見えるという構図はすごくおもしろいじゃないかと。孔を斜めに横切って延々と続くエスカレーターに乗っていくと、突如異世界に出るという仕掛けも、そうした物語のひとつかなと思います。あるいは、一階エントランスの天井の照明として、今まさに宇宙船が飛び立った場面をイメージしたデザインが施してありますが、そこにも物語が喚起されています。そういうふうに物語を構想しながら、超高層ビルというひとつの小宇宙がつくられている。

クライアントというのは、例えば魅力的な言葉や物語によって、一気に色んな可能性を想起させられたとき、ものすごく高揚するだろうと想像できます。そうやって、ある種の夢を共有するような空間が構想されれば、まさに強固なレジームを突破するかのような勢いが生まれるかもしれない。そうやってデザインで引っ張る力、あるいは構想する力が、建築家にとってすごく大事なんだろうなと思います。

原　そうかもしれないけど、建築を実現していくプロセスでは色んな局面が展開するじゃないですか。例えば、「梅田スカイビル」の一番上の孔のカーテンウォールは、どうしようかと一年以上ずっと解が見つからずにいたときに、突然ぱっと、これは駄目なんだ、こういうふうにしなくちゃいけない、というふうに思い付いた。それがデザインと言うか構想力なんだよ。それが実はすごく重要。一方で、設計の過程でもう少しダイナミックに色々動いていくことが構想力じゃないかなとも思ったりね。だけど、何かに向けて構想力を発揮することは大事よね。

手の人

原若菜　私たちは、原広司と五〇年間にわたり一緒に設計をやってきました。その間に感じたことを話したいと思います。

原は「手の人」なんです。すごい量のエスキスを描くのです。幾度もエスキスを描き、みんなと模型をつくります。例えば「慶松幼稚園」（一九六八）のときは、児童が屋上も使うことになり、いつものようにエスキスを描き、みんなと模型をつくりました。ところが、建物が完成し発表するときにいきなり「浮遊の思想」という言葉を出すんですよ。「えっ？　そう言われてみれば本当にそう！」と思うのです。原には日頃の勉学の積み重ねの引き出しがあり、手を動かしながら言葉を探しているのか、それとも蓄積した言葉を形にしようとエスキスを繰り返しているのか、どちらかはつかみ難いです。

自邸（「反射性住居――原邸」、一九七四）のときも、みんなで連日朝まで設計をやっていて、建物が完成すると、今度は「住居に都市を埋蔵する」と書くのです。設計中はそんなことまったく言っていません。だから、原の頭のなかでは言葉も同時存在していて、実際には勤勉に手を動かすことで思索を形に変えているのかもしれません。

門脇　「梅田スカイビル」のエピソードも是非教えてください。どうやってあれをご自身の手によって設計していくのか。

原　あれはすごいんだよ。初めは低層案でやっていたのよ。

門脇　低層ですか？

原若菜　「梅田スカイビル」は指名コンペでした。超高層をつくる場合の法的な縛りがあるわけです。コンペ期間は三ヵ月で、我々は超高層を設計した経験がなく、法規をクリアすることに二カ月ほど集中していたなかで「公開空地」という制度を知って、初めて道が開けたのです。

単純に言うと、「公開空地」パターンには二通りあって、「周辺空地」型と「中央空地」型。「梅田スカイビル」は「周辺空地」＋「中央空地」を採用し、「中央空地」を人々に公開し魅力的にすれば、最大限の容積率のボーナス増が見込めると気付いたのです。多分そのときの原の頭のなかには、集落調査で見た「空中庭園」幻想があったと思う。すぐに二棟の高層ビルをつなぐ、孔がある空中庭園のファーストスケッチが示された。容積のボーナスで空中庭園をつくろうと。ファーストスケッチの威力は大きかった。構造の木村俊彦先生も張り切り、我々も夢中になり、最終的に施主の四社をも説得できた。構想力はもちろんですが、原は戦略家でもあると思いました。

原　そうなれば、色んな人が出てきて、みんな色んなことで助けてくれるからできる。だけども、やっぱり設計がうまいんだよ（笑）。俺、歳取ってきたから言いたいんだけど、みんな俺の実力を知らないのよ。

原若菜　今事務所では、一九六〇年代から二〇〇〇年までのアトリエ・ファイがトレペに手描きした図面の整理をしていて、すごい量でちっともまとまらない。たくさんの建物をつくってきたと改めて驚いています。それとは別に、原のスケッチがあって、その量もすごくて！しかも大きく描くんですよ。原は図面や模型の縮尺を段々と上げていく習性がある。「ヤマトインターナショナル」の全体模型は次々に縮尺を上げて幾度もつくった。「札幌ドーム」（二〇〇一）なんて鉄骨の詳細まで原寸でチェックした。「京都駅ビル」は事務所の間口いっぱいにつくり、模型の下を這って動いていた。それらの大きな模型はエスキス用で原はずっと眺めては手直しする。これらの模型はどんどん捨てています。保存場所がない。

構想力のことでは、私は「京都駅ビル」ですごく驚いたことがあります。駅敷地前面はバスやタクシー乗り場の広場になっているのですが、広場から外れた大阪方向の敷地はガタガタとした変形でそのまま建てるのは難しい。敷地いっぱいを使わないと要望の容積が得られない。敷地の問題には手が付けられない。どうするんだろうと思っていたのです。そうしたらあるとき、原が大きな階段を屋根の上に斜めにバーっと架けたんです。それで敷地の形が一気に消えた。図面上では、階段があまりに大きくて不安でした。階段の鉄骨が立ち上がったときに見るとすごい迫力で、ああ構想力だ、と思いました。この階段は避難階段としてもカウントされた。敷地の弱点が「大階段」という呼び方と共に、駅の強いシンボルになった。それをデザインがうまいと言うのか、構想力と言うのかわからないですが。

天井は孔である

若林　先ほど「梅田スカイビル」の天井の話が出ましたが、建築専門誌に掲載された原さんの建築の写真を見ていくと、見上げの構図が結構あるんですね。これは建物を経験していくときの、ある種の視点の設定なのかなと思うんですが、そういう写真を見ていると、建築空間を見上げるということがどういう意味をもっているのかを考えさせられます。

太田　見上げることについては、集落調査にも関連してくるのかなと思います。原さんが集落調査のときに撮られた写真を見ていくと、やはり見上げる行為、見上げる視線が非常に特徴的だと思います。そう言えば、『朝日新聞』の企画で描かれたという、東京駅を背景につくる未来都市のスケッチがありましたが、あれも見上げる構図になっていましたよね。東京の都心の現実を背景として、未来の都市をあのように描かれたのも、建築家が示せる構想力なのかもしれません。

砂川晴彦　アーカイブの資料を拝見していくと、八〇年代には「ヤマトインターナショナル」をはじめとして、雲や木といった具象的な模様が頻繁に現れます。天井にもそのようなデザインがされています。そうした表象は、どんな構想力から出てくるのかなと思いました。

太田　今回資料を色々と見せていただきましたが、「ヤマトインターナショナル」も「飯田市美術博物館」も天井のディテールがすごい。微細に描かれた画像が差異をつくりながら展開していき、その量たるや圧倒的です。それらはすべて手で描かれ、手作業でつくられていたんですよね。

原若菜　「梅田スカイビル」では一階のエレベーターホールから始まり、各階のエレベーターホールのすべて、そしてブリッジ階や空中庭園階、最終的にはエントランスホールに至るまで、八六ヵ所、三〇〇以上の光天井のスケッチすべてを原は手描きしました。絵は空中のモチーフから始まり、一階のエントランスホールでは、彼の描く未来都市の姿が現れる。これらのスケッチを所員がCAD化し、現場では原寸の施工図とした。それはもう膨大な作業です。「ヤマトインターナショナル」のときも膨大な図を描いた。密教画みたいに細かくて圧倒的な描きようで。これらの手描きスケッチは残っていません。スケッチを現場事務所に渡すと、監理がなかなか難しそうです。

太田　原さんにとって、天井とは何でしょうか？

原　それは孔が空いているものだよね。

門脇　内田祥哉さんは『建築構法』（市ケ谷出版社、二〇〇七）のなかで、天井は「明確な機能を持っていない」[★6]と書かれています。つまり天井は機能主義では扱えない部位です。天井がすごいという原さんの設計には、やはり機能主義を超えた何かがあるのでしょうね。

太田　普通、天井は設計のなかで一番おざなりにされる部分だったりしますよね。

原　そう。だから僕はね、建築家が設計した建物に入るとき、最初に天井に目がいく。要するに、照明器具の位置とか、孔とかがどういうように配置されているかを見ちゃうね。

若林　先ほどの、天井は「孔が空いたものである」という言葉で、文字どおり、視界が開けた気がしました。原さんの建築には表層的な次元でポストモダニズムと混同されてきた面もあると思いますが、例えば引用やメタファーによる表現とは本質的に異なることが天井でも行われていたんだと。

太田　原さんは、決して批評として建築はつくられないですよね。

原　はい、批評としては考えないね。それは考えないけれども、やっぱり都市の中で建築をつくるわけだから、好むと好まざるとにかかわらず、人はそれを風景としてつくるわけでしょ。

それだったら、何か晴れ晴れとしたようなものをつくるのがいいんじゃないかな。建築家はそういう責任ももっていると思うんだよね。

逃れる術

若林 今日の目的のひとつは、近代を問うという意味で共通した問題意識をもち、時期も重なっていた西洋のポストモダニズムと原さんの思想が、実際どう異なっていたのかを知ることでした。冒頭で原さんから、ワトソン、モノー、プリゴジンという科学者たちの発見や仮説が、新しい時代への転換を指していたのだという指摘がありましたが、原さんご自身はポストモダニズムについてどのようにご覧になっていますか？

原 そう。その一連の流れと大体ときを同じくして出てきたのが、ポストモダニズムです。だから、もし科学の世界で提示されてきたこれらのことが正しいとすると、ポストモダニズムが問題にしたようなことは本質的ではないんじゃないか。つまり、「近代」というものをどういうふうに捉えるかということでもあるわけですが。だから僕は、チャールズ・ジェンクスからポストモダニズムがどうのこうのと書いてある手紙をもらったとき、どうもそういうことを言っていいのだろうか、というふうに思いましたね。

連　原さん、ジェンクスの言ったポストモダニズムの内容というのは、端的にどういったものでしたか？

原　集落調査を終えたばかりの頃でしょ。展覧会を一緒にやらないかとか、そういう話だったと思います。

太田　七〇年代の終わりですか？

原　そうです。だけど僕は、集落調査をやっていた立場で彼の話を聞いて思ったのは、当時アメリカで起こっていた現象を「ヴァナキュラー」という概念で説明されるのはちょっと心外だなと。ラスベガスと集落とを一緒にされてはたいへんなんじゃないかと。

若林　どっちもヴァナキュラーという言葉を使っていますよね。★7

原　同じですからね。フェルディナン・ド・ソシュールが言い出した「記号」というのはものすごく重要な概念で、それ自体を否定するつもりは全然ないんだけど、要するに、建築というのは言語では表せないものなんだ。記号ではない、もうちょっと違った表現方法をしなくちゃいけないんです。

本質的な問題というのはもっと別のところにあるんじゃないの。僕は本当はもっと根本的な問題が何なのかを疑わないと駄目だと思ったんですね。つまり、さっきも話に出ましたが、物自体で現象が生まれると考えたら駄目なんじゃないかと。ポストモダンが本当に問題だと思うのは、建築を出来事として捉えていないことなんだよな。何か、ダックの格好をしたのがいいとか、ラスベガスがいいとか、そういうのは何ら本質を突いていない。

だけどね、集落に関しても、均質空間に対しても、私は非常に用心深かったとは思うね。初めから、均質空間は乗り越えられないものであるという捉え方をしているわけですね。我々は均質空間を避けようと思ったって避けられないんだ。

若林　「乗り越える」というのはヘーゲル・マルクス的な弁証法の語彙ですよね。つまり、乗り越えるという発想自体が、モダニズムや近代の土俵に乗ったものであるという意味で、乗り越えられないとおっしゃっているんじゃないかと思います。

もうひとつ、原さんのお話を聞いて思うのは、均質空間という空間概念自体が、あまりに私たちの社会に強く根ざしているものなので、正面から乗り越えるという戦い方は現実的ではないとおっしゃっているのではないかと。均質空間が前提にしている機械的なもの、あるいは因果律によって合理的に建築をつくっていくのとは違うボキャブラリーや方法で、別の場所、あるいは本質的に異なる空間をつくっていく。それはモダンに対して別のものをつくるということではなく、モダンは一方にあるけれども、そうじゃない空間を外側から広げていくという感じなんでしょうか。あるいは、内側から孔を穿つということなのか?

原　そうじゃない。僕も建物を建てるときには、色んなことをやるんですけどね。さっきも言ったように、均質な空間もつくるけれども、それを部分化する。

今日はますます逃れられないなと思っていて。建築は戦ったら絶対できないですよ。現実と戦わないです。ちょっと変なことをすれば、きっとフランツ・カフカの『審判』みたいに呼ばれて一年後には殺されることになるわけですよ、全員。今はそういう運命のなかにあって建築をつくる。決してそんなにウキウキしてつくっていない。どうしたら逃れることができるかなと。実はそういうことしか考えていないんですよ。何か逃れる術を少しずつつくっている、というところは多分にありますね。

註

★1　『思想』一九七五年八月号・九月号、岩波書店。初出時のタイトルは「文化としての空間──空間概念論のためのノート・均質空間論」。

★2　原広司『集落への旅』（岩波書店、一九八七年）。フランスから北アフリカ、中南米、東欧、中近東、インド、ネパール、そして西アフリカをアルジェリアから象牙海岸まで縦断するという、七年かけて行われた膨大な距離の集落調査が、論考やスケッチを交えた異色のトラベローグとして記録されている。

★3　原は二〇〇三年にモンテビデオ、二〇〇五年にコルドバ、二〇一〇年にラパスで、それぞれ実験住宅で構成するコミュニティを設計し、完成させた。

★4　東京大学・内田祥哉研究室。一九五六年、東京大学助教授となった内田は、教育にも力を入れつつ日本における建築構法、建築生産システムの確立を牽引した。戦後日本の建築の工業化、プレハブ化に多大な業績を残す。

★5　原広司「境界論」、『空間〈機能から様相へ〉』（岩波書店、二〇〇七年）、二一六頁。

★6　内田祥哉ほか『建築構法 第五版』（市ケ谷出版社、二〇〇七年）、二二四頁。

★7　「ヴァナキュラー」とは、土地や時代、集団に特有の言葉や様式を意味する。ロバート・ヴェンチューリほか『ラスベガス』（鹿島出版会、一九七八年、原書一九七二年、改訂版一九七七年）は、ラスベガスのカジノやホテル、ネオンサインや看板を、現代資本主義社会におけるヴァナキュラーな様式として論じ、ポストモダニズムの建築語彙に大きな影響を与えた。

論考

近代の空間に孔を穿つ
——原広司の建築と思索

若林幹夫

物語を設計し、想像力を奪還する

連勇太朗

近代の空間に孔を穿つ——原広司の建築と思索

若林幹夫

原広司はポストモダニストか？

近年急増する外国人観光客の間でもっとも知られた日本の現代建築のひとつは、原広司設計の大阪の「梅田スカイビル」（一九九三）だろう。超高層のツイン・タワーの頂部をリング状の「空中庭園」で連結したこの建物は、二〇〇八年に英紙『タイムズ』が掲載したイギリスの出版社 Dorling Kindersley の「世界の建築トップ二〇」に選ばれて以来、多くの来場者を集めている。

この建物がある関西地方を訪れる観光客の多くは、原のもうひとつの代表作もその前後にきっと訪れているはずだ。谷底のような一階フロアからエスカレーターと大階段が屋上の「大空広場」へ斜面を登るように続く巨大な吹き抜けのコンコースが印象的な、「京都駅ビル」（一九九七）である。

一般に親しまれている原の作品にもうひとつ、銀色の巨大な空飛ぶ円盤のような「札幌ドーム」（二〇〇一）がある。超高層、駅舎、スタジアムという異なるタイプの巨大建造物を、小規模な個人の建築事務所で次々に実現させた原は、現代の日本で大衆的に最も成功した建築家のひとりと言っていいだろう。

内部と外部が反転するような空間、雲や山並みを思わせる複数の層をオーバーレイさせた複雑な造形、天井や窓の緻密な設計とそこから取り込まれる光線とそれによって生み出される影の利用、壁面や天井やドアの、影や雲や風を思わせる幾何学的な文様や鳥の姿の精巧なデザインなど、原の建築はその現れだけを見ると、現代建築に虚構性や記号性を復活させようとした同時代の欧米のポストモダニズムの動向に呼応したものにも見えるかもしれない。事実、そういう論評も多いが、そうした表層的な印象批評では、日本における原の建築の今日に至る大衆的成功と社会的受容を説明することはできない。

原は、一九六〇年代末から七〇年代半ばに書かれた有孔体の理論、浮遊の思想、均質空間論などの哲学的で思想的な建築論で日本の建築界に影響を与えた一方、一九七〇年代初めから一〇年以上にわたって、研究室のメンバーを率いてヨーロッパ、アフリカ、中東、中南米、インド・ネパール、東南アジアなど世界各地で集落調査を行った実践の人でもある。集落調査の報告はメジャーな建築専門誌で何号にもわたって掲載され、関連する論考や書籍も刊行されて、日本の建築界に新たな知の体系を開いていった。

先鋭的な建築理論と徹底した集落調査の成果を建築作品で実践してきた原の試みと、その作品が大衆に支持され社会に受容されたという事実は、どこか深い次元で通底しているのではないか。だから、私は原の建築に対してしばしばなされてきた表層的な理解に違和感を抱いてきた。ポストモダニズムという時代のモードによる理解は、理論と調査と実践と受容のこの「通底」を説明しない。そこには何か見落としてきたものがあるのではないか？　ポストモダニズム的にも見える原の建築が、理論や集落調査を土台にしながら追求した核心は何なのか？　原広司の仕事と軌跡をアーカイブ資料やインタビューによって確かめるのがこのリサーチの課題であった。

西欧の外からの問い

周辺の大規模再開発が進む東京・渋谷駅からほど近い閑静な住宅街にある原の事務所、アトリエ・ファイを私たちが訪れたとき、巨大な作業板上のトレーシングペーパーに原は何かを書いている最中だった。それは近代・現代の主要な政治家・革命家・哲学者・思想家・文学者・科学者・技術開発者など数十人――ただし建築家は含まれていない――と、戦争や革命、発見や技術革新など、彼らに関わる重要な出来事を書き込んだ手づくりの年表だった。「ポストモダニズム建築の時代に何を考えて設計や調査をしていたのかを知りたい」という私たちの依頼に対し、建築にとどまらない世界史的広がりのなかでポストモダンを捉え直すために、これまで読んできた膨大な数の書物を読み直して、原はその年表をつくっていたのである。

年表に言及しながら原は、弁証法批判、投票民主主義や貨幣への疑問、テオドール・W・アドルノの否定弁証法と仏教思想や日本思想の類似と違いなど、近代への疑問と批判を縦横無尽に語り続けた。私たちが探りたいのは、ポストモダニズム建築と原の建築との混線がどこからどう始まったのかということなのだが、原本人にとって「ポストモダニズム建築」という概念は関心の範疇にないらしい。原との対話から見えてきたのは、近代をめぐる彼の思考の焦点が、「均質空間の批判とその超克」から逸れることはなかったということだった。

均質空間は、一九七五年に雑誌『思想』に原が発表した論考で本格的に論じられた。[★1]そこで彼は、どの文明や社会にも支配的な空間概念があり、近代社会における支配的な空間概念は、自然的な条件の差異を消去し、歴史的・文化的な意味を排除する均質空間であると主張した。そして、ミース・ファン・デル・ローエが一九一九年から二一年に描いたガラスの摩天楼のドローイングに基づくユニバーサル・スペースが、空間概念としての均質空間を建築として物象化する道を拓いて近代建築の勝利者となったが、現象としては均質ではない現代の都市や社会の隅々までも均質空間の支配は及んでおり、その廃棄なしには近代建築の行き詰まりを含む現代の諸矛盾からの、真の自由はあり得ないと主張したのである。

自作の年表を前に、近代の思想や科学、政治や経済などを均質空間と共に批判しながら、西洋以外の社会や思想を知らない欧米の知識人や建築家たちが、西欧的な思考と論理と文化の枠内からモダンとポストモダンを考えることの限界を、原は繰り返し語った。その語りからは、西欧近代が生み出した現代建築の世界を日本人として生き、欧米の学問や思想を学んできた一方で、世界各地の集落を調査し、ラテンアメリカや中国を含む世界の文学や芸術に親しんできたことが、欧米起源のモダニズムとポストモダニズムを共に批判する原の、知的かつ実存的な土壌となっていることが強く伝わってきた。

集落調査は建築のための実験だった

原のアトリエには集落調査の対象となった集落やその周囲の風景、集落全体の住居配置と空間構造、住居の間取りや断面図、住居の細部の意匠などのスケッチとメモが、調査年と調査地域ごとにファイルに入れられてボックスに収められている。それらのスケッチとメモの詳細さと情報量の多さに私たちは圧倒された。

集落調査では、調査対象とする集落を事前に決めず——そもそもどこにどんな集落があるのかは事前にわかっていないこともあった——、調査ルートを走破する途上で出会った集落から原が直感で選んだものを一日に二、三ヵ所訪ねる。言葉が通じないことも多い住民たちに調査の意図を理解してもらい、測量した住居や集落の見取り図やスケッチを原が自ら素早く描き上げていく——そんなかたちを取ったと、原は私たちに語ってくれた。

集落調査を始めて以降の原の建築には、住宅から大規模建築に至るまで、調査から得た数々の「集落の教え」[★2]が活かされている。だが、沖縄の伝統的な建築意匠を用いた「那覇市立城西小学校」(一九八七)などを除けば、歴史的、伝統的な記号や意匠は直接引用されていない。集落調査で発見したものは直接的な表現としてではなく原理として使うのだと、原は私たちに語った。そこには、近代に対して歴史や伝統を表象として参照あるいは引用したり、普遍主義に対してローカリズムや多文化主義を対置したりするのとは異なる、歴史や伝統や地域や文化に対する姿勢が示されている。ヴァナキュラーな建築の様式や意匠を収集して分類し、それまで評価されてこなかった芸術的価値と近代建築への示唆をそこに求めた、「建築家なしの建築」（一九六四）のバーナード・ルドフスキーなどとは異なる眼差しを、原は集落に向けていたのである。

集落調査で原は、風土も歴史も文化も異なる場所でつくられた、多様な建築や集落の間に類似性や共通性を発見していったという。一日に集落二、三ヵ所という驚異的なスピードの調査が可能だったのも、その調査が個々の集落の個別性や特異性を知ることよりもむしろ、複数の集落とその建築を重ね合わせたところに見えてくる共通性や類似性、それらを可能にする原理の発見を目的としていたからではないだろうか。集落調査は「（建築は）この程度まではやっていいんじゃないかとか、これ以上やるとおかしくなるんじゃないか」を知るための「実験」だったと、私たちに原は語った。その言葉からは、彼の集落調査が、自然の中で人間が生きる形として集落を捉え、その空間的な構造や仕掛けを生み出す人間の構想力を理解するための調査だったことが窺われた。表象として現れた集落や建築ではなく、それらを可能にする人間の構想力そのものを彼は見つめていたのである。

集落調査の紀行文である『集落への旅』（岩波書店、一九八七）で原は、「世界の集落は、文化のインターナショナリズム的視点によってのみ、正しく解釈される」ということが、世界の集落調査のひとつの結論であると述べ、『空間〈機能から様相へ〉』（岩波書店、一九八七）のために書かれた建築理論の論考「〈非ず非ず〉と日本の空間的伝統」でも、「世界の集落を調べていて知ったのであるが、伝統なる概念は、ナショナリズムに帰属するのではなく、インターナショナリズムに帰属する概念である」と書いている。土着的な集落や自然の地形を思わせる原の建築は、ミースやル・コルビュジエやヴァルター・グロピウスが目指したような国際的で普遍的な近代建築を批判し、それらとは異なる建築言語と建築空間を求める点でポストモダニズム的だとも言える。だが原の建築は、世界の集落を旅し、調査するなかで原が見出した、人間がその歴史を通じて見出してきた原理としての「集落の教え」による建築であるという意味で、近代建築の巨匠たちの作品とは異なる仕方で国際的、普遍的な建築を目指しているのだ。

現代社会の局所に孔を穿つ

一九六七年の『建築に何が可能か』[★3]に含まれる「有孔体の理論」で原は、閉じられた空間に孔を開けることが建築であると主張した。原にとって「孔を穿つこと」は、世界に働きかける人間の欲望と構想力の、普遍的で原初的なかたちなのだ。その後の彼の軌跡は、均質空間とは異なる空間概念とそれを物象化する仕組みを世界の集落に求め、そこで見出した原理を用いて、均質空間から逃れ出る孔を現代社会の局所局所に穿っていく試みの連続だったと言えるだろう。八〇年代の原は、均質空間に代わる新たな空間概念を現時点では提示することができない以上、均質空間から遁走しながら、世界の様々な場所に均質空間ではない建築を実現していくことが、現状において取るべき戦略なのだと述べている。そんな「均質空間からの遁走」を、原は様々なかたちで試み続けてきたのである。

「閉じた空間に孔を穿つ」という建築の原初的なかたちと、世界各地の調査から学んだ「集落の教え」によって、それまでなかった建築的な経験を可能にする構想力を、自身の建築作品によって原は示し続けてきた。「梅田スカイビル」を訪れる人は、上空に浮かぶ空中庭園の環の孔を通して、その向こうの空を見る。「京都駅ビル」の中央コンコースに立つ人は、吹き抜けのガラス屋根の向こうや、エスカレーターと大階段の彼方の大空広場の上の空を見る。アーカイブ調査で見た八〇年代の原の作品の図面には天井伏図がひとつひとつ詳細に描き込まれており、雑誌に紹介される作品の写真には、天井や吹き抜けの見上げの構図が繰り返し用いられていた。これらの意匠や表現は、均質空間の支配する現代の世界に孔を穿ち、その外側の宇宙や自然へと人々を導く、フィクショナルな仕掛けの一環、ということなのではないだろうか。

原は、表象としてのポストモダニズムによってではなく、建築を可能にする普遍的な欲望と構想力に形を与えることによって、近代と均質空間を批判し、そこから脱出しようとしてきた。そのようにしてつくられてきた建築が示す人間の構想力と、それらがもたらす建築的経験の豊かさが、現代の大衆をも引きつける原の建築の力であり魅力なのだ。

原広司という出来事

本書に収められた対話で原は、「出来事」という言葉を何度か使っている。

建築は単なる物の集積ではなく出来事の集積であるべきであり、それが人の出来事の発生を方向付ける。出来事とは様相であり、それらは場の理論で統一的に記述可能である。

私が最も強い印象を受けたことのひとつは、建築は出来事であるというこの考え方だった。

翻って考えるなら、宇宙も世界も人間の歴史も、出来事の集積と連鎖である。相互干渉する様々な出来事の集まりや連なりが、宇宙や世界や歴史を巨大なひとつの出来事として現象させてきた。建築はそうした出来事の集まりや連なりに、それ自体がひとつの出来事として関与する。

対話の冒頭で原は、ジェームズ・ワトソンやジャック・モノー、イリヤ・プリゴジンらによる二〇世紀後半の科学の革新に触れている。それらが示したのは決定論や単純な進歩主義とは異なり、偶然性や創発性を内包した出来事として宇宙や生命を見るという世界観である。二〇世紀の科学の最先端において示されたそうした思考と認識の地平と、集落という素朴でプリミティブと見られがちな建築と人々の暮らしのあり方とは、一見何の関係もないように思われるかもしれない。だが、世界の集落を旅して原が見出したのは、建築の歴史も人間の歴史も、決定論や単純な進歩主義が理解するのとは異なり、自然と人間の相互交渉のなかの偶然性や創発性をはらんだ多様な出来事の広がりである、ということだったのではないだろうか。

原がつくった建築たちは、二〇世紀の科学の先端と人間の歴史がつくり出してきた様々な集落と建築とが通底する場所で構想され、物的な形態と空間として現れ、人々の間に新しい出来事を発生させるものとして存在している。原が展開した建築的思考は、建築や社会や人間について考え、何かを構想し、つくろうとする人々を触発し、新しい建築や思考を誘発する。

二〇二五年一月三日、原広司はこの世を去ったが、〈建築家・原広司という出来事〉は、彼が残した建築と思考として今も働き、新たな出来事を発生させ続ける。

註

★1 原広司「文化としての空間——空間概念論のためのノート・均質空間論」、『思想』一九七五年八月号・九月号、岩波書店。後に「均質空間論」と改題されて『空間〈機能から様相へ〉』岩波書店、一九八七年に所収。

★2 世界の集落調査から原が得た示唆を、ひとつの知の体系として言語化した建築のテーゼ集。『建築文化』一九八七年四月号で発表され、一九九八年に『集落の教え100』として彰国社から出版された。

★3 原の最初の本として、一九六七年に学芸書林から刊行された。

物語を設計し、想像力を奪還する

連勇太朗

想像力の欠如の問題

今、私たちが目の前で目撃しているのは、あらゆる事象が資本主義に飲み込まれていく状況そのものである。建築という営みもまた、その枠組みから自由ではない。イメージしやすいのは、設計や建設において、コストや生産システムが大きな影響を及ぼすといったところだろう。しかし、建築はそれだけでなく経済的道具としても機能している。利潤を生み出し、資産形成に寄与する役割を常に求められる。住宅やオフィスビルをはじめあらゆるビルディングタイプが、資本主義の特性や目的に沿ってつくられるという現実がある。別の言い方をすれば、現代の建築は資本主義そのものを強化してもいる。

同時に、私たちの創造性や思考そのものもまた、資本主義システムによって規定され、縛られている。それは単なる市場の要請や経済的制約にとどまらず、資本主義が生み出す価値観や社会構造そのものが、私たちの発想の枠組みをかたちづくっているからだ。

マーク・フィッシャーが『資本主義リアリズム』のなかで引用し、広く知られるようになったフレドリック・ジェイムソンの一文がある。「資本主義の終わりより、世界の終わりを想像する方がたやすい」という、この短くも強烈なフレーズは、冷戦体制が終焉した一九九〇年代以降を生きる私たちの世代にとって、よく理解できる感覚だ。私たちには資本主義以外の社会システムを想像するという発想がそもそもない。つまり、資本主義のもとで展開されるアーバニゼーションは、私たちが「ここではないどこか」「あり得るかもしれない別の場」「異なる社会システム」を構想する力を奪っているわけだ。ちなみに、引用されたジェイムソンの文章にはセミコロンに続き、もうひとつ、核心的な主張が添えられている。

…; perhaps that is due to some weakness in our imaginations.
(それは私たちの想像力の欠如の問題である)

モダニズムの外側に出る

一九六〇年代から建築・都市領域において熱心に実施されるようになる各地の集落調査やデザインサーヴェイは、近代化が徹底されていくプロセスを通して奪われていく私たち自身の「想像力」を回復し、別の世界を構想する力を鍛え直すトレーニングとして読み直すことができないだろうか。

一九六四年、インターナショナル・スタイルの建築をプロモートしてきたニューヨーク近代美術館で、バーナード・ルドフスキーによる「建築家なしの建築」展が開催され、同名の書籍と共に世界的注目を集める。ルドフスキーは、西洋において建築史が対象にしてこなかった「風土的」「無名の」「自然発生的」「土着的」「田園的」といった言葉で形容される世界各地の建築物を紹介し、いかに今までの建築史が扱ってきた建築が偏狭であるかを告発した。それは狭い視野のジャーナリズムやアカデミズムへの批判であり、同時に、物事を単一の価値へ集約しようとする近代建築や近代の社会システムに対する強烈な抗いであった。二〇〇枚の写真に写り込む共同的創造物としての環境や建物を通して、私たちが忘れていた解体されかけている「共」的なものに対する感覚が呼び起こされる。六〇年代を通じて行われるモダニズム批判のなかでも、建築に対する想像力を最大限に押し広げたルドフスキーの功績は大きい。

一九七二年に開始され、その後一〇年以上にわたって行われた東京大学原広司研究室による集落調査も、近代建築の想像力の外側に出る試みであったと言える。その最大の特徴は、集落ごとの固有性や個別性への着目ではなく、世界各地の無名の集落にまたがる共通性に注目したことだろう。つまり、原の目的は地域主義や伝統主義への回帰ではなく、現代において支配的である均質空間と異なる空間概念、そしてそれを生み出している社会システムと出会い、普遍に到達することであった。『集落の教え１００』で取り上げられている「共同幻想」という言葉が象徴的だ。この言葉から、建築や都市をつくり出している基盤は、そこに住む人々が抱く夢や心情であるという確固たるメッセージが伝わってくる。それは良くも悪くも目の前に広がる風景は私たちが描いた物語が現実化しているに過ぎず、夢の抱き方次第で、いかようにも現実をつくり変えることができるのだという力強い宣言に聞こえる。そのためには魅惑的で力強い物語が必要だ。

同時代に展開されたアンビルトのプロジェクトも、社会的・物理的環境を規定する資本主義への批評を通して、状況を相対化しながらオルタナティブを構想することを目的とした物語を提示しているという点で、案外、集落へ向かう問題意識と近い部分があるのかもしれない。アーキグラムによる「インスタント・シティ」、スーパースタジオの「コンティニュアス・モニュメント」、コンスタント・ニーヴェンホイスの「ニュー・バビロン」、ヨナ・フリードマンによる「モバイル・アーキテクチャー」など、テクノロジー、消費、所有といった資本主義に内在する事象を批評的に捉え、現実の都市とは異なる形態や仕組みをもつ環境を示す空想的な提案が数多くなされた。

均質空間に孔は開けられるか

はたして、集落調査やアンビルトのプロジェクトによって私たちの想像力は鍛え直されているのだろうか。表面的なデザインボキャブラリーや作品を説明するためのレファレンスとして、これらの取り組みの継承が「造形」や「形態」の議論へと収束するならば、それらの画策はすべて失敗であったと結論づけなければならない。歴史的様式や象徴性を装飾的に引用することが特徴であるポストモダニズムは、すべてが記号化し等価になった「近代が終焉した後」の創作論だったと言えよう。原の思想がそれらと決定的に異なるのは、むしろ近代建築をはじめ、近代的な制度や社会システムがより強化され展開される状況そのものを主題としている点にある。現在もなお、私たちの前ではミースの立体格子が立ち上がり続け、思考も環境もそのグリッドの中にがんじがらめになっていく状況に変わりはない。私たちは近代が終焉した後を生きているのではなく、むしろ近代システムが空間や環境を通してより強化されていく時代を生きているのだ。

さらに原広司の卓越した点は、小規模な住宅スケールから、高層ビル、駅舎、スタジアムなどの大規模な建築までを通して、集落を通して得た想像力を建築化し、資本主義によってますます一元化し均質化していく空間に具体的な孔を開けていったことである。かつて七〇年代に、原が集落という外部を発見したときとは別の方法で、私たちはオルタナティブな現在を想像する力を鍛え、スケッチを描き、均質化する空間に孔を穿つことができるだろうか。私たちが資本主義を超えていくための、具体的かつイマジナリーな突破口となり得る孔を。

想像力を鍛える旅

知らない土地を歩き、異なる環境に身を置くことは、思考の枠組みを揺さぶるきっかけとなる。旅が私たちの想像力を鍛えてくれるということに今も昔も変わりはない。私たちはついインターネットによって無限の情報にアクセスできるような錯覚に陥りがちだが、実際には自身の身体を投じた経験こそが新たな視点をもたらすという当たり前のことが大切なのだと、原の集落調査は教えてくれている。

原は旅を通して想像力を鍛えたが、その想像力をヴィジョナリーな次元にとどめず、現実社会のなかで形にした。私たちも、資本主義に浸された現実の外に出るための「旅」をして、想像力を鍛えなくてはならないに違いない。ただ、それは手段である。私たちに突きつけられた究極の課題とは、どんな魅力的な想像力を獲得すれば、資本主義に浸された現実に孔を開けられるかである。

参考文献

マーク・フィッシャー『資本主義リアリズム』セバスチャン・ブロイ＋河南瑠莉訳、堀之内出版、二〇一八年。

Fredric Jameson, *The Seeds of Time*, Columbia University Press, 1994.

原広司『集落の教え１００』彰国社、一九九八年。

原広司「均質空間論」、『空間〈機能から様相へ〉』岩波書店、一九八七年。

バーナード・ルドフスキー『建築家なしの建築』渡辺武信訳、鹿島出版会、一九七五年。原著は *Architecture Without Architects: A Short Introduction to Non-Pedigreed Architecture*, The Museum of Modern Art, New York, 1964.

本書は下記３冊を原書として、増補・加筆修正を行った日本語版である。
Itsuko Hasegawa with Kozo Kadowaki and others – Meanwhile in Japan.
Canadian Centre for Architecture, 2021.
Hiroshi Hara with Mikio Wakabayashi and others – Meanwhile in Japan.
Canadian Centre for Architecture, 2022.
Toyo Ito with Koji Ichikawa and others – Meanwhile in Japan.
Canadian Centre for Architecture, 2023.

Meanwhile in Japan（CCA c/o Tokyo プログラム）
キュレーション　太田佳代子
リサーチ・リード＋対話者　門脇耕三　若林幹夫　市川紘司

リサーチ協力
〈長谷川逸子〉水田寛美　室岡有紀子　六反田千恵（gallery IHA）　青山道乃（長谷川逸子・建築計画工房）
〈原広司〉　住田百合耶　砂川晴彦　中園幸佑（原広司＋アトリエ・ファイ建築研究所）
〈伊東豊雄〉　谷繁玲央　星野拓美　稲垣晴夏　太田由真（伊東豊雄建築設計事務所）

本書所収の原広司氏を囲むダイアローグは2019年に行われました。その記録がカナダ建築センターの書籍として2022年に英語で出版され、日本語版の構想と編集が2024年初頭に始まりましたが、制作が終盤にさしかかった段階の2025年1月3日、原氏が逝去されたという悲しい知らせが届きました。類まれな独創性と共に常に私たちを鼓舞してくださった原広司氏に対し、この場を借りて心からの感謝と哀悼の意を表します。
Canadian Centre for Architecture、millegraph

ダイアローグ 〈危機〉の時代の長谷川逸子・原広司・伊東豊雄
2025年4月21日　初版第1刷

著　者　長谷川逸子／原広司／伊東豊雄
門脇耕三／若林幹夫／市川紘司／連勇太朗
太田佳代子／ジョヴァンナ・ボラージ／アルベール・フェレ
編　集　富井雄太郎／ケイト・イェー・チウ／太田佳代子
原書シリーズ編集　アルベール・フェレ
デザイン　佐藤亜沙美
印刷・製本　シナノ書籍印刷
発　行　富井雄太郎
発行所　millegraph　Canadian Centre for Architecture
tel & fax　03-5848-9183
mail　info@millegraph.com
https://www.millegraph.com/

ISBN978-4-910032-12-2　C0052　Printed in Japan

アーカイブ資料・ダイアローグ撮影
〈原広司〉ケース・表紙・pp.2-19, 26-27, 30-31, 33, 36: 大町晃平
pp.34-35: アルベール・フェレ

資料提供
pp.2-19: © 原広司＋アトリエ・ファイ建築研究所、© 東京大学生産技術研究所原研究室
pp.26-27, 30-31, 33: © 原広司＋アトリエ・ファイ建築研究所
pp.20-25, 28-29, 32: 文化庁国立近現代建築資料館

DIALOGUE

市川紘司とリサーチチームは伊東豊雄とのダイアローグに先駆け、1970年代から80年代にわたる伊東のアーカイブ資料をくまなく手に取って見る機会を得た。ダイアローグの戦略的構成に向けてチームの目に止まったアーカイブ資料の一部を、ここに紹介する。キャプションは市川紘司。

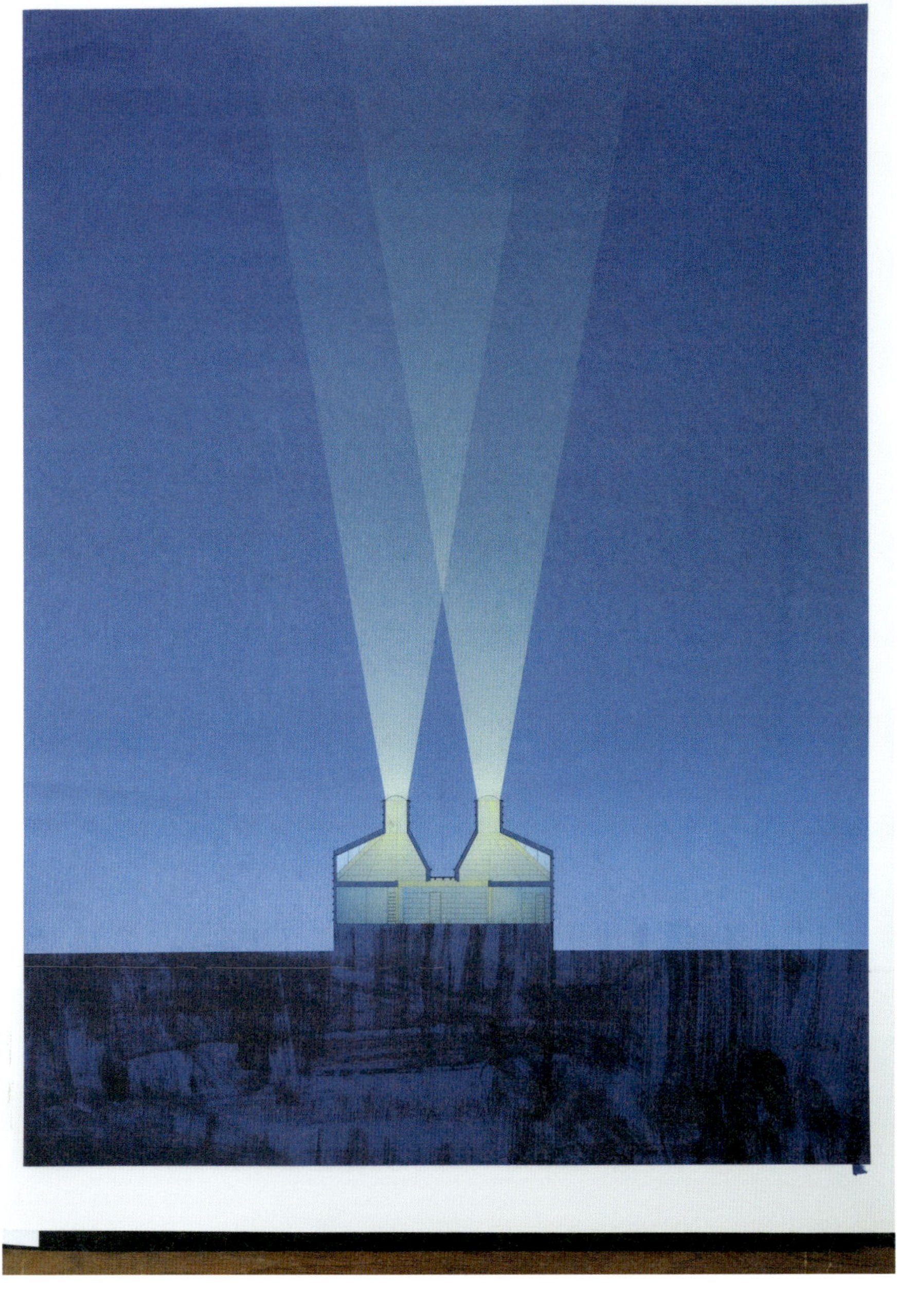

デビュー作である「アルミの家（URBOT-001）」は、外部に対して閉鎖的な構成をとる、カプセルのような住宅。トップライトが二つのみ開けられており、日中は日光を室内に取り入れ、夜になると外に光を漏れ出させる。1981年、ルイジアナ美術館からの出展要請により、伊東事務所で作成したドローイングと推測される。

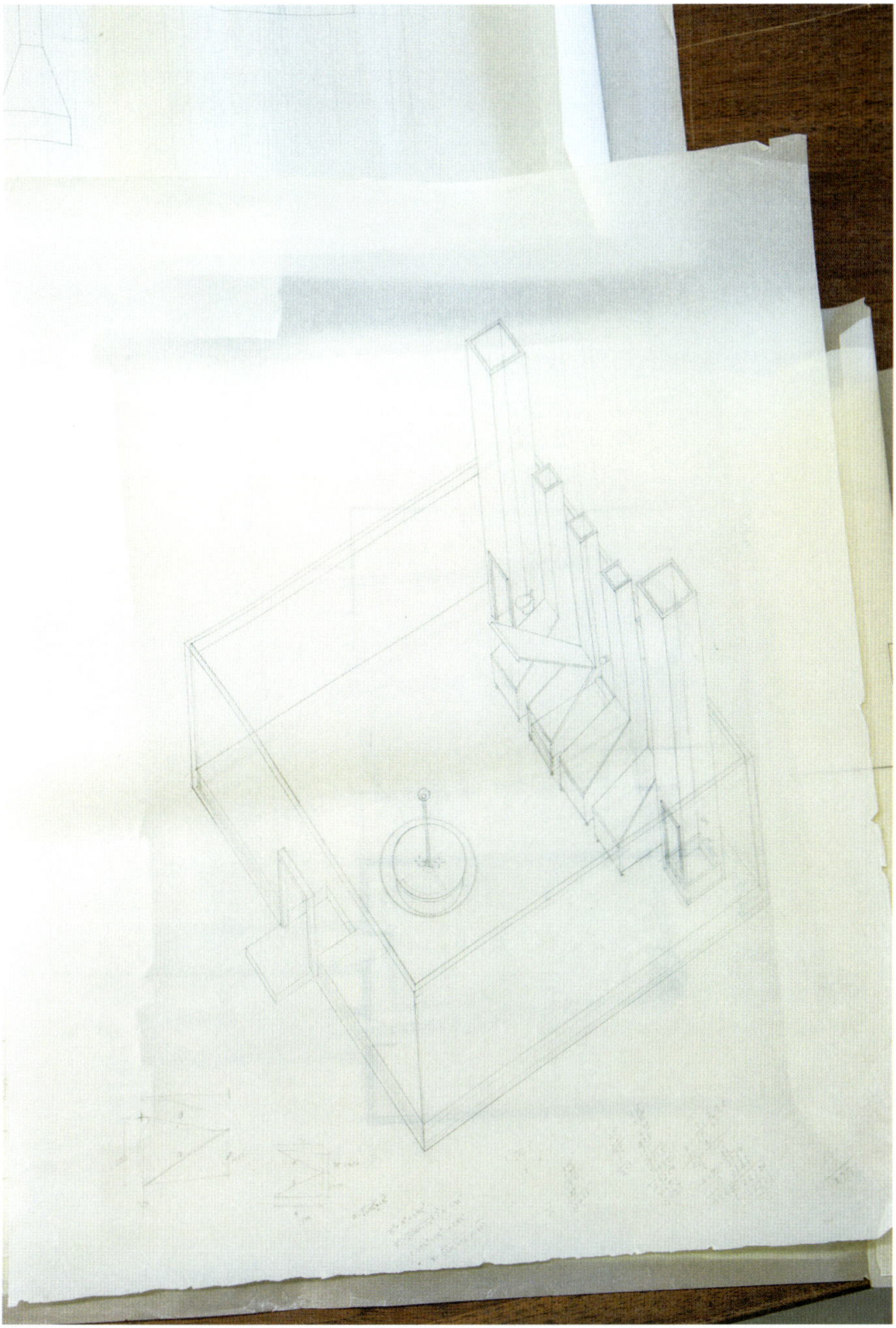

「アルミの家」の進化形として構想された「無用カプセルの家（URBOT-002）」。家族と言えどもひとりひとりが各自のカプセルで寝起きし、長い筒から差し込む光にのみ安らぎを得る。情報化社会の行末を憂う伊東は、絶望感に満ちた住宅の未来像を描きつつ、何とか希望を見出そうとする。

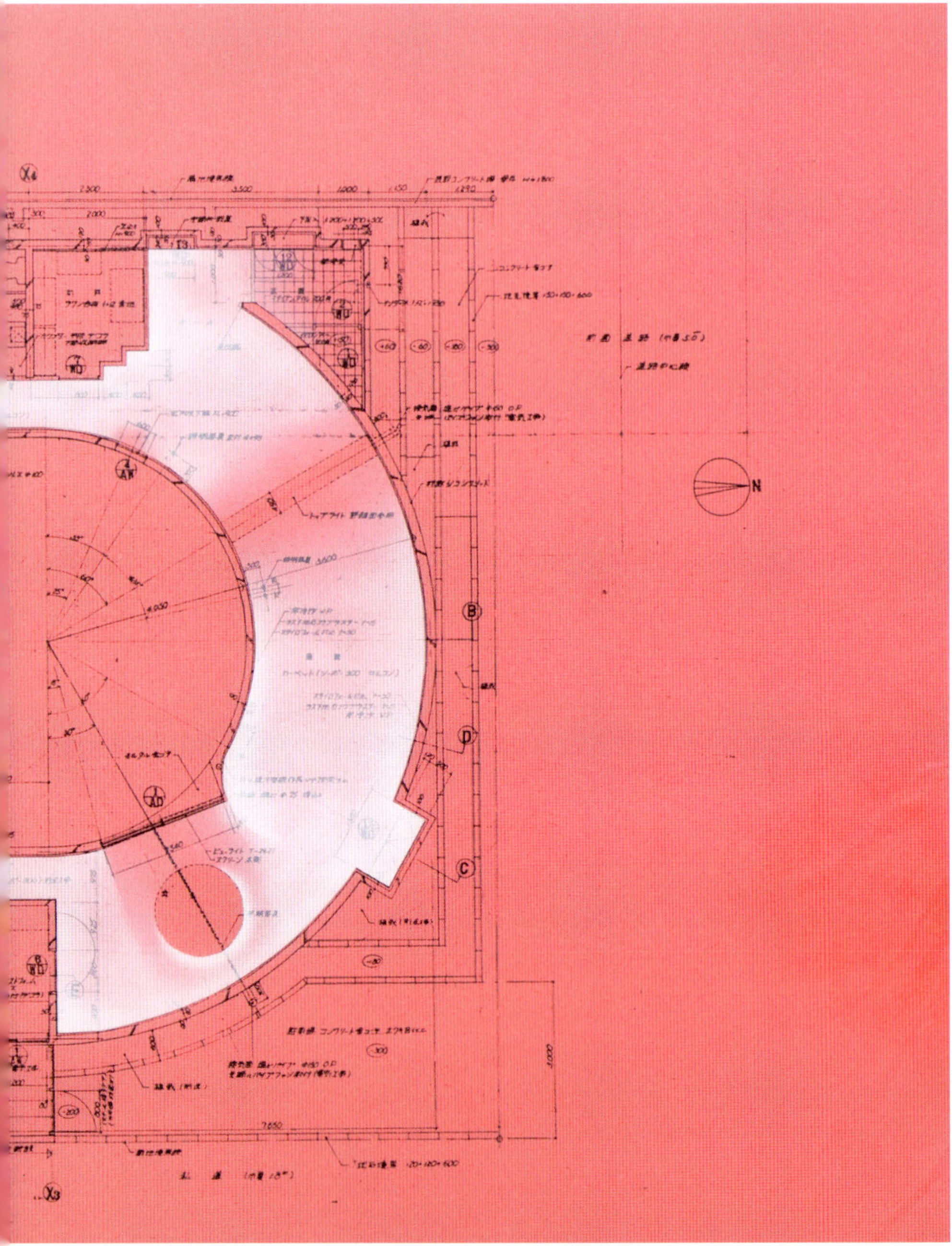

「中野本町の家」では、広間空間がＵ字形に折れ曲がる。煙のようにグラデーションのある白塗りが、その特徴的な空間の流動性をよく示す。

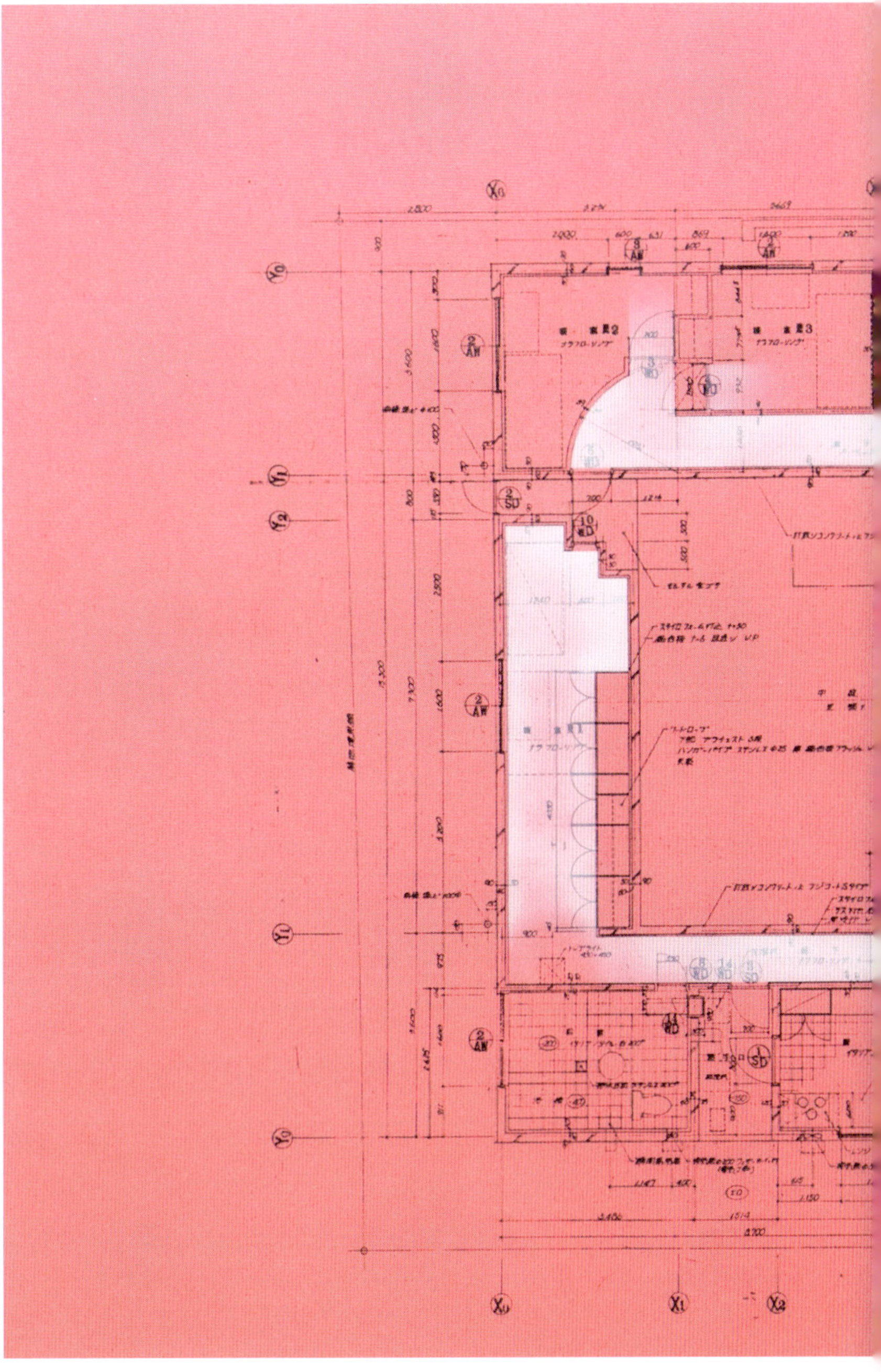

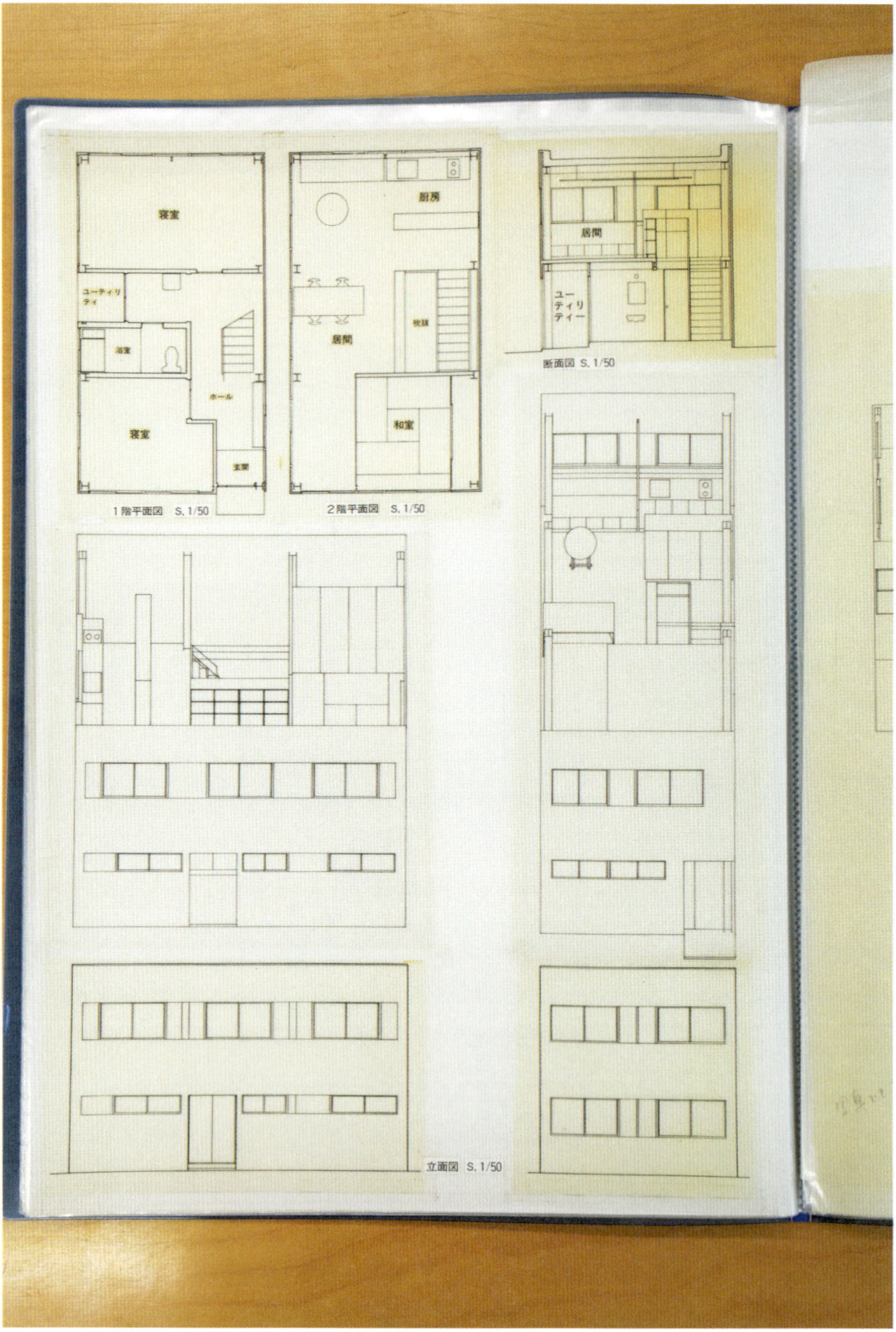

「小金井の家」の平面・立面・断面図。直方体のボリュームに水平連続窓が開けられており、ル・コルビュジエへの意識が垣間見える。

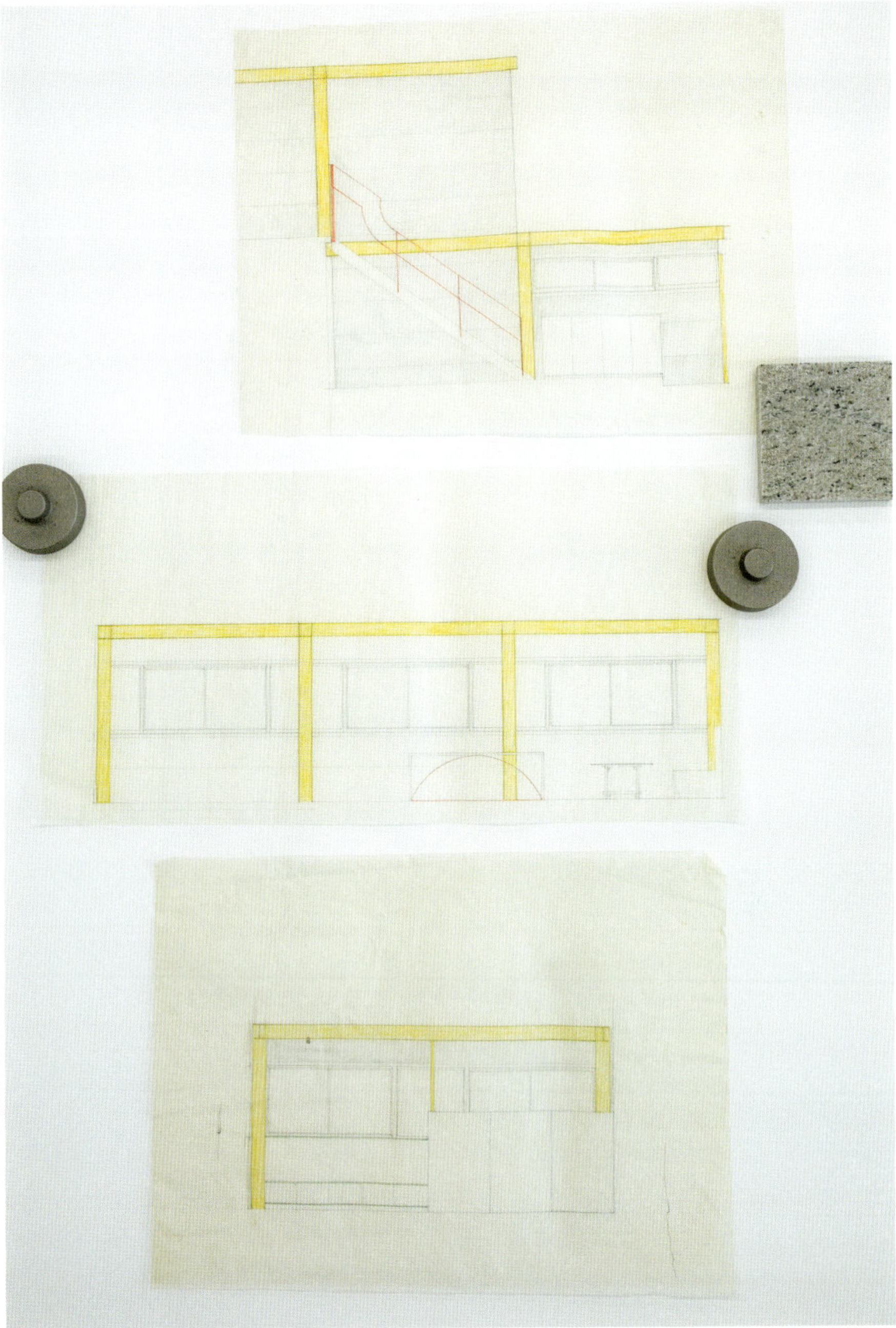

「小金井の家」は、伊東豊雄の作品史のなかでも例外的に「普通」な形状をもつ建築である。鉄骨造の住宅であり、その構造フレームが黄色で強調されている。

02
アクソノメトリック

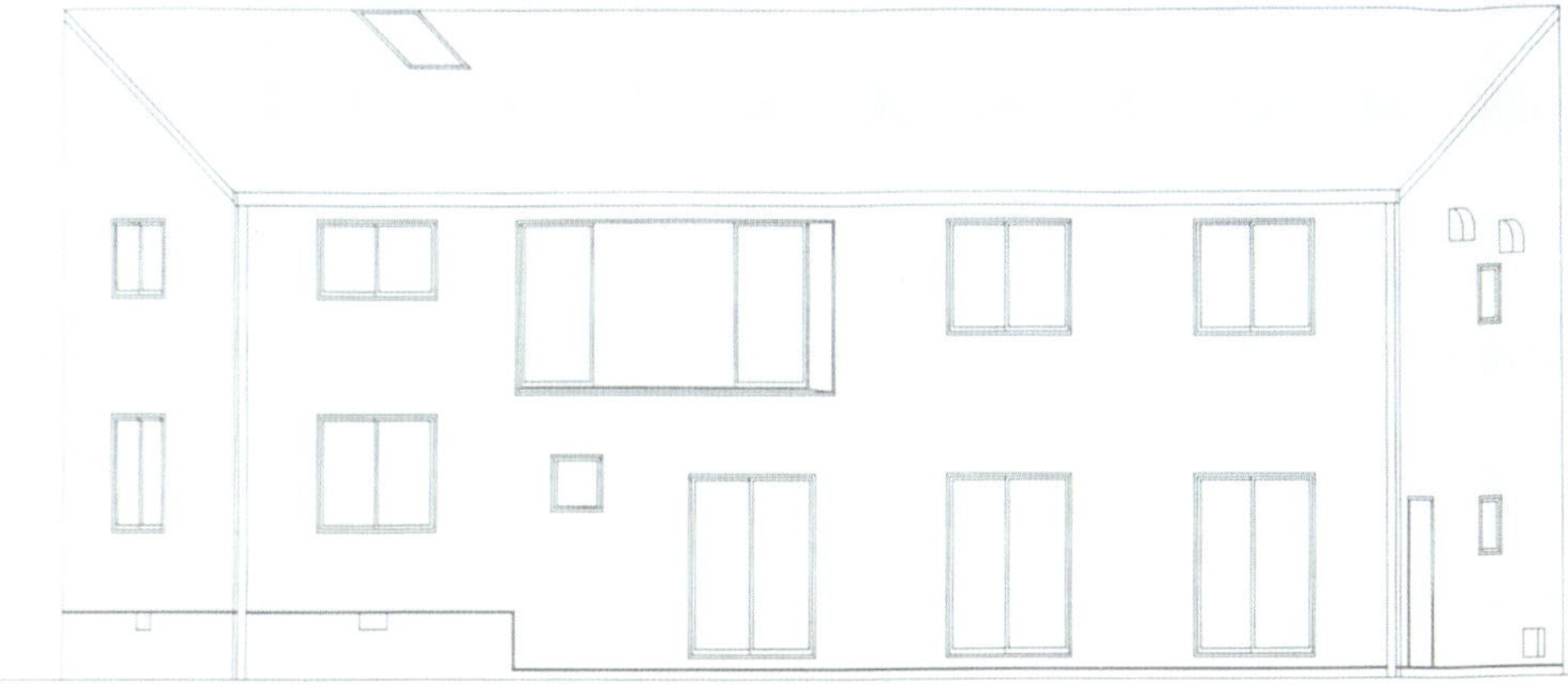

南側立面図　S. 1/50

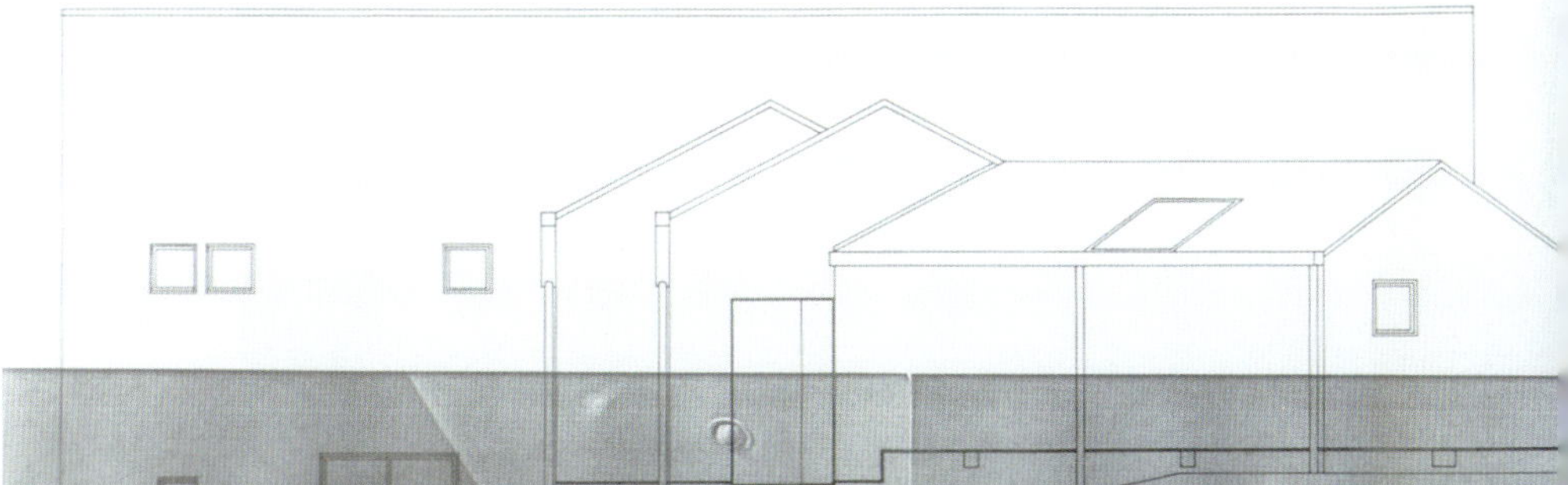

北側立面図　S. 1/50

「笠間の家」は、「中野本町の家」において実現したチューブのような流動的空間を、
コンクリートではなく、より日本で一般的な木造で実現しようとした作品。

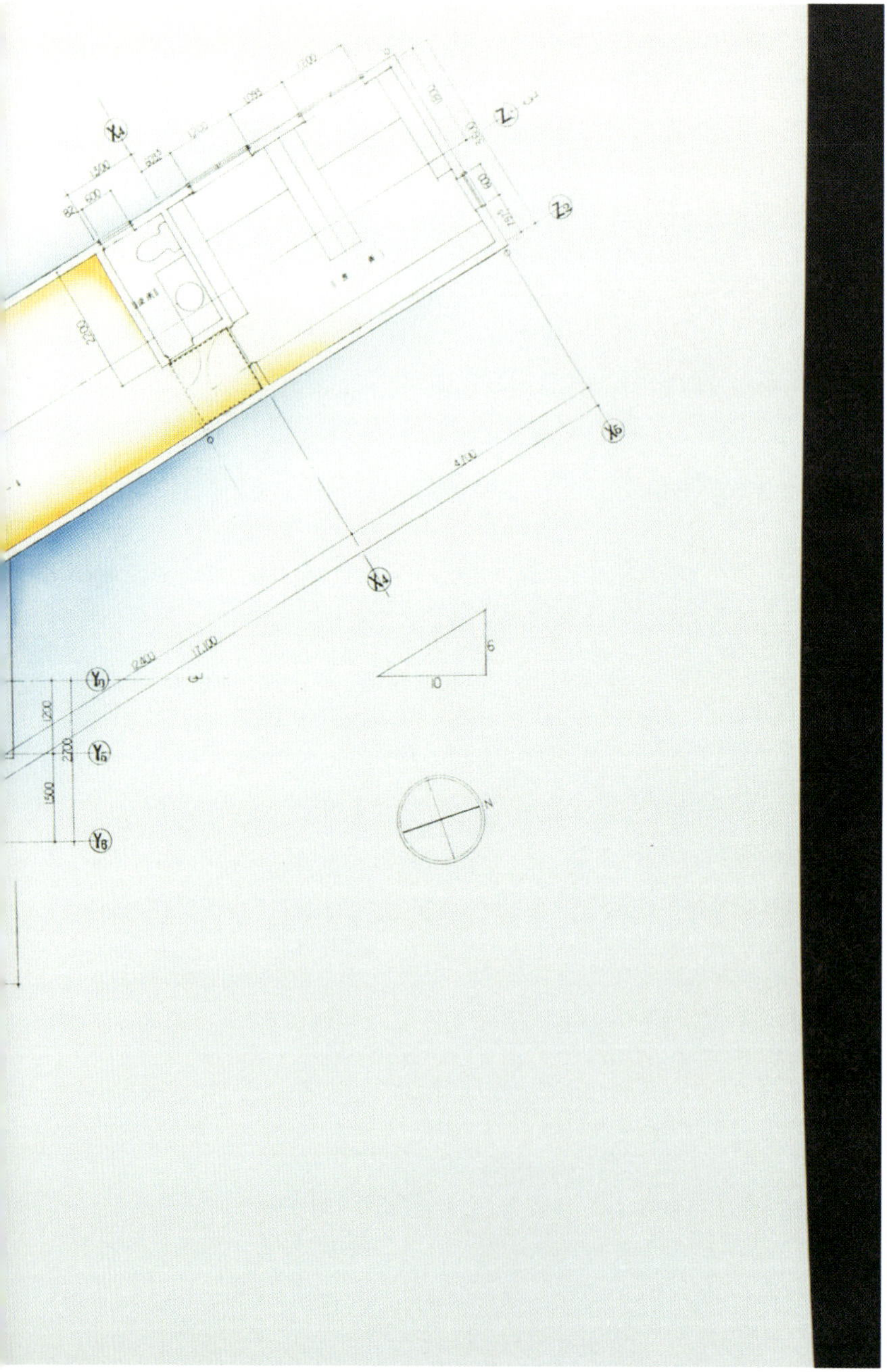

6
10
N

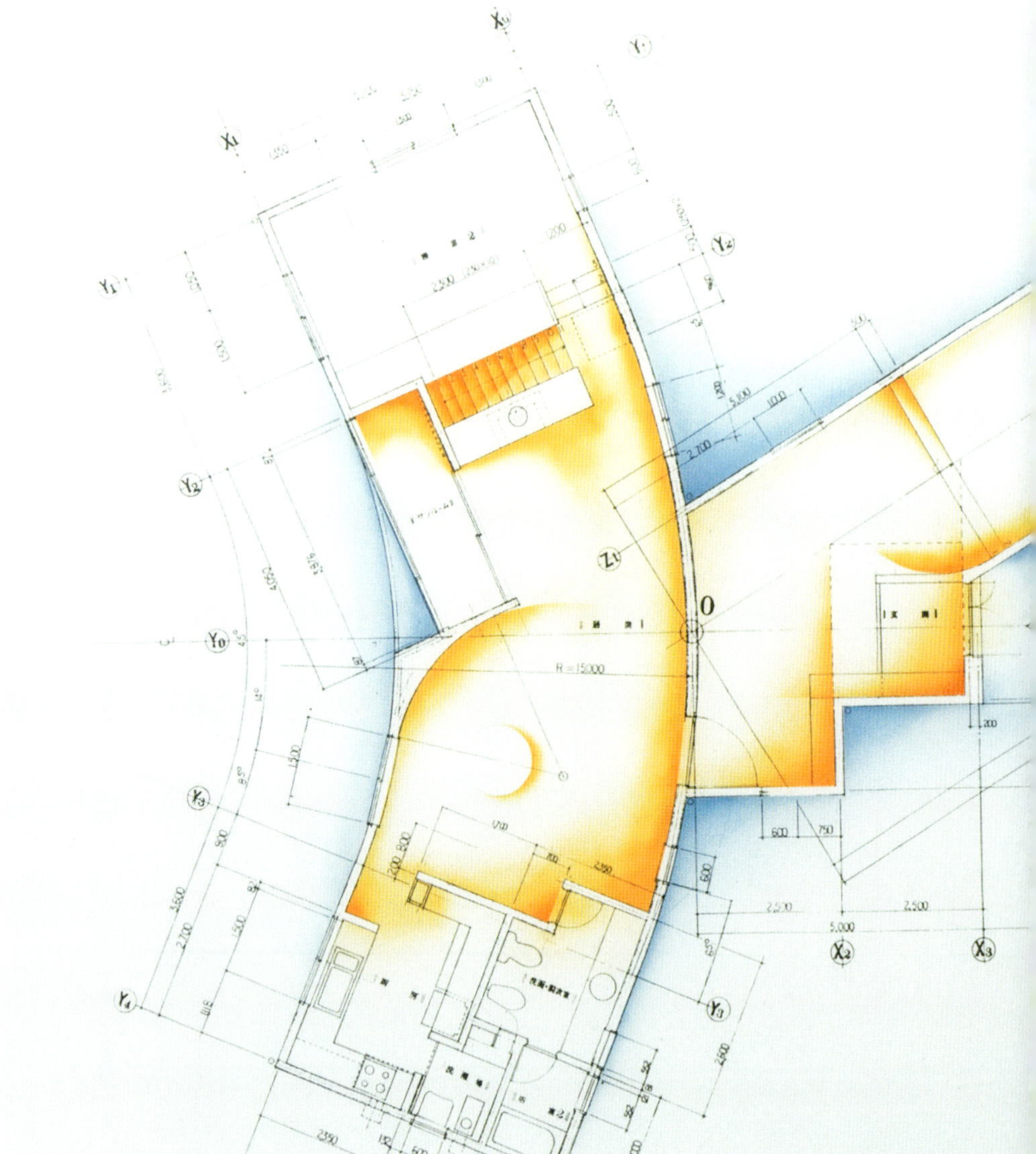

「中野本町の家」同様の空間の流動性への意識が表現された、「笠間の家」の平面図。こちらの平面形状は三叉。

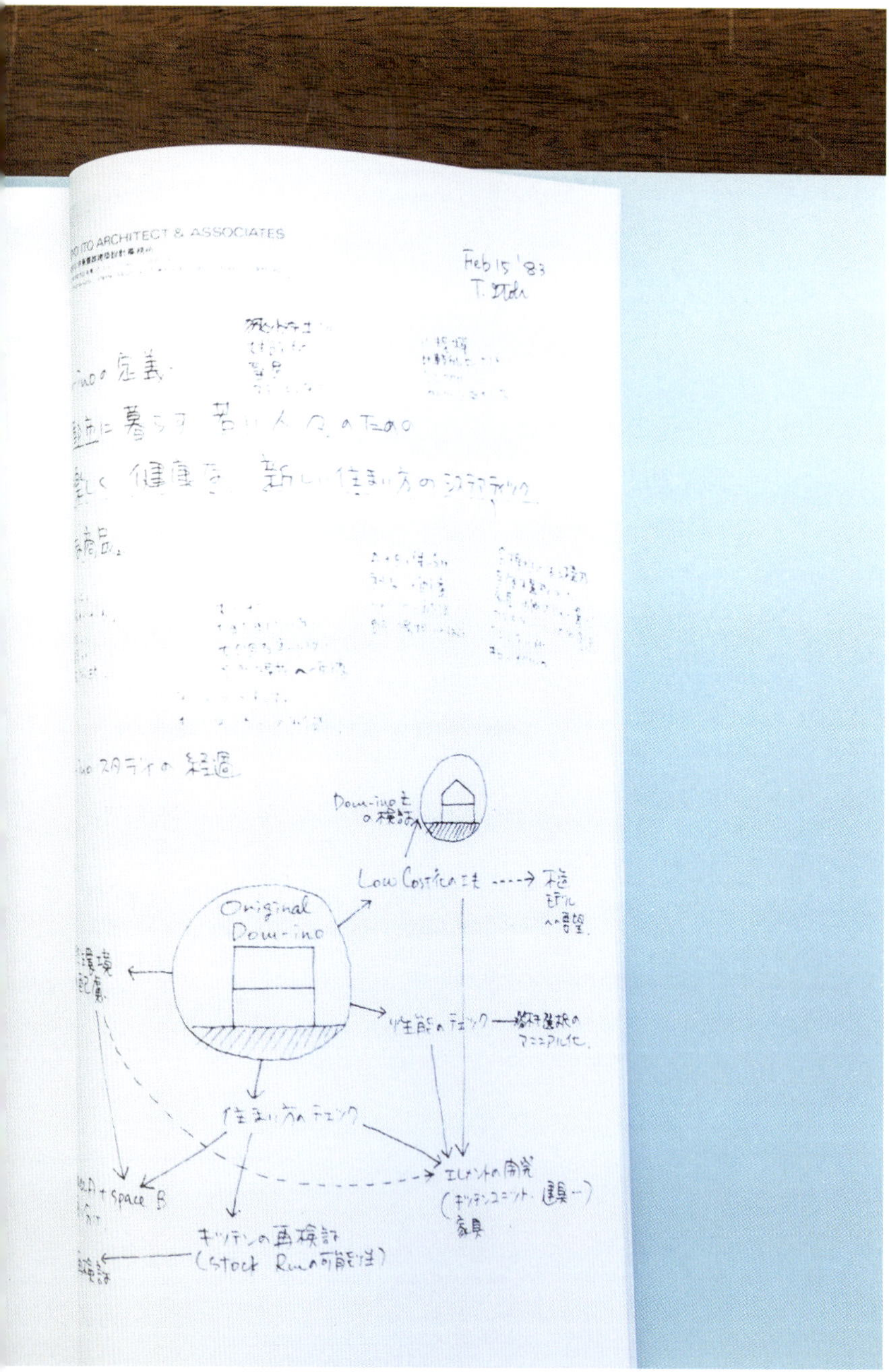
O ITO ARCHITECT & ASSOCIATES
Feb 15 '83
Original Dom-ino
住まい方のチェック
エレメントの開発
キッチンの再検討

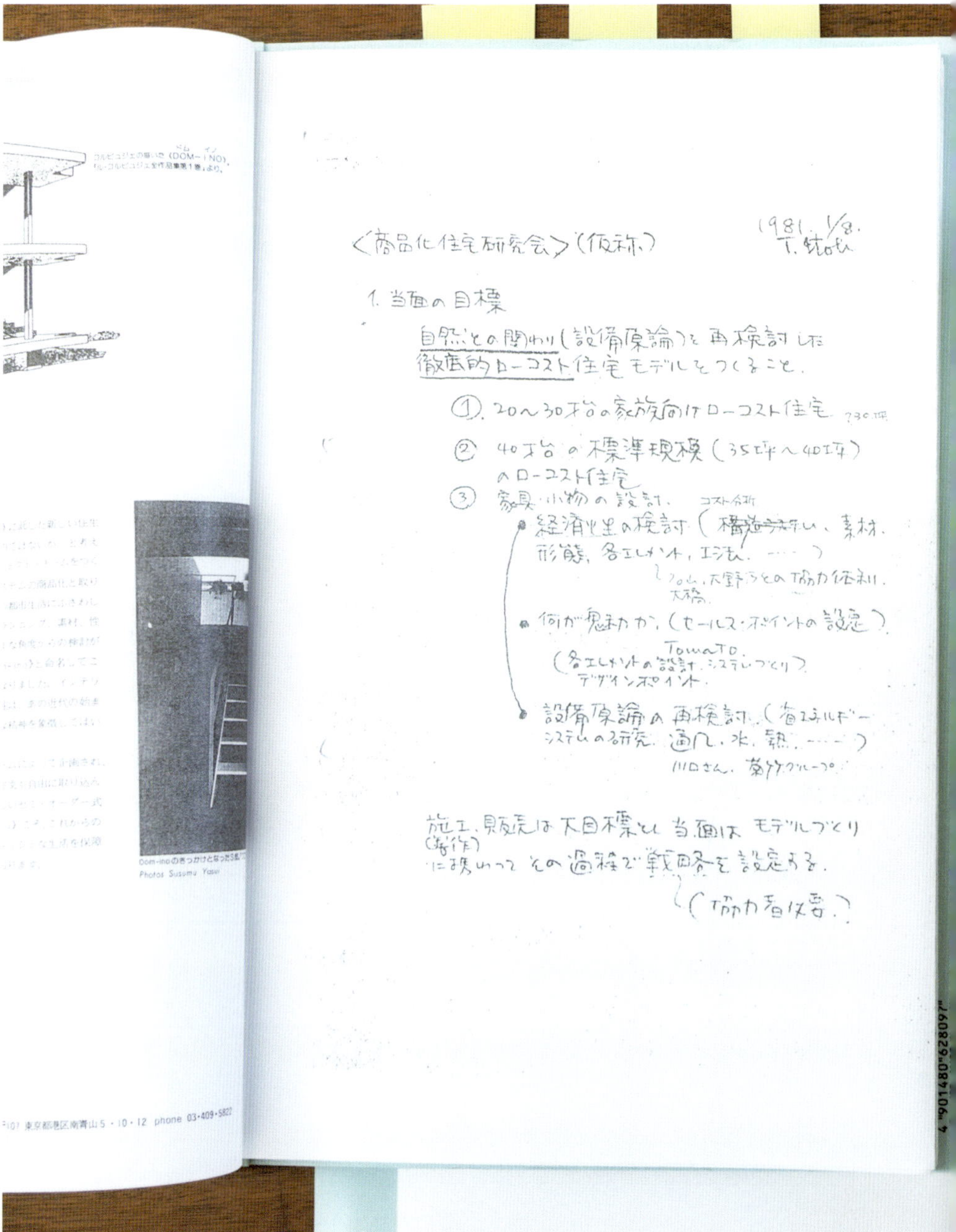

商品化住宅研究会の記録資料。事務所内での議論、構法や住宅市場のリサーチなどが事細かに記録されている。

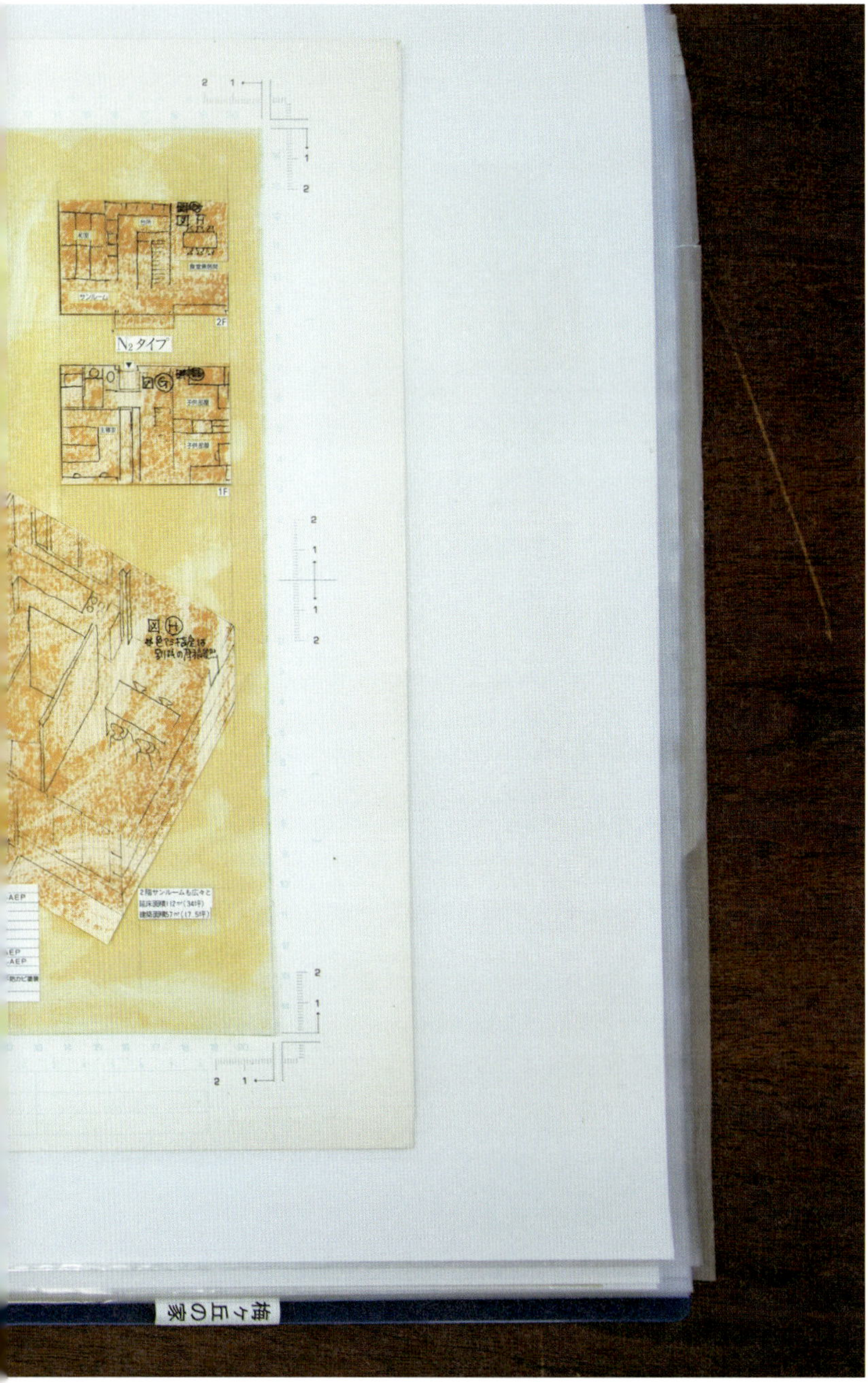
N2タイプ
2F
1F
2階サンルームも広々と
延床面積112㎡(34坪)
建築面積57㎡(17.5坪)
梅ヶ丘の家

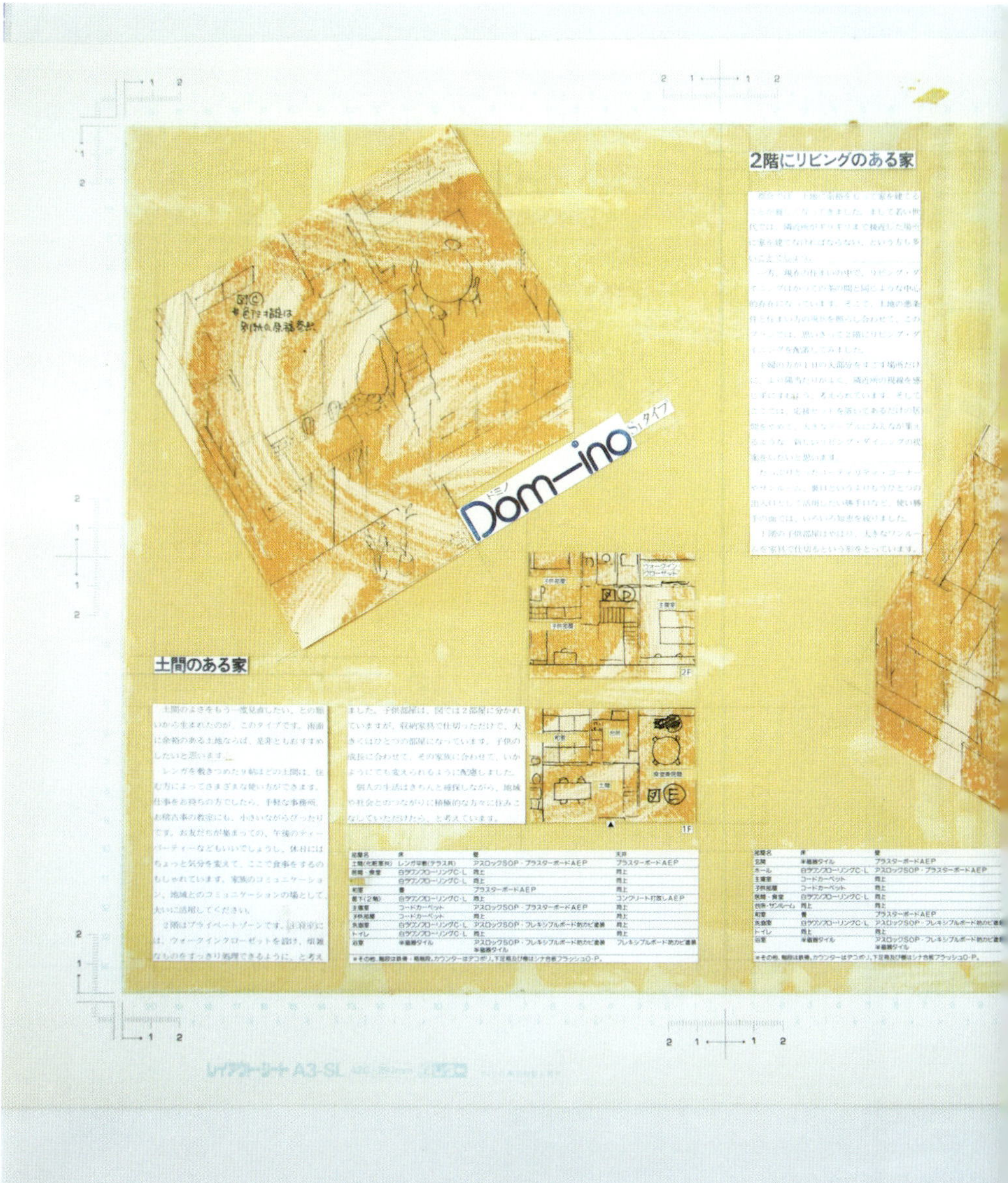

商品化住宅研究会でつくられたプロトタイプ、「土間のある家」と「2 階にリビングのある家」を紹介する雑誌の誌面レイアウト・スタディ。専門家（建築家）と非専門家（読者）が接するインターフェースへの高い意識。

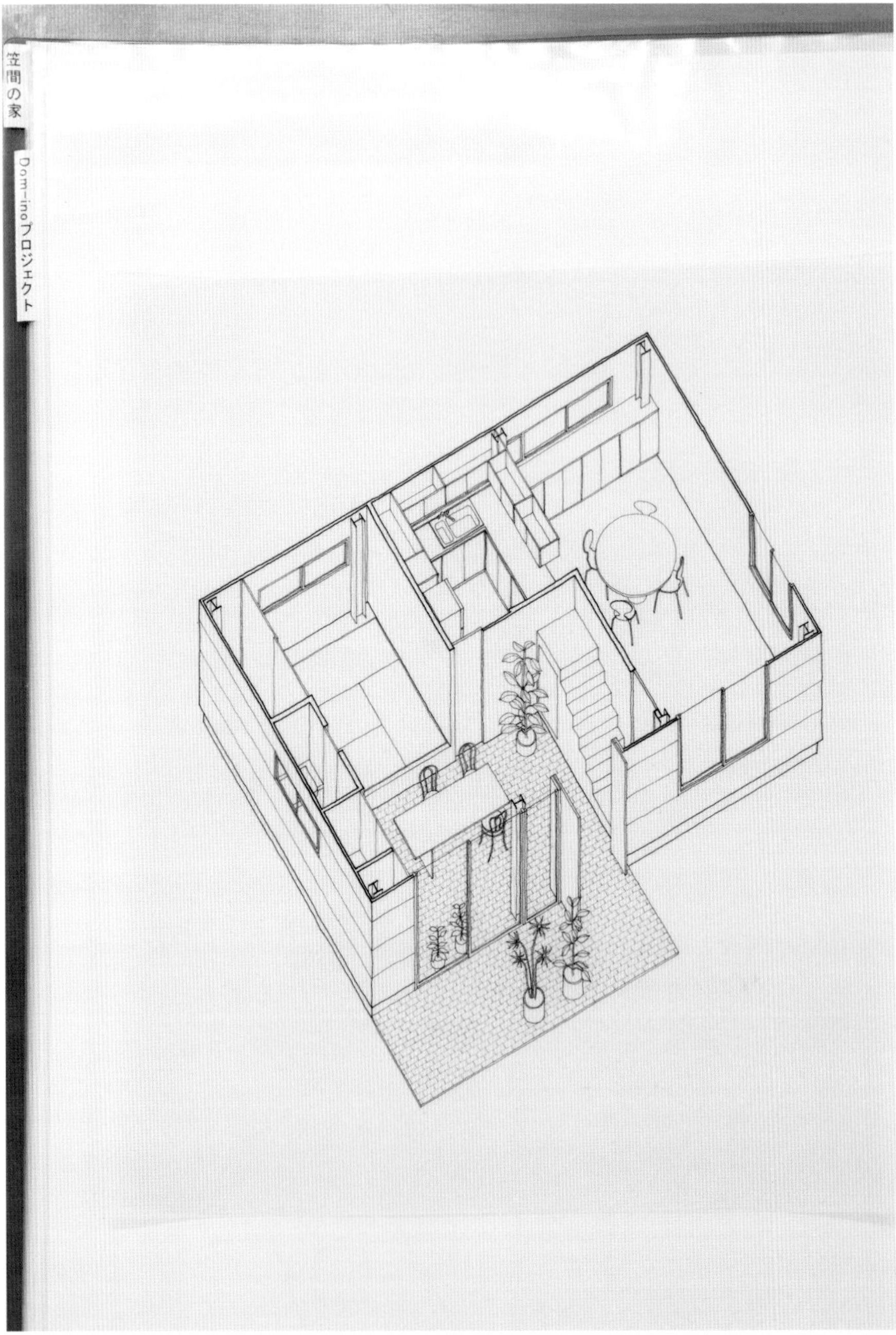

商品化住宅研究会の成果として、唯一竣工に至った「梅ヶ丘の家」。和室や、庭と連続する土間など、日本の一般的な家屋の空間言語が積極的に用いられている。

研究会のなかで考察された試作住宅案のひとつ。家型の屋根はいかにも「一般家屋」的だが、小規模工場用の鉄骨造を用いながら内部空間と外部空間を等価に扱おうとする様子に、後の「シルバーハット」の原型を見出すこともできるだろう。

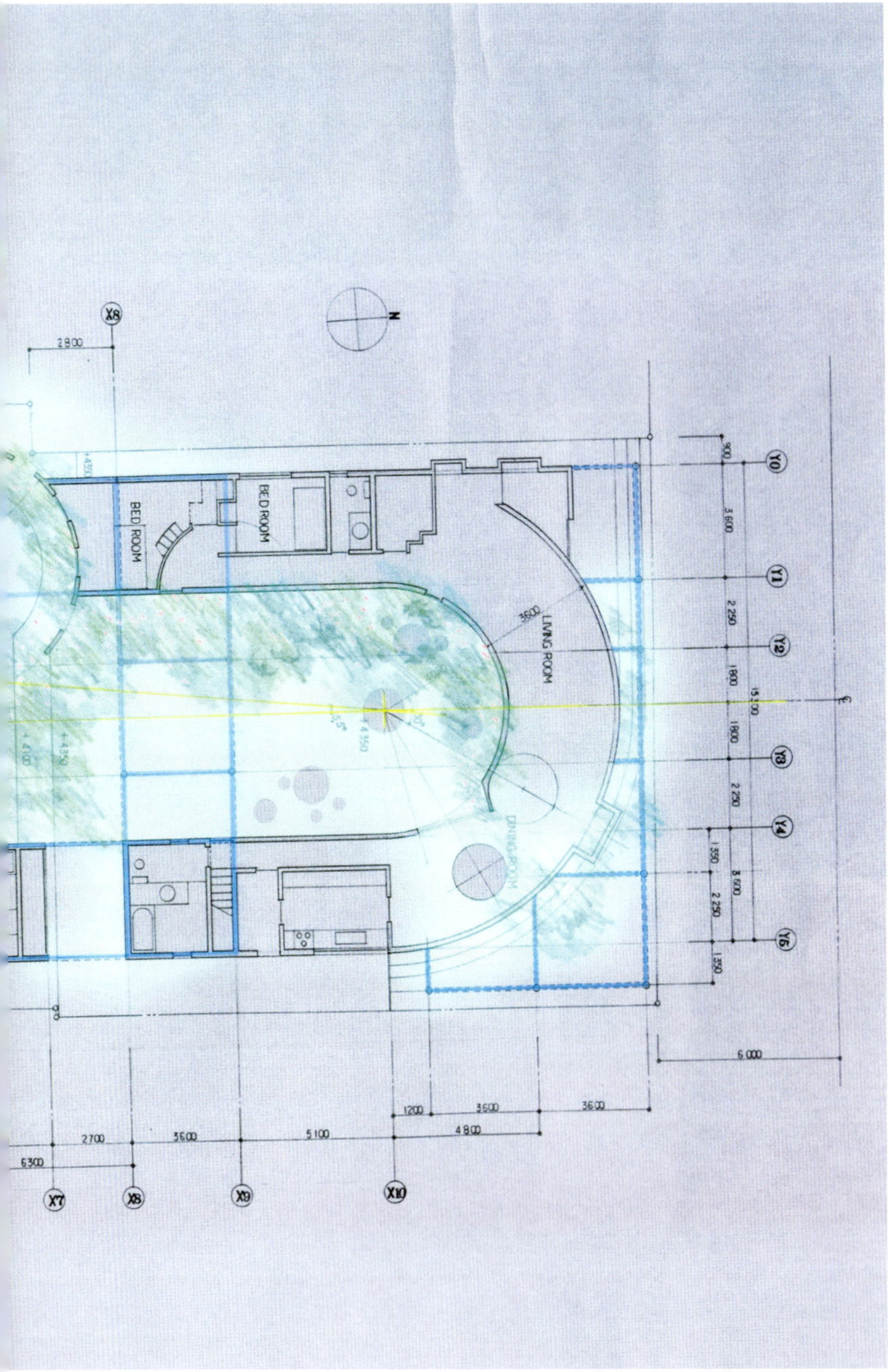
BED ROOM
BED ROOM
LIVING ROOM
DINING ROOM
N
X7
X8
X9
X10
Y0
Y1
Y2
Y3
Y4
Y5

伊東が磯崎新と安藤忠雄と共に参加した国際建築会議「P3」で発表したプロジェクトの図面。姉家族の家である「中野本町の家」と、自邸「シルバーハット」（この時点では完成していない）を、連続したプロジェクトとして提示している。「中野本町の家」の U 字形空間の幅 3,600mm がモジュールとして両建築に共有されている。

「花小金井の家」の生活の中心となる「スペース A」と名付けられた土間空間を描くアクソメ図。

「花小金井の家」の断面図。浮世絵風とSFテイストが交錯するイメージが興味深い。
「スペースA」(土間)と「スペースB」(ダイニング)の対照性が明暗で表現されている。

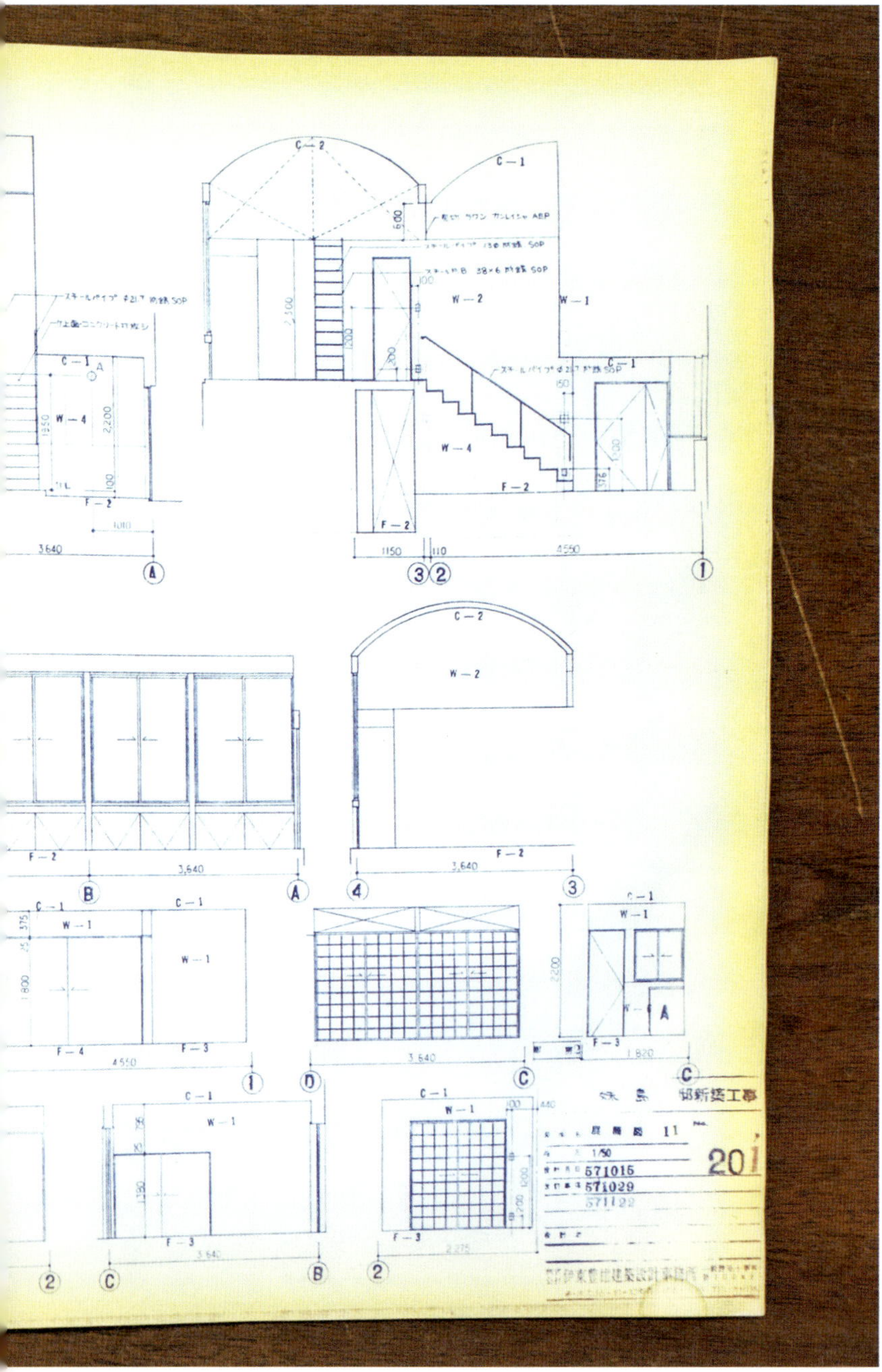
C－2
C－1
W－1
W－2
W－4
F－2
F－3
F－4
3,640
4550
1150
110
1010
1.820
2.275
妹島 邸新築工事
展開図 11
1/50
571015
571029
571122
201

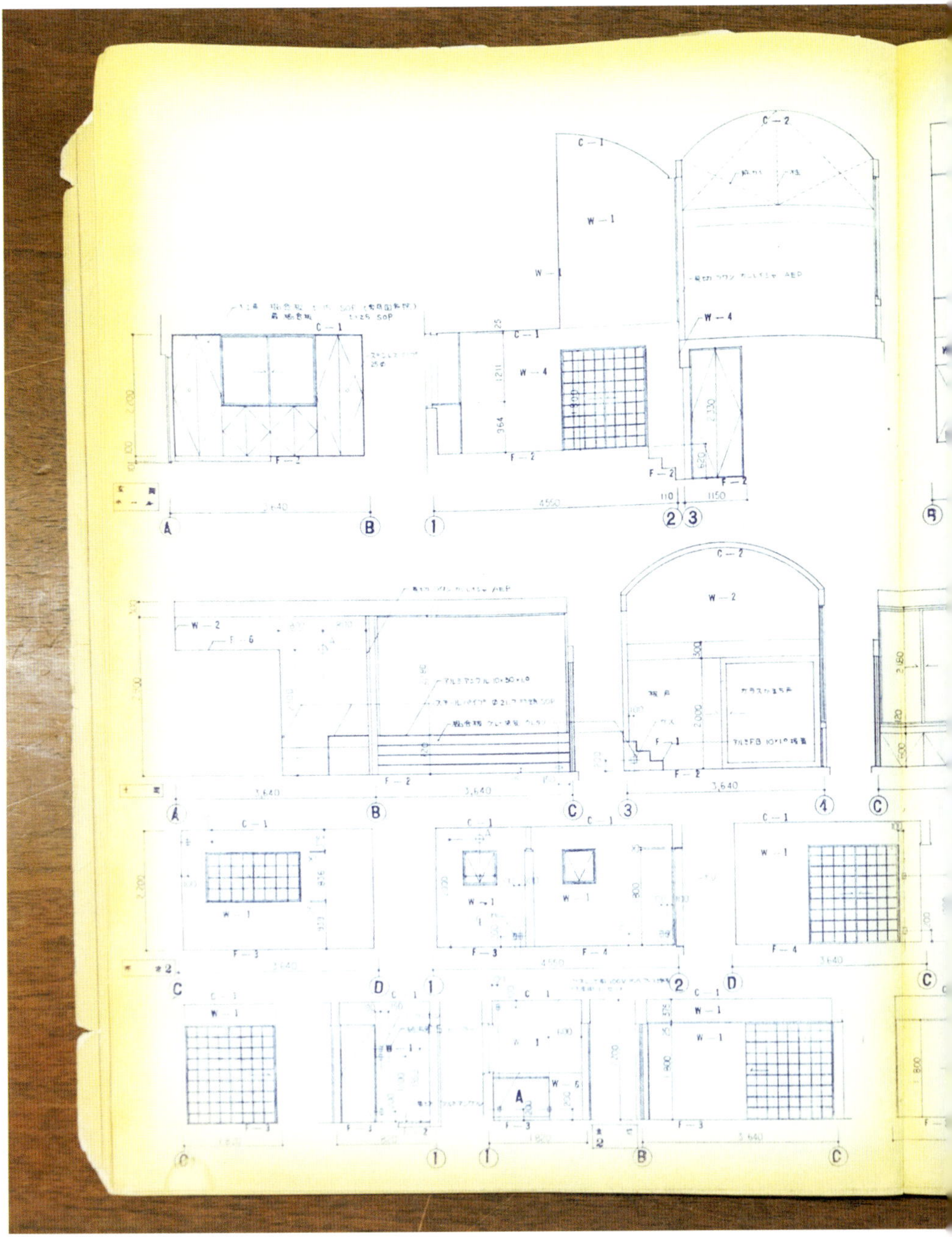

「花小金井の家」の図面。伊東事務所時代の妹島和世が設計を担当した。施主は妹島の両親である。

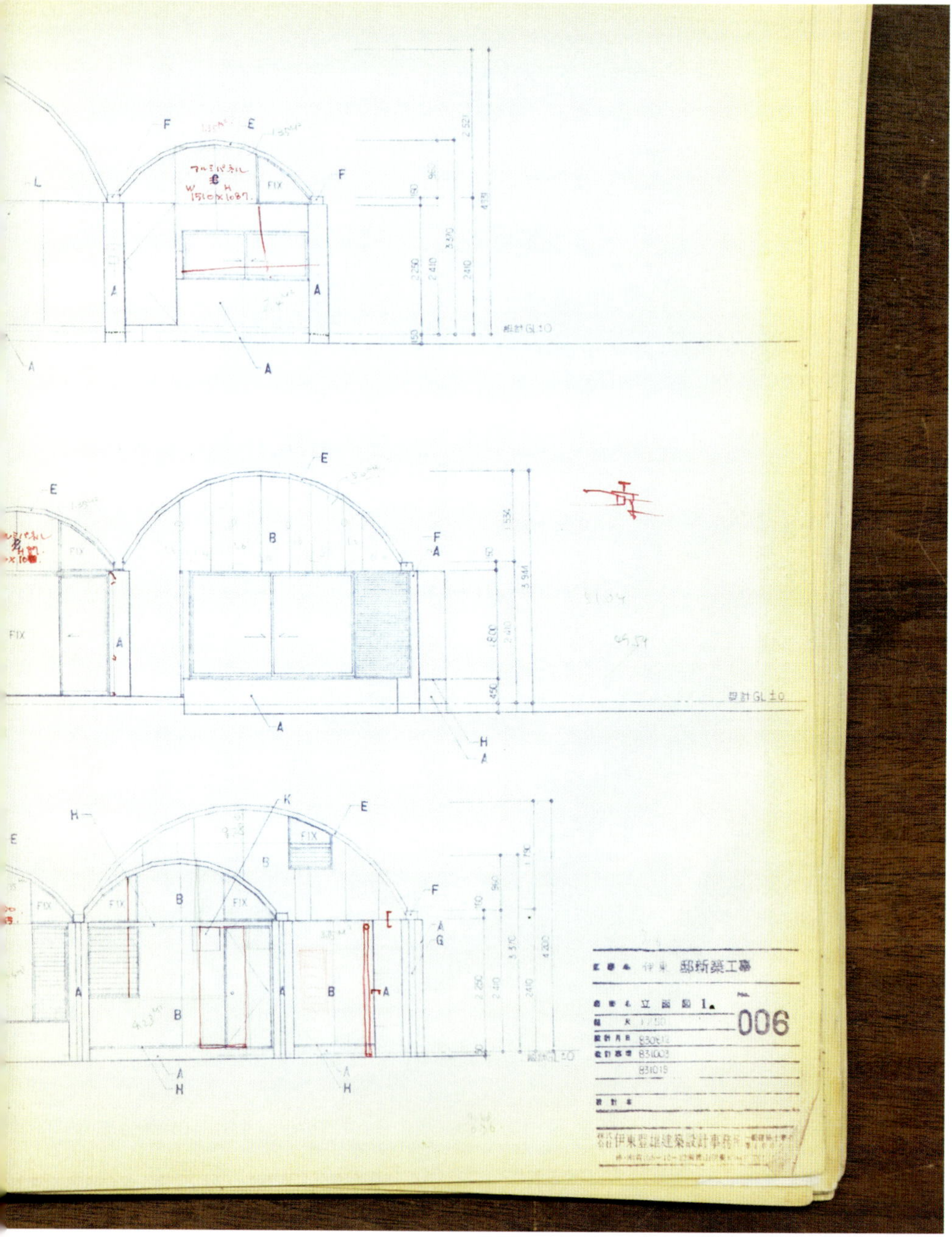

伊東の自邸である「シルバーハット」の青焼き図面。「アルミの家」や「中野本町の家」など、閉鎖的であった1970年代とは対照的な、明るく開放的な空間をもつ「シルバーハット」は、同時代の建築界に大きなインパクトを残した。

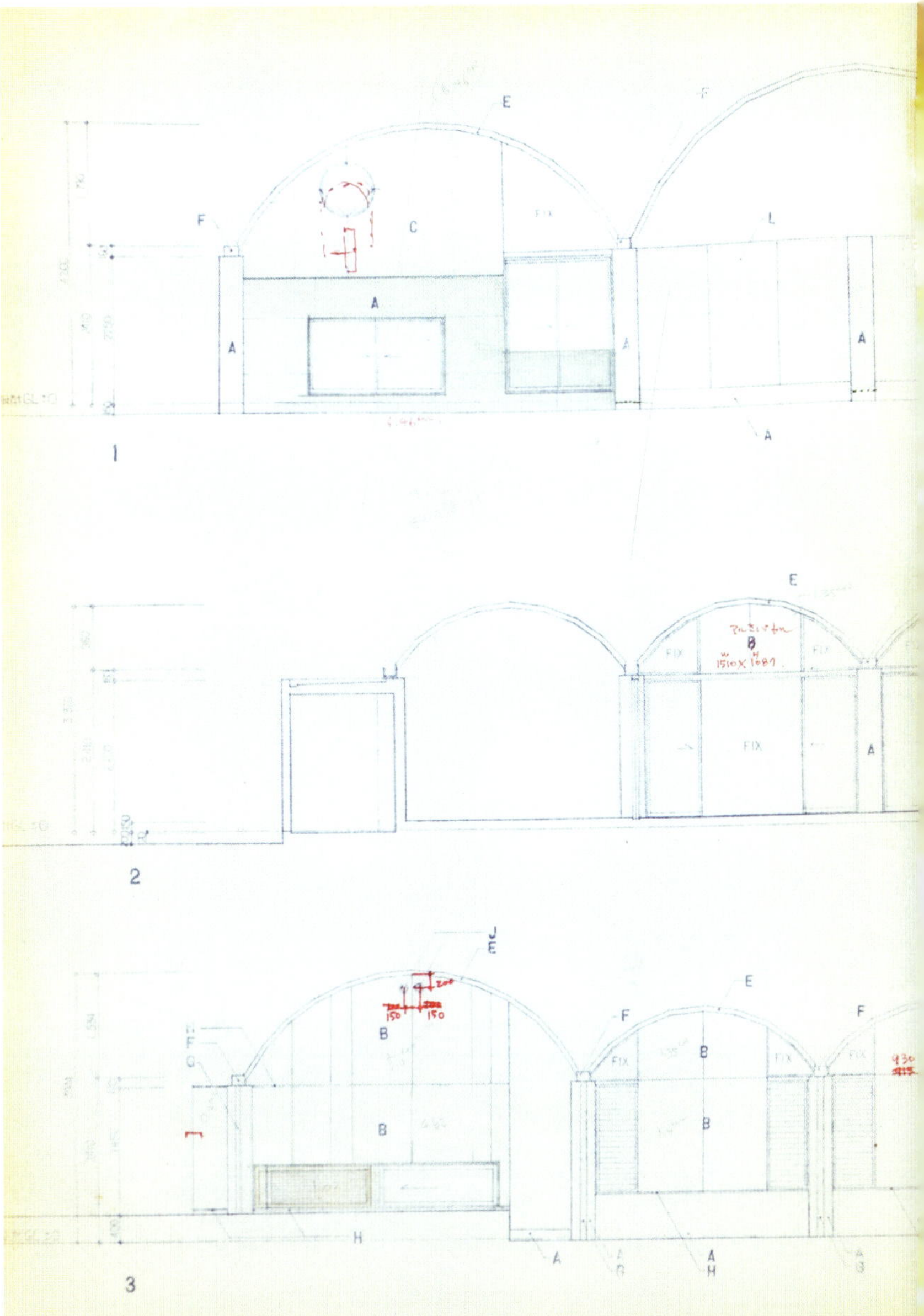
1
2
3
E
F
C
A
L
FIX
B
J
H
G

「シルバーハット」の屋根のスタディ。かまぼこ形と共に三角形の切妻屋根が試されている。商品化住宅研究会のスケッチ（p.17）や「花小金井の家」からの連続性が見える。

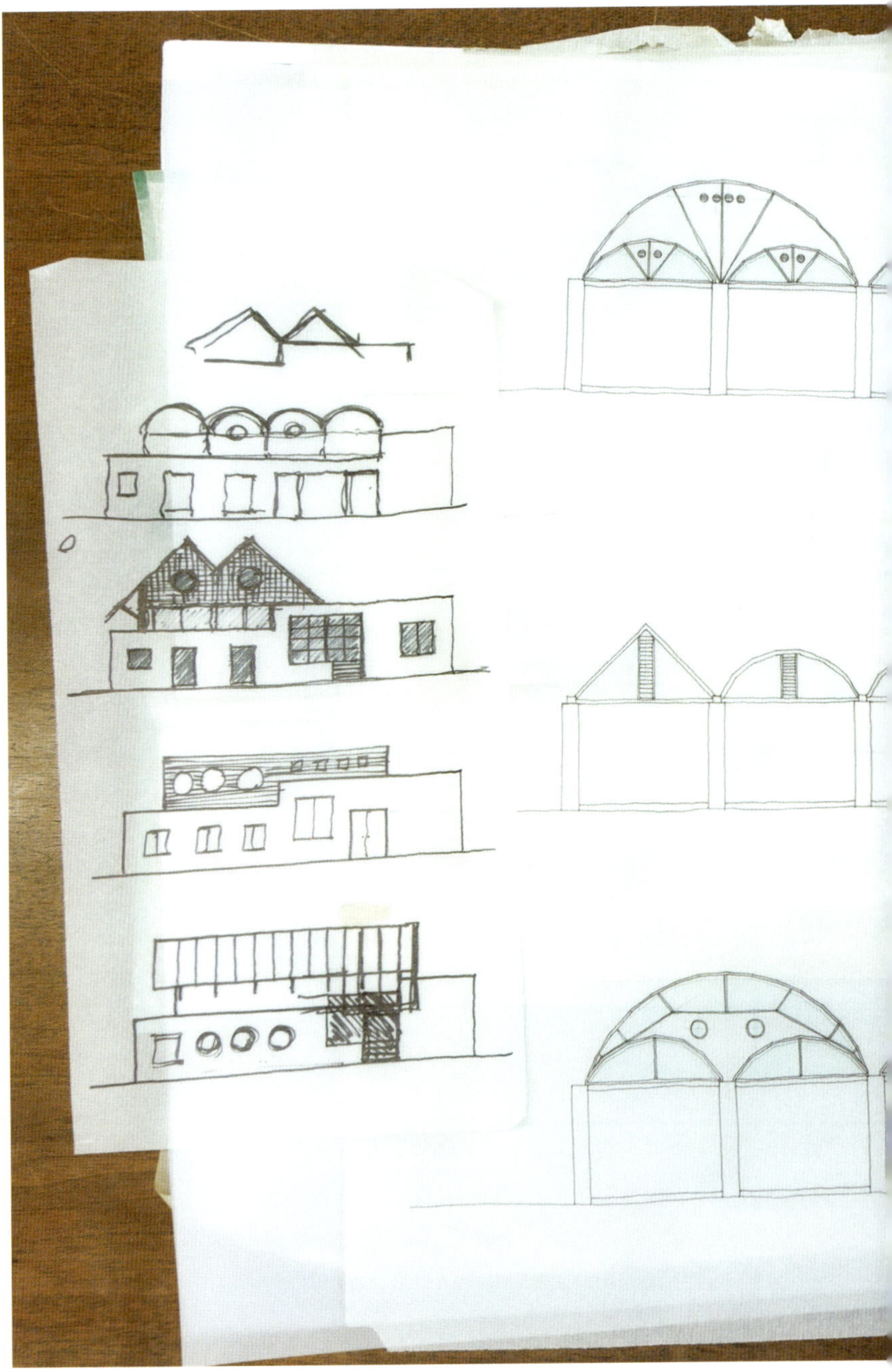

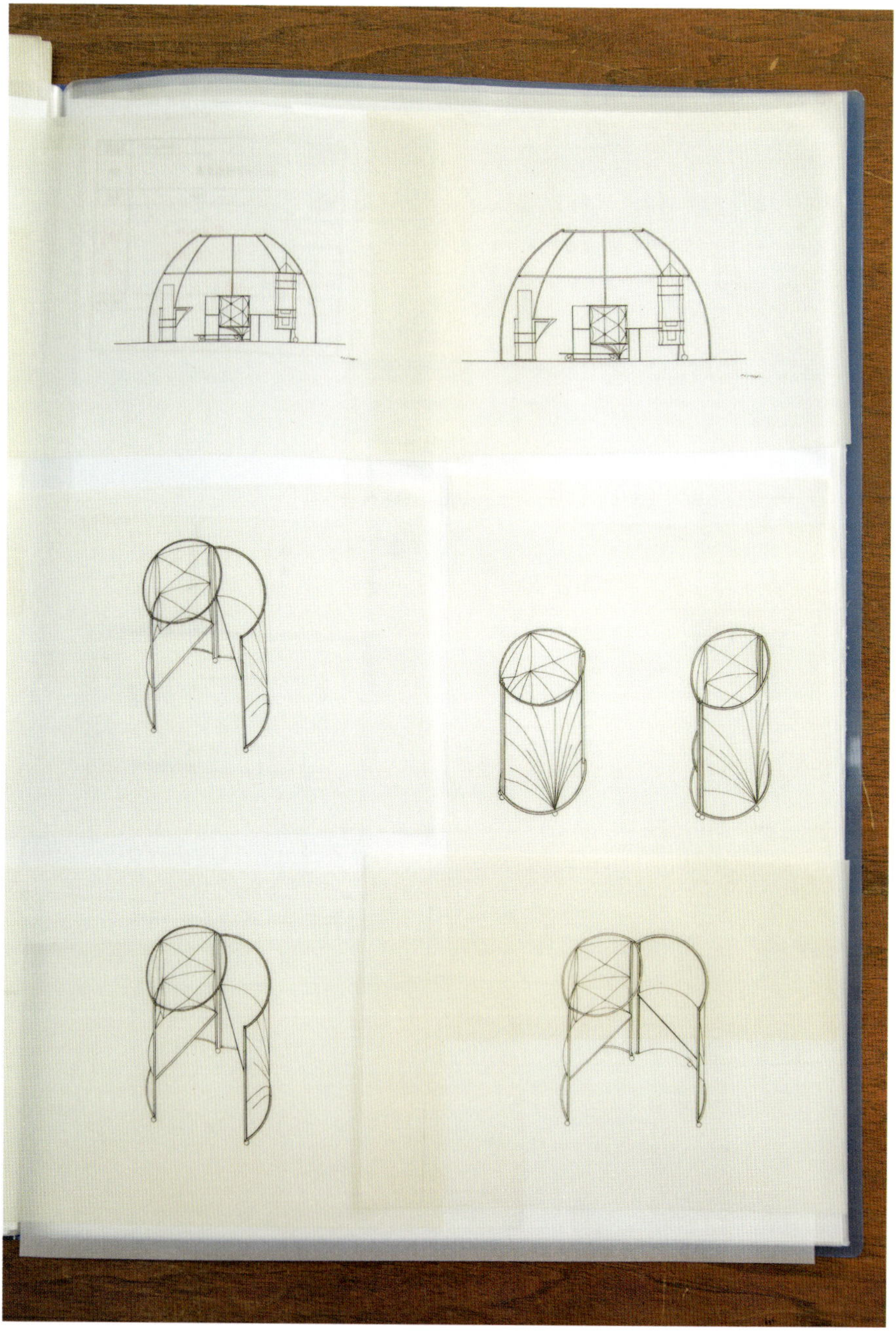

1980年代中盤に制作された「東京遊牧少女の包（パオ）」は、伝統的な家族の軛を離脱し、都市での消費生活を謳歌する女性のための仮設的インテリアの提案だった。

「アミューズメント・コンプレックス H」のドローイング。屋上全体に断片的な屋根を架ける提案である。こうした断片的で軽やかな表現と空間は、1980 年代の伊東の作品に一貫して表われるテーマと言える。

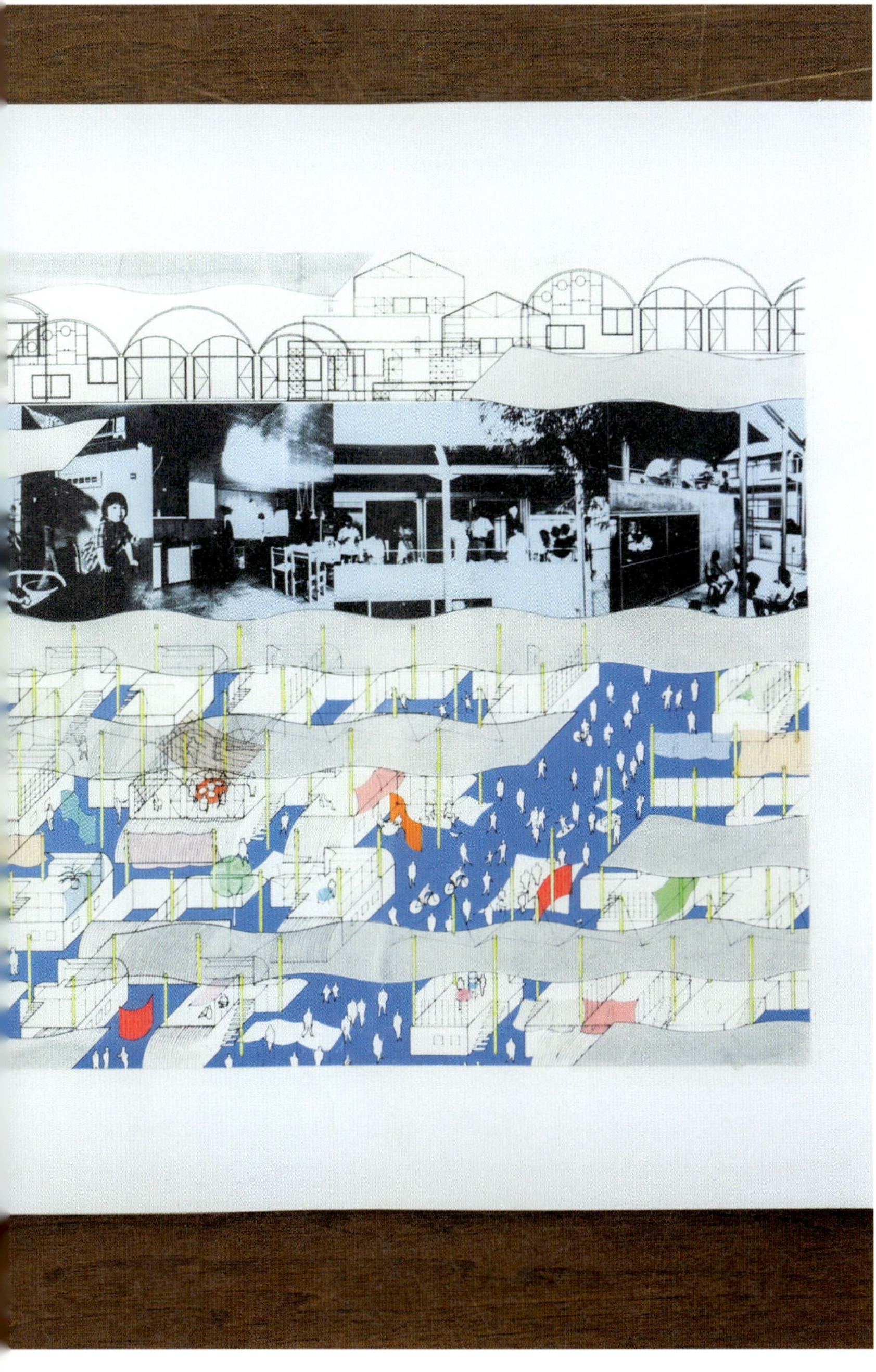

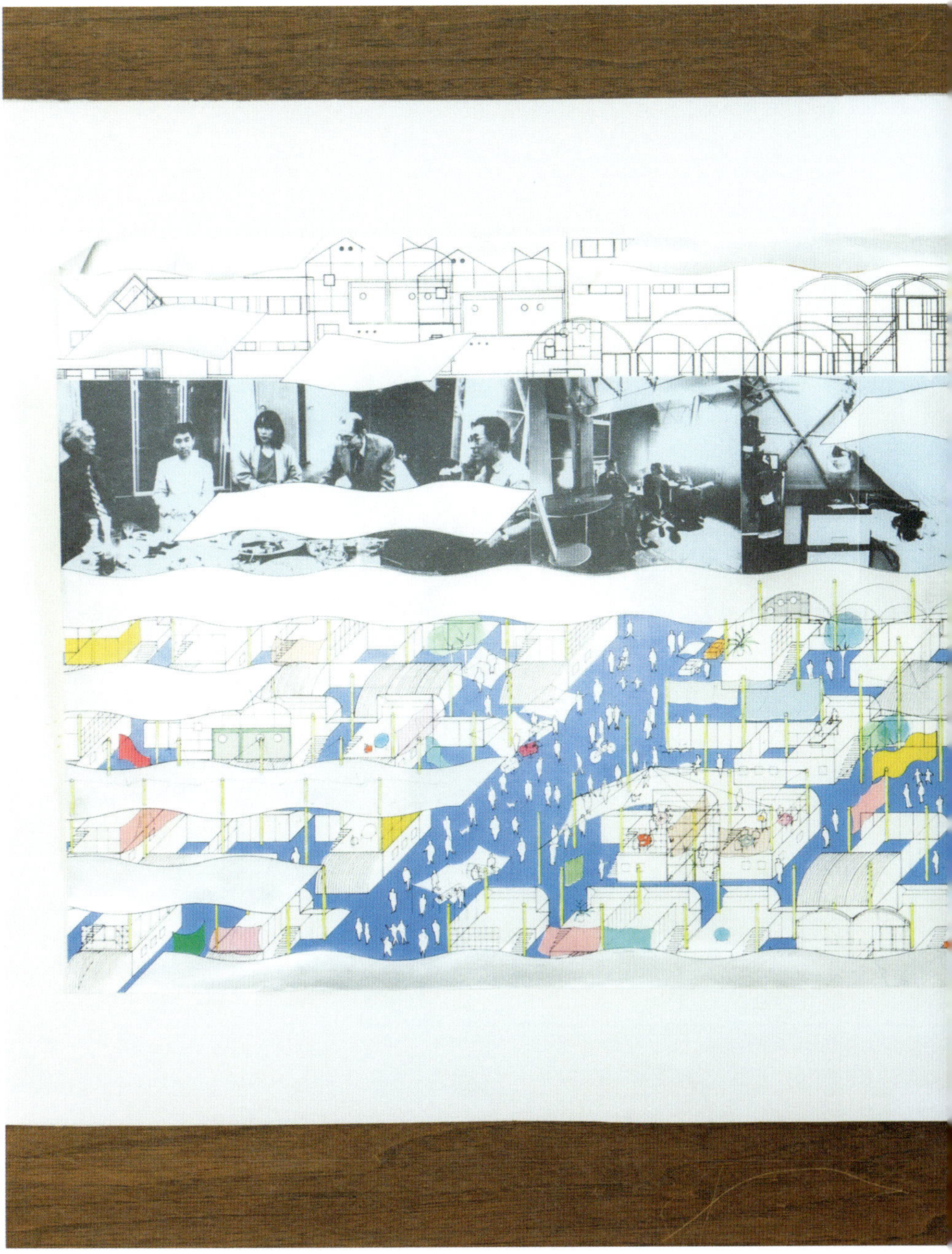

1989～90年、ロサンゼルス現代美術館（MOCA）が「ケース・スタディ・ハウス」の回顧展に先駆けて行った現代版ケース・スタディ・ハウスのコンペ案。80年代を通して伊東が探究し、提示し続けた住宅の新しいフォルムが連なり、新しい都市風景を描き出している。

このコラージュでは、「シルバーハット」の背景として、高層高密化する東京の都心と、地球の鏡像のようなものが描かれている。後者は、宇宙と交信する地球上の家のイメージを描いたものだった。

伊東豊雄建築設計事務所
建築作品・プロジェクト

アルミの家（URBOT-001）
延床面積　110.16㎡
階　　数　地上２階
構　　造　木造
設計期間　1970 ～ 71 年
竣　　工　1971年

無用カプセルの家（URBOT-002）
設計期間　1971 年

中野本町の家
所 在 地　中野区本町
延床面積　148.25㎡
階　　数　地上１階
構　　造　鉄筋コンクリート造
設計期間　1975年
竣　　工　1976年

小金井の家
所在地　小金井市中町
o+hの設計により、
就労継続支援施設「ムジナの庭」に改修
延床面積　93.91㎡
階　　数　地上２階
構　　造　鉄骨造
設計期間　1979年
竣　　工　1979年

笠間の家
所 在 地　笠間市下市毛
延床面積　289.91㎡
階　　数　地上２階
構　　造　木造
設計期間　1980 ～ 81年
竣　　工　1981年

商品化住宅研究会
研究期間　1981 ～ 83年

Dom-ino プロジェクト
設計期間　1981 ～ 82年

梅ヶ丘の家
延床面積　117.88㎡
階　　数　地上２階
構　　造　鉄骨造
設計期間　1981 ～ 82年
竣　　工　1982年

P3 会議のためのプロジェクト
設計期間　1982年

花小金井の家
所 在 地　小平市花小金井
延床面積　152.2㎡
階　　数　地上２階
構　　造　鉄筋コンクリート造 + 木造 + 鉄骨造
設計期間　1982年
竣　　工　1983年

シルバーハット
所 在 地　中野区本町
2011年に今治市大三島町
「伊東豊雄建築ミュージアム」内に再現
延床面積　138.81㎡
階　　数　地上２階
構　　造　鉄筋コンクリート造 + 鉄骨造
設計期間　1982 ～ 83年
竣　　工　1984年

東京遊牧少女の包（パオ）
設計期間　1985年
初 展 示　1985年 西武百貨店渋谷店

ケース・スタディ・ハウス・コンペ案
競技主催　ロサンゼルス現代美術館
設計期間　1989年

アミューズメント・コンプレックス H
延床面積　23,830.49㎡
階　　数　地上７階　地下２階
構　　造　鉄骨造 + 鉄筋コンクリート造 +
鉄筋コンクリート造
設計期間　1988 ～ 91年
竣　　工　1992年

目次

序――危機からの反発

太田佳代子（建築キュレーター・編集者）

たった数十年前のことであっても、人の記憶は様々なバイアスを受けて歪曲し、その記憶や語られた「事実」がさして検証されないまま、歴史として定着してしまう。かつて「メタボリズム」を掲げた高齢の建築家たちにインタビューを重ねて得た実感である。人々の生きた足跡を正当な遺産として引き継ぐには、次の世代の人間が、まだ可能なうちに「事実」と向き合い、新たな仮説を掲げ、検証し、歴史を再構築していく必要がある。

ポストモダンと呼ばれる数十年前、日本の建築界で起きたことのなかにも、表面的なストーリーがパッチワークされたまま今日まで来ている部分があるのではないか。当時、新世代の建築家のつくり出す自由奔放な作品群に評論家、チャールズ・ジェンクスが注目し、欧米のポストモダンの潮流に連ねた。そこで日本が世界の建築ジャーナリズムに接続したことは素直に喜ばしいことだったのだろうが、同時に大事なことが西欧のみならず日本の歴史認識から抜け落ちてしまったのではないかという疑念も残る。すなわち、実験的な試行錯誤を重ねる何人かの建築家たちは、自らの実作として視覚化されることのない、しかし社会に直接向き合ったゆえの問題提起や提案を行なったという点である。

二〇一六年、社会的テーマの研究とアーカイブに力を入れている世界的な建築ミュージアム、カナダ建築センター（CCA）は、国外の様々な都市をサテライト拠点に選び、その都市の人々と組んで実験的な探究を行う「c/o」プログラムを開始した。「c/o ～」は「～発」を意味する。「c/o Lisbon」が二年続いた後、プログラムの拠点は東京に移り、「c/o Tokyo」が始まった。キュレーションを任された私は、くだんの近過去を歴史検証し、世代間で議論する機会をつくりたいと考えた。それでスタートしたのが「Meanwhile in Japan」である。

この企画の直接の動機となったのは、折しもCCAで始まろうとしていた「Architecture Itself and Other Postmodernist Myths」だった。建築史家シルヴィア・レイヴィンによるこの展覧会は、既に神話化したアメリカのポストモダニズムを、様々な物証や対話を通して洗い直そうという試みである。私は、ポストモダンを経験した日本でもこの再検証を戦略的に行うことで、西欧におけるポストモダニズムのストーリーを日本へと拡張し、相互参照していく必要があるのではないかと考えた。同じモダニズムへの反発だったとはいえ、日本で起きたことは変革の動機、ヴィジョン、職能を超えた企てといった点で、西欧の動きとは本質的に異なる側面があったとすれば、CCAでこの探求を進めることで、西欧のポストモダニズム史に新たな批評さえもたらせるのではないかと思ったのだった。

東京で進めるプロジェクトを、「一方、日本では」という意味の「Meanwhile in Japan」と題したのは、そんな理由からだ。長谷川逸子、原広司、伊東豊雄の三人を対象に、徹底したリサーチとインタビュー形式による本人との対話を行い、歴史検証を試みることにした。一九七〇年代から八〇年代、日本の社会に危機感を抱き、破天荒とも言える行動をとった若き建築家たちは、一体どんなことを考え、何を試み、建築をどう変えようとしたのか。

幸いにも門脇耕三、若林幹夫、市川紘司、連勇太朗という論客揃いのプロジェクトチームが生まれた。三人の建築家たちの怒りや闘いの実態に迫るには、周到な戦略が必要だということはみなわかっていた。半年間、何度も集まってブレストし、それぞれが有志の大学院生の協力を得てアーカイブ資料を調査し、何を問うかの戦略を立てた。その際、建築アーカイブの先駆者であるCCAの伴走と共に、歴史的ドキュメントを生きたものにする意義を実感することもできた。

こうしてチームは破壊力ある問いをもって本人と対峙し、インタビューに臨んだ。どれも、一時代を築いた建築家と若い建築の論客たちが丁々発止しあう、エキサイティングなダイアローグになったと思う。また、インタビューされたどの建築家も長時間、忍耐強く問いに応じ、変わらず旺盛な批判精神を見せつけたことも記憶にとどめたい。

五〇年前、異例の行動に出た彼ら建築家たちが訴えていたのは、市場原理がもたらす合理主義や均質化の勢いに建築はどう抗うのか、建築を権威主義からどう解放し、どうやって人々の場所にするのかという、現代の課題そのものだった。そして彼らはそれぞれ独自の方法で、建築の新しい可能性を探り、実践を試みたのだった。

この新たな認識が、今日の若い世代の人々に示唆や勇気を与えてくれることを願う。かつての若手建築家たちが向き合った社会の状況は、今日もそのまま居座り続けているのだから。

二〇一九年一二月二二日、伊東豊雄氏が運営する恵比寿の伊東建築塾に、市川紘司ほかCCAプロジェクトのメンバー、伊東氏と長年交流のある人々など総勢三〇名ほどが集まり、伊東氏を囲んでインタビューを行った。

市川紘司　中国語圏の近現代都市空間を専門とする都市建築史家。東北大学大学院助教。著書『天安門広場』で日本建築学会著作賞受賞。

伊東豊雄　建築家。教育と社会参加のためのプラットフォーム、伊東建築塾も主宰。一九七〇年代以降、革新的なアプローチを通して建築の可能性を広げると同時に、率先して声を上げながら社会の根本的な課題を問い続けてきた。

若林幹夫　社会学者、早稲田大学教授。都市と社会、文化、生活との関係をテーマに、多数の著書を執筆している。

谷繁玲央　建築構法を専門とする建築研究者。主に日本のプレハブ住宅の構法と商品の歴史について研究するほか、建築に関する様々な執筆活動を行っている。

寺田真理子　建築・都市を専門とするキュレーター、編集者。横浜国立大学大学院Ｙ－ＧＳＡ准教授。一九九〇年代を通して、『ＳＤ（スペースデザイン）』の編集を担った。

太田佳代子　建築・都市をテーマとするキュレーター、編集者。ＣＣＡの日本プログラム「CCA c/o Tokyo」のキュレーターとして、「Meanwhile in Japan」ほかを企画した。

日埜直彦　建築家、批評家、建築史家。最新書では、過去一五〇年の日本建築を社会との関連のなかで捉え直し、一九七〇年代で分断されていた近現代建築史を一続きのものとして再構築した。

門脇耕三　建築家、明治大学准教授（建築構法ほか）、設計事務所アソシエイツのパートナー。二〇二一年ヴェネチア・ビエンナーレ国際建築展では日本館キュレーターを務めた。

連勇太朗　建築家、ＮＰＯ法人ＣＨＡｒ代表理事、株式会社@カマタ取締役、明治大学専任講師。社会変革としての建築を主題に実践・研究を行う。

中川エリカ　建築家。東京のような厳しい条件の都市空間においても生活が楽しめ、近隣との関係性を高める建築を提示することにより、新世代の建築家として頭角を表した。

真壁智治　出版プロデューサー。専門は建築・住宅・都市・デザイン。二〇年以上ものキャリアを通じ、時代の本質的な問題を建築界内外に提起し、議論を巻き起こす本を数多く世に送り出してきた。

（登場順、略歴は本書刊行時）

市川紘司　西欧で「ポストモダンの時代」と言われる一九七〇年代から八〇年代は、日本社会の価値観が大きく転換した時期でした。戦後の高度経済成長の挫折を経て、この国は消費社会へと向かい始めました。そして、一九七一年に建築家としてのキャリアをスタートした伊東さんの建築も、八〇年代に向けて変化していきました。今日のインタビューのために我々が伊東さんの当時の建築資料を調査して見えてきたひとつの仮説があります。それは、八〇年代に入って伊東さんが行われた「商品化住宅研究会」というほとんど無名のプロジェクトが、この変遷期の変わり目、言わば蝶番的なものだったのではないか。そしてこのプロジェクトの動機や背景を知ることで、伊東さんの建築の考え方の変化と、日本社会の変化に何らかのつながりがあったのかどうか、それはどういうつながりだったのかに光を当てることができるのではないか、というものです。そこで今日は、こうした我々の仮説について一緒に考えていきたいと思います。

「変わり目」というのは、ざっとこういうことです。戦後から六〇年代まで、日本の建築家は国家のヒエラルキーのなかで、産業、社会、都市、生活に直接に関わる仕事をし、少なくない成果を上げていました。しかし、大阪万博で幕開けした七〇年代、建築家はそういうコミットメントへの回路を喪失した、あるいは、コミットしないというレジスタンス的な立場も正当性をもつようになりました。そして八〇年前後には、今度はコミットメントしないという立場に疑問が出てくる。社会における建築家の存立意義が揺らぎ始めたわけです。この揺らぎにいち早く危機感を抱いたのが伊東さんであり、社会と建築の関係修復に先駆的に取り組もうとしたのが、商品化住宅研究とその時期につくられた住宅の試みではなかったのでしょうか?

伊東豊雄　長野の田舎で育った僕にとって、東京は小さい頃からずっと憧れの街だったんです。中学生のときに東京で暮らすようになり、東京の大学に入って建築学を専攻するわけですが、当時はメタボリズム全盛の時期で、丹下健三さんを頭に槇文彦さん、菊竹清訓さん、黒川紀章さん、大高正人さんといった人たちが、これからは建築家が未来を開いていくんだ、日本の未来は明るい、ということを語り、未来都市のプロジェクトを様々に描いていた時代でした。僕もそういうプロジェクトに憧れ、とりわけ菊竹さんの作品に興味をもっていました。

それで大学を卒業した一九六五年に菊竹事務所に入ったわけです。

市川　菊竹事務所では、「エキスポタワー」(一九七〇)のプロジェクトを担当されたんですよね。

伊東　はい。ところが、大阪万博前夜の六九年は学生や若者を中心とした全共闘運動がピークに達した時期で、僕も同級生の仲間たちに引っ張り込まれて夜の集会に参加していました。つまり昼は国家プロジェクトに関わり、夜になると反国家の集会に顔を出す。やがて、さすがに居たたまれなくなって、菊竹事務所を辞めたんですね。結局、一九六五年から六九年の四年間に現実の厳しさを知らされ、未来都市ってこんな程度のものなのか、という大きな失望に至ったのです。

市川　昼間は大阪万博の仕事をし、夜は全共闘運動に参加されていたというのは、意外です。一九七〇年を境に時代が変わったとよく言われますが、伊東さんは身をもって体験されたということなんですね。

伊東　そうですね。でも、ノンポリでしたからゲリラ活動に参加といってもシンパシーを抱いていたという程度です。とは言え、万博に直接関わって、大きな幻滅を味わったのは事実です。

対立する双方を受け入れる

伊東　僕は一九七〇年が日本建築にとっての変わり目でもあったと認識しています。それまでは、丹下さんを筆頭に建築家が国家のためのプロジェクトをつくる、という構図が描かれていた。その構図が一気に崩れたのが七〇年の大阪万博でした。その後オイルショックが起こり、日本経済は初めて右肩上がりから右肩下がりへと急転しました。市川さんが冒頭でおっしゃったように、建築界も混迷の時代に向かっていくわけで、我々の世代はみんな行きがかり上居場所がないので、自分で仕事を始めるしかなくなるんですね。

市川　一九七〇年の大阪万博を契機に、建築家は都市から撤退したというのが、日本の戦後建築の教科書的な理解かと思います。建築家たちは都市のコンテクストから隔絶した小さな世界として住宅をつくり始めた。独自の構成原理のもとに形式主義的な建築をつくる、あるいはシステム化した住宅の産業から自立して、部材の流通や生産のプロセスを自力でつくろうとした建築家もいました。

そのような七〇年代を、東京工業大学（現・東京科学大学）の奥山信一さんは「住宅の黄金時代」と呼んだことがあります。当時、建築家が設計する住宅というのは、生身の人間の生活に機能的に対応するものというよりは、建築それ自体のフォルムや構成を求めていたと。フォルマリズムですね。彼らにとって住宅とは、社会的な装置というよりは、思想、カルチャー、文化などの文脈に則した、言わば表現媒体であった。

伊東さんは一九六九年に菊竹事務所から独立された後、七一年に「アルミの家」、七五年に「黒の回帰」、七六年に「中野本町の家」を発表されていきます。この一連の住宅も「フォルマリズムの時代」と一括りに語られることが多いと思います。とりわけ「中野本町の家」が当時の伊東さんの代表作と言ってよいと思いますが、この作品がその後、伊東さんの建築を変える動機ともなったと、伊東さんご自身がおっしゃっていますよね。しかし「中野本町の家」は同世代の建築家から最初かなり批判されたと聞いていますが……。

伊東　当時は石山修武さんとか毛綱毅曠さんとか石井和紘さんとか、何と表現したらいいか、建築界で名うての口の悪い連中と絶え間なく飲むというようなことをしていた一方で、長谷川逸子さんが篠原一男の研究室に入ったことで、篠原研に呼ばれるようにもなったんですね。だから、大きく二つのキャンプに引き裂かれるようなかたちになった。とは言え、僕は平気で両方に行っていて（笑）、そういう時期に生まれたのが「中野本町の家」でした。で、この家ができると、石山さんや石井さんにコテンパンに批判されました。一方で、篠原研の坂本一成さんからも、「これは住宅とは言えない」「これは建築じゃない」と完全否定されて。

市川　見せていただいた資料のなかに、当時、建築評論家として大きな影響力をもち始めた多木浩二さんが撮られた写真がたくさんありました。

伊東　この家が完成する二ヵ月ぐらい前だったと思いますが、篠原一男さんの「上原通りの住宅」（一九七六）ができ上がり、僕も長谷川逸子さんに誘われてオープンハウスに呼ばれたんです。そこで多木さんに初めて会いました。それで、僕も新しい住宅ができるので、完成したら見ていただけますかとお願いしたら快諾してくださって。家を見に来られた多木さんは、たいへん評価してくださったんです。そして、「自分が写真を撮る」と言って、三日間通い続け、朝から夜まで撮影してくださいました。

市川　大阪万博の仕事と全共闘の活動を同時にやっていたり、篠原スクールとも野武士世代（石山、毛綱らを含む若手建築家のグループ）とも両方付き合ったり、伊東さんは異質なものの間で巧みにバランスを取っているように見えますね。

伊東　そう言われるとそうですね。双子座だからなのかはわかりませんが（笑）、来る者は拒まず、です。今でもそうですが、何を言われてもただニコニコして受け入れられるんですね。そのまま、一見極端に違って見えることを違和感なく同時に考え続けている、ということが普通にあるんです。

市川　「中野本町の家」の資料のなかにあったドローイングを見ると、一方ではフィクションに近いような抽象的な空間論を論じ、他方では住民のリアルな生活を構想するというふうに、対立するものを複眼的に捉え、二者を調停するという姿勢が既に見られるように思います。そして伊東さんが展開された「中野本町の家」の論理というのは、現実の都市空間から分離されたフィクショナルな住宅空間をつくることこそが最もリアリティのある試みなのだ、という逆説的なものではなかったかと解釈できます。ご本人にもそういう感覚はありましたか？

伊東　そうですね。多木さんが撮った写真のなかに、手前に中庭が写っていて、壁があって、その向こうに電柱と街の風景が写っている、というものがあります。僕は「中野本町の家」で撮られたなかでこの写真が大好きなんですが、まさしくフィクショナルな空間と現実の都市との距離といったものを的確に物語っているからだと思います。中庭も当初黒い土のままだったのですが、まもなく鳥や風が種を運んで雑草の庭になりました。クライアントが好んだせいでもありますが、僕もそれを容認していたのは、壁に囲まれたのがきれいな庭園ではなく原っぱのようなイメージを描いていたのでしょうね。自分では都市という言葉を絶え間なく口にしていながら、そこから遠ざかりたいという思いも強く、その状態がこの家になったような気がしますね。

市川　図面資料のなかには「両壁を囲って切る」、つまり両側に壁を立てて空間を囲い、外界から切り離すとあります。そうすることによって建築は原初的な場所に戻るんだということを書かれた文章もありました。伊東さんは当時「モルフェーム」（形態素）という言葉をよく使われていて、ギザギザとか、曲面といった形態を使った実験をされていましたよね。あるいは、閉じた空間の中で状態がグラデーショナルに変化していくといった空間のつくり方もされていたと思います。

伊東　「中野本町の家」では、シンメトリーによって幾何学をつくり、軸線を描くというところからスタートしたわけですが、とは言え、何も形態の操作に集中していたわけではありません。この家は僕の姉の家で、姉との長い対話のなかで次第にこういうものになっていったわけですね。形態操作に向かったのは「中野本町の家」以降のプロジェクトだったと思います。

市川　施主であるお姉さんとの現実的な対話を経て、こうした抽象的な形態が生成されていったのですね。一方、この家が完成する前年の一九七五年に、伊東さんは「菊竹清訓氏に問うわれらの狂気を生きのびる道を教えよ」という興味深い論文を発表されています。

若林幹夫　「われらの狂気を生き延びる道を教えよ」というのは一九六九年に大江健三郎が発表した小説のタイトルで、このタイトルはW・H・オーデンの詩からの引用ですね。

伊東　菊竹批判でした。六九年に突然事務所を辞めてしまったので、失礼な話なんですけれど、菊竹さんに対して何らかのかたちで決着をつけないといけないという思いがずっとあって。それで菊竹清訓という人について文章を書いたんですが、かなりの批判だった。六〇年代にあれだけすごい建築をつくった天才が、七〇年以降、なんでこんなにひどいことになってしまうんだと。しかし、この原稿がいきなり雑誌に出たら失礼だと思い、まずは書いた原稿を菊竹さんのところに持って行きました。読まれる前に逃げるように帰ってきたんですけど（笑）。そうしたら、それから急に菊竹さんのお目見えが良くなったんですよ。辞めてからは連絡が途絶えていたのですが、「中野本町の家」ができたときに菊竹さんはいきなり電話してきてくれて、「『新建築』を見ました、あれはル・コルビュジエの『サヴォア邸』を思い起こさせて、素晴らしい家だ」と言ってくれて。それから僕を建築家として扱ってくださるようになった。

市川　伊東さんは当時、菊竹さんを含め、上の世代の建築家をどういうふうに見られていたのでしょうか。

伊東　当時僕は、菊竹さん、磯崎新さん、篠原一男さんという三人の建築家に影響を受けていました。原広司さんはちょっと違って、兄貴分みたいな感じでいつも励ましてくれるっていう感じかな。今、三人を比べてみると、設計者としての身体を育ててくれたのは、圧倒的に菊竹清訓という建築家だと思います。篠原一男さんには「白の家」（一九六六）に代表される空間によって、磯崎新さんには言説によって惹かれた。篠原さんが小さな住宅建築によって大きな建築を批判された事実にはたいへん勇気づけられました。また磯崎さんが「都市からの撤退」と言って社会の外側に自らを置いて批判をする態度にも共感を覚えました。

愛のある批判

市川　「中野本町の家」の頃、日本の建築界では、建築専門誌が百花繚乱で、そこに若手によるアバンギャルドな住宅作品が次々と載りました。建築家とメディアの間に「幸福」な関係があった時代と言ってよいと思います。また、『神殿か獄舎か』（相模書房、一九七二）などで知られる長谷川堯さんを含む建築史家たちが、日本の現代建築史における近代の見直しを始めた時期でもありました。七〇年代後期は、建築家と建築史家が一斉にモダニズムの批判と再考を論じていたわけです。

注目したいのは、この頃、住宅産業が一気に拡張していき、しかし、建築家はそこにあまり参加していないという状況が生まれたことです。ここで、このテーマの研究をされている谷繁さんに簡単に説明してもらいたいと思います。

谷繁玲央　今日におけるプレハブ住宅メーカーは一九六〇年前後に誕生し、七〇年前後には現在の大手メーカーが出揃いました。七〇年代、この国は第一次（一九七三）、第二次オイルショック（一九七九）に襲われます。戸建住宅も集合住宅も、プレハブ住宅も在来木造の住宅も、すべてを含めた住宅産業全体の新設着工数は減少しました。この頃から、ハウスメーカーは生産流通量の拡大を目指す時代から、質の向上へと方向転換していきます。七〇年代後半になると、後に「商品化住宅」と呼ばれるようになるカテゴリーの商品が現れる一方、一九七四年にオープン化したツー・バイ・フォー工法が普及し、それに伴い、洋風の装飾が付いた洋風住宅が市場に出てきました。

建築家との関わりで言えば、大野勝彦さんが設計したセキスイハイムの「M1」（一九七〇）は有名ですが、それ以降、商品開発のど真ん中で建築家が関わるという事例はほとんどないと言っていいと思います。一九八〇年には石山修武さんが商品化住宅批判を始め、それを契機に多くの建築家たちが雑誌の誌面などで商品化住宅の批判を行いました。

市川　戦後から六〇年代前半ぐらいまでは、建築家は工業化住宅のプロトタイプをつくったり、それによってライフスタイルを提案したりといったことをしてきましたが、その後、そうした試みはほとんど見られなくなるわけですね。一方、住宅産業は快調に膨らんでいき、建築家の領域と住宅産業の領域がぱっくり分かれていく。そのような状況が一九七〇年代に徐々に形成されたと思います。伊東さんもこのことを認識されていたからこそ、一九八〇年代初頭に商品化住宅研究会をやられたのではないかと思うのですが、いかがですか？

伊東　いやぁ、商品化住宅というものにはまったく関心がなかったですね。僕自身は、そういう住宅も含め、世の中でつくられている建築に対する批判からスタートしているので。篠原さんや磯崎さんの影響で社会の外側から批判をすることが建築家として根本的に矛盾しているように感じたのが契機だったんでしょうね。ハウスメーカーがつくる住宅には何のポリシーもないと思っていましたし、僕の周りのほとんどの建築家も、自分とは関係ないと思っていたんじゃないでしょうか。

市川　伊東さんの記憶と私たちの理解の不一致こそ、今日掘り下げていくポイントのひとつかもしれません。

一九七〇年代には、住宅産業の膨張の一方で、都市の状況も大きく変化し始めていたと思います。新宿西口の巨大開発が象徴的ですが、超高層ビルが日本にも現れ始めた。「巨大建築論争」もありました。建築批評家の神代雄一郎さんが超高層の「非人間性」を批判し、それに対して日建設計の林昌二さんなどが反論をした論争です。林さんが反論として提示した「その社会が建築を創る」という言葉は有名ですね。現実社会が求めているからこそ超高層はつくられるのであって、そこで設計者を批判するのは筋違いであると。

林さんは建築家ですが、一九七〇年代の日本建築を代表する批評家でもあったと私は考えています。「歪められた建築の時代」（一九七九）は一九七〇年代を総括する論文ですが、そこで建築メディアの偏向を鋭く批判しています。曰く、メディアは若い世代の建築家を中心に、現実の社会とは切り離された小宇宙のような住宅を熱心に取り上げるばかりで、実際の都市や社会を構成する建築にほとんど注目がいっていないと。若い世代の建築家というのは、要するに伊東さんたち、野武士世代の建築家ですね。彼らのつくるそうした実験的な住宅作品は、結局のところ高度経済成長によって生み出された余剰でしかなく、そうした作品にばかり注目する建築界のメディアと現実社会はますます乖離しており、マズいのではないかというのが、林さんの批判でした。俯瞰的な目線から見た彼の批評は、当時の状況を的確に捉えていると思いますし、こうしたメディアの偏向は現在にも適応できそうな気もするわけですが。伊東さんはどう思われていましたか？

伊東　悔しかったですね。「余剰」とまでは言わなくても、林さんの言葉はほとんどそのとおりだと思わずにはいられませんでした。日本では建築家の社会的な価値は今もほとんど変わっていないと思いますよ。でも林さんという人は、こうやって我々をいつも批判していたけれど、愛のある批判だと感じていました。僕自身、当時、超高層が建っていくのは今ほど嫌ではなかった。今はもう批判をする気もないというか、批判しても仕方ないというような時代になってしまっていますが。

風に舞うような軽さ

市川　巨大開発を含めて、七〇年代は東京が大きく変容した時代でもありました。文化の中心地は新宿から渋谷・原宿の方に移っていく。新宿がアングラカルチャーのメッカだったのに対し、渋谷では大衆消費文化が発展していく。伊東さんの建築家としてのキャリアは東京と密接に結び付いていると思いますが、こうした東京の変容について、どのように感じていましたか？

伊東　僕の事務所も渋谷にあって、若い女性の変化をパルコ（ファッションに特化した複合商業施設）が象徴していたし、『クロワッサン』というライフスタイル雑誌が生まれたのが確か七七年です。読者層は三〇代から四〇代前後の主婦だったと思いますが、僕にとってはこの雑誌がとても新鮮だった。八〇年代に向かって時代がものすごく変わっていっているという実感を、この雑誌から得ていた記憶があります。

市川　浅薄な印象論で恐縮ですが、伊東さんが野武士世代のなかで異質だと思うのは、伊東さんだけがすごくスタイリッシュ、おしゃれに見えることなんですね。他の建築家たちがもうちょっと毛深いというか、野暮ったいなかで（笑）。そのあたりもとても「東京の建築家」という気がします。

伊東　僕も周りの建築家を、こいつらダサいな、と思っていましたよ（笑）。一九八二年に、「アデル・カルサヴィーヌの会」というプロジェクトを立ち上げたんです。チームメンバーには長谷川逸子さん、六角鬼丈さん、山本理顕さんもいました。アデルという若い女性が一九二〇年代のパリに住んでいた。彼女はデザイナーを目指していて、日々パリのカフェに行くと、そこにル・コルビュジエがいたり、ピカソがいたり、そういうアーティストたちに囲まれて、彼女は色んなスケッチを残した。すべて架空の話です。そして彼女のスケッチはこういうものだったんじゃないかということで、僕らが復元をする。それもすべてフィクションとしてです。そういうプロジェクトで一旗揚げようっていう計画をみんなでつくったんですよ。

多木さんにこの計画を話したら、「非常におもしろいから、俺がそのストーリーを書くよ」と言われて。それで、みんなでそれぞれ椅子なんかのスケッチを描いて持ち寄ったんですが、できてきたスケッチのダサさに僕は唖然としてしまって。まさに毛深い（笑）。それで、このプロジェクトは駄目になっちゃったんですけどね。この計画のおもしろさすら、彼らには全然理解してもらえなかった。

市川　渋谷では都市が「舞台空間」化し、着飾った女性たちがファッションショーをするように闊歩する、という光景が日々繰り広げられていたんだろうと思います。七〇年代後半から八〇年代、話題になっていたのは建築家の作品よりも商業施設のインテリアデザインだったのではないでしょうか。例えば、コム・デ・ギャルソン、ヨウジヤマモト、イッセイミヤケといったファッションのドメスティックブランドが、先鋭的なインテリアデザインの空間をつくり出していた。伊東さんも八〇年代はインテリアデザインや家具の仕事が増えていきますよね。「東京遊牧少女の包（パオ）」（一九八五）も、当時を象徴するようなプロジェクトだったと思います。

伊東　情報に敏感で消費に走る独身女性をやや諧謔を込めてプロジェクトにしようと考えました。「遊牧少女」は妹島和世さんが担当して、喜んで自分でモデルになって（笑）。食文化が新しいかたちで都市生活に入ってきたのがこの頃で、独身の女性たちがそういう時代の先端を敏感に読み取り、生活にスタイリッシュに取り入れていた。妹島さんもそういう女性のひとりだったと思いますね。

市川　そうした言わば「しゃれた女性」の感覚を、男性の建築家である伊東さんがなぜそこまで的確に捉えられ、作品化できたのかが、とても気になるんです。妹島さんの存在が大きかったんでしょうか？

伊東　うーん、女性のファッションには、すごく興味がありましたね。風に舞うようなとか、軽さを追い求めていましたからね。その時代の空気を建築にしたいということは、いつも思っていました。

寺田真理子　当時、伊東さんが、「妹島というのは、洋服を着るかのように建築をつくっている」とおっしゃったのをよく覚えています。一方で、東京が女性の感性によってどんどん変わりつつある、今はそういう時代なんだ、女性の感性のほうが圧倒的に素晴らしいんだ、ともおっしゃっていましたね。当時、伊東さんは大学で設計を教えていらっしゃったんですが、男性の学生の提案は現実的なものが多く、女性の学生の提案は感性が豊かで、圧倒的におもしろいんだと。

市川　バブル期の東京を生きられるなかで、伊東さんは東京の変容を実際どのような肌感覚で受け止められていたのでしょうか？

伊東　僕はバブル期の東京が一番好きでした。それは、高層の建物が建っていくことよりは、例えば小さなディベロッパーが、ナイジェル・コーツとかザハ・ハディッドといった海外の若い建築家たちを呼んでレストランなんかをデザインさせたりしていて、自分たちの生活とそんなに遠くないところで都市が変わっていくという感覚がありました。身近なところで都市が変わり、それがまた新しい文化、新しい時代を生み出していく。そんな実感があって、僕は都市の変化というものを割とポジティブに受け取っていましたね。それは今とはまったく違います。

市川　今は、都市の変容を自分の身体の延長線上ではあまり感じないと？

伊東　まったく感じませんね。東京各地で再開発が行われていますが、グローバルな経済循環の歯車を止められないためであって、我々の生活が良くなるという印象はまったく受けませんね。

リアルな感覚を建築にする

市川　伊東さんは建築家であると同時に、優れた著述家であると思います。作品のみならず、建築のあり方を問う論考を専門誌で発表し、波紋を投げかけるということがこれまで何度もありました。これから論じる商品化住宅研究会の時期には、「商品化住宅という踏み絵」(一九八一)を雑誌『建築文化』で書かれています。ここで伊東さんは、すべてが商品になる消費社会の外側に、オリジナルな建築家の作品としての建築や住宅が聖域のように存在するなんていうことはあり得ない、という徹底的にドライな現実認識を示していますね。それゆえ、まずは作品ではなく大衆が消費する商品となってしまった住宅に、建築家はきちんと向き合うべきだとする。まずは「踏み絵」を踏まなければならない、それがいかに危険であったとしても、というわけです。

日本においてジャン・ボードリヤールの『消費社会の神話と構造』（紀伊國屋書店）が訳されたのが一九七九年でした。そして消費社会論が当時の日本で隆盛していたわけですが、伊東さんはこうした議論にシンパシーを感じていらっしゃいましたか？

伊東　この頃は多木さんともよく話をしていましたが、僕自身にとっても都市が身近でポジティブな存在に変容していくにつれ、七〇年代のフォルマリスティックな空間からは急に遠ざかっていきました。篠原さんの住宅もそうした文脈から、批判的に見るようになったのだと思います。そこはボードリヤールの言説とも重なっていたんだろうと思いますね。

市川　一九八九年には有名な「消費の海に浸らずして新しい建築はない」という論文を『新建築』に発表されました。建築家が消費社会の趨勢に目を背けることを批判し、危険を承知で飲み込まれにいかなければならない、それでしか新しい建築は生まれてこない、という主張であり、非常に影響力のあった論文です。この問題意識は、既に一九八一年の「商品化住宅という踏み絵」で先取り的に発表されていると思います。

伊東　建築家というのは、消費社会の時代になっても全然変われず、相変わらず工業化社会における対象として建築を考えているということに対して僕はかなり批判的でしたが、そういう僕に対する批判は結構ありましたね。ヒラヒラしている建築の何がいいんだ、みたいな。ヒラヒラしていないつもりだったんだけど（笑）。

若林　ここまで何度も言及されてきた渋谷の都市空間というのは、パルコがあった公園通りから原宿にかけてが典型だったと思いますが、そこではスタイリッシュで遊戯的な空間がフィクショナルな都市のイメージをつくり出し、それが実際の都市の様相を変貌させていく、ということが起こっていました。このようにして生まれていった都市空間は、消費社会的なポップな感覚やアート的な感覚が身近になっていった自分たちの生活と、直接結び付いていたわけです。現実の都市や社会の変化に対するポジティブな感覚が八〇年代の社会、とりわけ東京には確かにありました。

あの時代、都市論が大いに語られていましたよね。都市が分野横断的に魅惑的なテーマであり、そこで建築も、文学も、哲学も、思想も、身体論も、マーケティングも、すべてつながっていて、しかもそれが消費文化とシンクロしていて、知的にもすごく楽しい感じがあった。当時の都市論の感覚というのは、そういうものじゃなかったかなと思うんです。八〇年代の東京には、自分の身体感覚と都市論がシンクロし、建築や都市空間と哲学や社会学が共鳴する感覚があった。今振り返ってみると、伊東さんはそういう時代を代表する建築家だったというふうに見えてくるんです。私が学生として伊東さんの授業を聴いたのもその頃でした。

伊東　自分の身体に近いところで何かが変わっているという感覚、そのビビッドな感覚を建築にしてみたいという思いはものすごくあったんです。ただ、いくら都市が思想的に語られていたとは言え、僕自身は、ものをつくっていくエネルギーになるのは、物事のリアルな感覚でしかあり得ないというのも、ずっと感じていることですね。

市川　抽象的な思想や哲学を参照・引用しながら建築を思考する建築家が、野武士世代以降、増えたと思いますが、伊東さんは東京という都市の空気を吸って、そこで感じた肌感覚をもとに実践されているように見えます。

太田佳代子　哲学や文学を引用しながら新しい建築を考えるという、ポストモダン的な状況を日本で活気付けたのは、何と言っても磯崎新さんだったと思います。そこで、磯崎さんとの関係についてお聞きしたいです。

これまで話されてきた時代の少し後になりますが、福岡の「ネクサスワールド」という、ベルリンの「インターバウ」のような複合住宅が集まった地域計画のコミッショナーを磯崎さんが務められ、一九九二年の完成時に国際会議が開かれました。スティーヴン・ホール、レム・コールハースといった海外からの設計者たちやジャーナリストたち、そして東京から招いた若手の建築家や評論家も大勢参加したという、今考えるとバブル期らしい豪勢なイベントだったんですが、司会の磯崎さんが、今日はネクサスワールドのことだけではなく、広く建築全体の問題を語り合おう、誰でもいいからどうぞ、と問題提起を求められた。そこで一番先に手を挙げられたのが伊東さんでした。そしてそれは何と磯崎さんご本人に対する批判で、建築界に思想的インパクトを与えた磯崎さん自身のアンビバレントな態度によって、下の世代は苦しめられたという話だったと記憶しています。

伊東　独立して一九七一年に仕事を始めた頃、磯崎さんが、六〇年代までは「国家に奉仕する建築家」という理想を信じていたけれど、自分は国家に裏切られた、もはや国家のための建築家というものはなくなったんだ、という現状批判をされました。そして自らの建築も、都市、国家、文化に対する批判へとシフトしたわけですね。僕らはそのとき、まさにそうだと思った。つまり、建築をつくることは批評なんだ、ということを僕らは信じた。

それで七〇年代を過ごすわけですけれど、八〇年代に入ると都市が結構おもしろいんじゃないかと思えるようになってきたわけです。じゃあ俺たち建築家はどうしたらいいんだろうという問いが、「中野本町の家」以後、自分のなかにずっとありました。ネガティブに建築を考えてきた人間が、どうやったらポジティブな立場で建築を考えられるようになるんだろう。これは今も大きなテーマです。最大のテーマと言っていいかもしれない。磯崎さんは六〇年代まで丹下さんの下で国家の建築家を継承するポジションにいたわけですから、七〇年代に入って批判する立場にシフトしたといっても国家に対する未練はすごく残っていたと思います。それがアンビバレントな態度に表れていたのではないでしょうか。

でも、磯崎さんには、重要な公共施設のコンペのコミッショナーや審査委員長としていつも支持してもらってきているんです。だから、不思議な関係ではありますね。

市川　聞いていると、菊竹さんとの関係を思わせます。磯崎さんとも菊竹さんとも、批評を介することで、微妙な距離感の関係性を形成されていますね。批評という行為が、誰かを批判することで関係を断つものではなく、生産的な新しい関係を生むものであることを再認識させられます。

日埜直彦　一九七〇年まで建築家は国家のための建築を考えていたが、それ以降ガラッと変わった、ということを伊東さんが冒頭で言われて、とても共感しました。と言うのも、たまたま今、日本の近代建築史についての本を書いていて、そこで僕もほぼ同じような捉え方をしているからです。建築家が何と向き合うのか、その対象が六〇年代の終わりに確かに大きく変わったと僕も思います。

変化するそうした状況のなかで、伊東さんは建築の問題を組み立て直そうとされたわけですが、そのときの気分について「時代の空気を建築にしたい」という言い方をされました。抽象的な論理に頼るのではなく、それを包む肌合いを大切にされる、実に伊東さんらしい言葉ですね。いわゆる建築の批評性がどこかネガティブなものと感じられ、結局のところそれが建築家の不自由さにつながっているとすら考えられるようになり、では自由になるにはどうすればいいのか、フラストレーションを解決するにはどうすればいいのか、そこに向けた色々な模索がありました。そのなかで住宅の商品化との関わりは伊東さんの仕事においてさほど目立たない部分かもしれないけれど、まさに「時代の空気」を捉えようとする根源的な模索が表れている試みで、この振れ幅も含めて考えないと表面的に伊東さんを見ることになってしまうと思います。

おもしろいからやってみよう

市川　一九八〇年代に東京は大きく変わり、世界最先端の消費都市になっていく。伊東さんは都市の変容を肌感覚で実感しながら、そことの対応関係で建築を考えていこうという意志を徐々に強めていったんだろうと想像します。言わば、東京そのものの変化と、伊東さんご自身の建築家としての変化がうまい具合にリンクした。具体的には、一九七六年の閉鎖的で重たい「中野本町の家」から一九八四年の開放的で軽やかな「シルバーハット」へと、建築のスタイルが大きく変化していくわけですが、そのプロセスの蝶番として、「商品化住宅研究会」の活動があったのかなと思っています。

このプロジェクトの話に入る前に、その直前に設計された小さな住宅を見ておくと、研究会の背景がつかめるかもしれません。一九七九年にできた「小金井の家」ですが、この住宅は鉄骨のフレームを組んで、石膏セメント板で外壁をつくっていて、きわめてローコストの建築ですね。つまり、七〇年代、特徴的に使われたモルフェームによる造形手法とは明らかに違う印象です。この点で「小金井の家」は重要な転機だったとお見受けしますが、いかがですか?

伊東　はい。この住宅をつくっていなかったら、研究会はやっていないと思います。実はこの住宅は、安藤忠雄さんから譲ってもらったプロジェクトなんですよ。安藤さんからある日突然電話がかかってきて、「東京で住宅頼まれたんやけど、こんな小さなもんで東京まで行っとられへんから、伊東さん、やってくれんかな?」と言われて。僕は仕事がなかったから、「やります、やります」と。そのクライアントは、安藤さんの打ち放しコンクリートの箱みたいなものを望んでいたんだろうと思います。お金がないし質素な家がほしい、素材がそのまま剥き出しになっている、箱のような家をつくってほしいと言われたように記憶しています。

それで、コンクリートでやったら安藤忠雄に敵わないから、鉄骨でやろうと事務所で相談をして。実は鉄骨を使うのはこの家が初めてだったのですが、鉄骨でフレームをつくって、床だけは打ち放しのコンクリートで打って、壁は成形セメント板という中に穴がいっぱい空いた厚さ一〇センチメートルほどの板に断熱材を詰め込んで。できるだけ素朴に、中も外も一緒というようなものになりました。

もうひとつ重要なことは、すべての家具は大橋晃朗さんがベニヤでつくった超ローコストのものです。大橋さんは、スーパーマーケットで売っていて、ビニールの袋に入れて買ってきて、家で自分で組み立てたらでき上がる、そんな家具をつくりたいとおっしゃっていましたね。そういう家具と相まってこんな家ができたんですね。

市川　そのような経緯があったのですね。そこでいよいよ「商品化住宅研究会」の話に入りたいと思います。伊東さんご自身はあまり記憶がないとのことでしたが、伊東さんの建築家としての活動譜を読むときに、歴史家的な視点からはやはり非常に重要なプロジェクトであるように思うのです。

この研究会が始まったのは一九八一年一月です。「立ち上げ趣旨書」というものがアーカイブ資料にありました。こんなようなことが書かれています。「建築家の作品としての住宅ではなく、又従来の建売住宅、プレファブ住宅とも異なる新しいタイプの商品としての住宅をつくることを目的」とすると。一般の「建売」と建築家による「作品としての住宅」という二項対立を想定しつつ、自分はそのどちらとも異なる第三のものをつくるのだ、という伊東さんのその他の文章にも何度も現れる思考の特徴的な型が現れている点も興味深いです。ともあれ、ここで言われている建築家の作品というのは、「自閉的」と呼ばれた七〇年代的な住宅を指しているものと想像します。伊東さんご自身は先ほど、商品化住宅というものにはまったく興味なかったとおっしゃいましたが、そうした建築家による住宅作品と、住宅産業がつくり出す商品としての住宅の二極化が起こったのが一九七〇年代であるとすれば、やはり、当時はその双方が乖離しているという状況を明確に認識して、それを架橋するようなオルタナティブな試みが必要だ、という意識があったのではないかと思うんですね。そのあたり、改めていかがでしょうか?

伊東　この趣旨書を書いた記憶もまったくない（笑）。今、初めて伺ったような気がしていますけれども、ただ、世の中が消費社会に変わってきつつあるということを、かなり真剣に考えていたのは確かです。それなのに、巷に出回っているプレハブメーカーの住宅を見ると、なぜこんなものしか出してないんだと。この社会が消費社会に変わっていくのだったら、僕らが取り組んでいる課題は彼らこそ本気になって取り組むべきではないか、という気持ちはすごくあったと思います。特に『クロワッサン』に登場するような女性が当たり前にいる時代になったとき、プレハブメーカーがつくっている住宅は全然合ってないんじゃないのと。ひょっとしたら、それを突き詰めていくとおもしろいことになるかもしれないなという予感はあったような気がしますが、それ以上のものではないし、そんなに真剣に考えていたという記憶もないですね。

市川　徐々に思い出していただくということで（笑）。「立ち上げ趣旨書」では研究会の目標も書かれていました。「経済性を考えること」「自然環境を取り入れながらコントロールすること」「新しいライフスタイルとの適合を考えること」。そして研究会の具体的な作業として、まずは「情報収集」し、そのうえで自分たちならではの商品化住宅の「モデルイメージ」をつくり、それの「マニュアル」、要するにパンフレットみたいなものをつくって売っていく、と書かれていました。

研究会が始まってまもなく、妹島和世さんが伊東事務所に入り、このプロジェクトにも参画されます。外部の協力者としては、プレハブ住宅メーカーのナショナル住宅建材（現・パナソニック ホームズ）の社員さん、先ほどちょうど名前が挙がった『クロワッサン』の出版社であるマガジンハウスに出入りされていた中野照子さんという編集者の方もいらっしゃいました。

伊東　中野さんは、同じビルにいて、広告のようなことをやっているオフィスのスタッフだったんですね。『クロワッサン』だったら掲載を頼めるかもしれないということで、彼女にも会議に参加してもらって。

市川　なるほど、そのような偶然があったのですね。気になるのは、研究会が導き出している商品化住宅のプロトタイプの価格帯と工法です。予算が一千万円、坪単価は三五万から三六万円ほどのものをつくる。工法としてはツー・バイ・フォーと鉄骨でやると。このあたりの判断はどうされたのかを是非お聞きしたいです。

伊東　メーカーがつくる住宅と違って、僕らの提案する住宅はどうしても一品生産にならざるを得ないので、価格の問題は一番の悩みの種でしたね。工場用のイージーオーダー鉄骨が利用できないかとか色々考えたのですが……。ツー・バイ・フォーという工法は、研究会と並行して設計していた「笠間の家」（一九八一）で実際使ったんですね。石山修武さんが当時、ツー・バイ・フォーなら住宅が安くつくれるということで、カナダから材料を輸入していたんです。彼は、自分で商社みたいなことをやりたいとずっと考えていて。で、石山さんの木材を使えば安いということで、六角鬼丈さんも長谷川逸子さんも、みんなほとんど同時期に飛びついて。施工を一手に引き受けた工務店は潰れちゃったんですけど（笑）。

太田　当時、石山さんは建築家でありながら「D－D方式」という、建築部品を設計者に直接供給するオルタナティブな流通経路をつくり、経営されていたんですよね。大量生産の住宅ではなく、建築家のニッチな需要に対応できて、しかも単価がもっと安い、そんな生産システムを建築家でありながら考えられた。それは、建築家の職能が世の中で機能していないという反省のもとに、非常に破天荒的な方法ではあれ、建築家だから描ける提案を、社会に対して明快に示した、ということではないかと思います。

研究会の話に戻ると、石山さんとは手法は違うけれど、伊東さんも同様の危機意識のもとに、自己批判も込めて行われていた、ということではないでしょうか。そんなに関心もないのに自主的な研究活動が二年も三年も続くわけがないのでは、と思いますが。

伊東　まあ、おもしろいからやってみようじゃん、みたいな気持ちでしたね。

市川　興味深いのは、在来の木造工法は今回の研究会の趣旨には合わないから採用しない、と明確に判断されていることです。

伊東　ツー・バイ・フォーのほうが安くできると思ったのと、システマティックにつくりたいというのが、どこかにあったんだろうと思います。

市川　確かに、その後の資料を追っていくと、ツー・バイ・フォーと鉄骨を前提にして商品化住宅のモデルがいくつもつくられていくプロセスが覗えます。こうした流れの先に、鉄骨フレームによる軽やかな「シルバーハット」が位置付けられそうですね。

伊東　モデルがどんどんつくられていくというより、四苦八苦しながら色々な方法を考えていた時代でした。しかし鉄骨はコンクリートと随分違うし、難しいけれどおもしろいと思っていました。現場作業を減らせるし、工業化にもつながると思ったんですね。

市川　資料からは、商品化住宅研究会では住宅を構成するエレメントの開発、あるいは流通経路についても検討されているように見えました。コストを下げる方法として直営方式で考えてみよう、というメモも残されています。「笠間の家」では石山さんが輸入した木材を提供してもらっていますし、商品化住宅研究会のプロジェクトでも、意匠の面だけではなく、生産プロセスまで含めて、住宅が生み出される生産プロセスを一度、自分たちで再点検してみたいというような欲求があったんではないかと想像したのですが、いかがでしょうか？

伊東　直営でやってみたい、そうしたらもっと安くなるかなと思ったんですが、そういう能力が僕にはなかった、と言ったほうがいいかな。結局、そこまで踏み込めなかったと思いますね。今にして思えば、踏み込まなくて良かったというか（笑）。そこに行っちゃったらたいへんだっただろうなと思いますね。そのような経験があって、「シルバーハット」ができたかなという気もします。

門脇耕三　「笠間の家」ができた後に、生産システムに踏み込まなかったことに対する反省が込められたような一文を書かれています。でも、生産へのコミットメントが成功してしまったら、確かに「花小金井の家」（一九八三）への転換はなかったのかなとも思えます。

いずれにせよ、僕はこの文章を非常におもしろいと思っています。「中野本町の家」のあの空間を、ツー・バイ・フォーで、しかもD－D方式で安くつくる。つまり、新しい生産システムを通して、あの空間性を大衆にも届けるんだという決意が感じられるんです。しかし「笠間の家」ではそこがうまくいかず、次の試みは商品化住宅へと向かう。僕から見ると、ここは建築家として住宅の商品化を追求するべきか、空間性を追求するべきかを問われた本当に重要な転機だったように見えるんです。

伊東　そうかもしれませんね。

市川　生産システムにまで踏み込んでいたら、商品化住宅研究会の後の八〇年代に展開された軽やかで断片的な伊東建築のイメージは、もしかしたら生まれなかったかもしれませんね。生産システムを知ることで、もっと現実的と言うか、地に足の着いた建築のイメージのほうに向かう可能性もあったかもしれない。

伊東　そうですね。結局、僕にとっては流通とか生産ということより、やはり空間ということに強いこだわりがあるんでしょうね。それはいまだにずっとそうだと思います。

市川　そのあたりは、やはりデザイナーということなんでしょうね。話をしつこく資料に戻しますと、熱環境とか、音とか、機能配置とかも、ひたすらスタディされている様子が確認できます。このあたりのスタディの熱心さを資料から知ったからこそ、現在の伊東さんがまったく研究会の活動を覚えていないことに、私としては驚いたのです（笑）。

また、商品化住宅の先行事例を調べる一方、市場調査のようなこともされています。少し先の展開ですが、一九八二年以降の「ドミノZ」というプロジェクトでは、デザイナーとか、広告代理店の人といった、都会のファッショナブルな人々を対象に、家に求める機能やイメージなどについてインタビューをされていますね。ちなみにここで使われている「ドミノ」という言葉は、当然ル・コルビュジエの「ドミノ・システム」を意識してのことですね。モダニズムの住宅プロトタイプをアップデートする意識があったのだろうと思います。

伊東　そういう調査はまったく記憶にないですね。ただ、プロジェクトが『クロワッサン』に掲載されたらどんな反応があるんだろうというのは、僕にとってはたいへん興味がありましたね。それを考えたら、ワクワクするような感じはありました。

思えば、「小金井の家」のクライアントはまだ若い主婦の方で、今まで出会ったことないタイプのクライアントだという印象がありました。それと、八〇年代は女性の感性によって消費社会が変化していく時代になってきた、という実感がオーバーラップして、商品化住宅研究につながっていったんじゃないかと思います。

市川　趣旨には、パンフレットを作成することと、そのパンフレットを『クロワッサン』に掲載することも書かれていました。で、実際に掲載された記事を見ると、ツー・バイ・フォーはやめられたようで、鉄骨でつくる二つのモデルタイプを提示されています。ひとつは「2階にリビングのある家」、もうひとつは「土間のある家」です。

記事の文章を読んでみると、まず、家を洋服にたとえるところから始まっているのがおもしろい。既製品でもなく、オーダーメイドでもない、「セミオーダーの服のような家」をつくると。研究会の趣旨書にも書かれていた、建築家の作品でもなく、かつ普通の建て売りでもない、新しい商品化住宅のかたちを目指すという問題意識がパラフレーズされています。ところで、このプロトタイプとしての家もやはり「ドミノ」と名付けられているのも興味深いところです。「ドミノZ」もそうですが、この時期にあえてル・コルビュジエに遡って、「ドミノ」というレファレンスを出してきたのには、どのような認識があったんでしょうか？

伊東　いやぁ、石山さんが非常におもしろいと言ってくれたんですね。それで、「ドミノ」と命名してくれた。商品化住宅のアイデアは、むしろ僕より彼のほうが積極的だったかもしれません。石山さんは、ツー・バイ・フォーの木材を輸入するにしても、半分冗談みたいな、半分批判を込めて、自分自身に対してもシニカルで、「俺は商社や」と言う。そういう彼は非常に魅力的でしたね。真面目に商売としてやっていたら、僕はそんなに好きじゃなかったと思いますが。

批評を排する

市川　『クロワッサン』掲載の住宅は「土間のある家」と名付けられていました。一般的な商品住宅では、例えば「暖炉がある家」とか、温かい家族や豊かな生活をイメージさせるような名前がよく付けられます。「土間のある家」も、意図的にそうした既成の名付け方に倣っているのではないかと想像します。また「土間」というのも、日本的なイメージを思わせつつ自由な使い方ができますよ、ということで、消費者に向けたアピールとして有効そうです。

伊東　いやぁ、このシステムだけを買ってくだされば、あとは何でも言うとおりにやりますよ、というスタンスでした。以前と変わってこの頃から、住宅は我々とクライアントとの関係で成り立つものだと思い始めたので、住宅で何かを変えようという気持ちはなくなりましたね。公共建築になった途端にガラッと変わるのですが。

連勇太朗　公共建築には社会の何かしらを変える可能性があるけれども、住宅にはそこまでの力は期待していない、ということですか？

伊東　可能性と言うよりは、変えなくてはいけないという使命感がふつふつと湧き上がってくるのですね。

連　「中野本町の家」以降の伊東さんにとって、住宅は建築としてどういうものだったのでしょうか。住宅に批評性は求めない、社会を変えるようなものでもない。だとしたら、住宅の設計とは伊東さんにとって何だったのでしょうか？

伊東　僕は東京という都市で、外部に関しても内部に関しても、これぞ将来あり得るべき住宅だというモデルを考えることができなかった。実際、注文も来なかったからね（笑）。集合住宅だったらもう少し別のことを考えていたかもしれないけれど、そういう機会もなかったし。戸建ての注文が来たら、クライアントの言うとおりにやりますよというような気持ちでしたね。

連　とは言え、当時、建築には批評性が重要であるというお考えもあったと思うのですが、住宅と社会とのつながりに関心がなかったということでしょうか？

伊東　と言うよりも、七〇年代に批評性でスタートしてしまったことに対する罪悪感ではないけれども、そもそも人のために建築をつくるのが建築家なのに、なんでネガティブな批評として建築をつくらなくてはならないのかというジレンマが、「中野本町の家」のすぐ後からずっと自分のなかにあったのです。一般の人たちが見ても、家らしい家として認識される家をつくりたい。つまり、どうやったら社会性をもった建築ができるんだろう、ということを考え始めていた時期でしたね。

だから、「ドミノの家」の後につくった「シルバーハット」は、今考えれば、この商品化住宅研究会の影響もあって、どうやって生活感を住宅に表現するかということに考え方が変わっていった。そのことによって、ネガティブなものを払拭できるかなと思っていたんだと思います。

市川　建築家とクライアントの関係は、伊東さんのテーマのひとつではないかと思います。デビュー作である「アルミの家」を一九七一年の『新建築』に発表された際に書かれた、「設計行為とは歪められてゆく自己の思考過程を追跡する作業にほかならない」という論文があります。設計者である建築家と、その作品に住む施主との間にはいかんともしがたい断絶があり、設計とは建築家のアイデアが施主によって「歪められていく」プロセスにほかならないと論じる文章で、いかにも若手建築家らしい、とてもナイーブな問題意識が告白されています。その後、こうした建築設計の「他者」としてのクライアントを理解しようとする意識、断絶を埋めようとする意識が徐々に高まっていったのではないかと想像します。商品化住宅研究会における社会や消費者へのマーケティング・リサーチは、そうした意識の表れではなかったかと。

伊東　つまり自分の建築の作品性と言うか、空間の本質を極めたいという気持ちと、消費社会の人々の嗜好に合わせたいという気持ちが容易には重ならない矛盾を、行きつ戻りつしていたのでしょうね。

市川　先ほど言われた「批評性」という言葉ですが、伊東さんは二〇一一年の東日本大震災を契機に始められた「みんなの家」の活動以降も、批評性と社会性について対比的に語られていますね。「みんなの家」では、批評性を一旦ゼロにして、被災者や被災後の社会に完璧に溶け込むことが試みられた。ただ、今のお話でクリアになったと思うんですが、建築家である以上、一般社会に既に流通している建築や住宅と同じものをつくっても価値がないわけで、それらを批評するような、新しいものを提示しなければならない。だから、どうしても批評性がなくてはならないという側面があります。伊東さんはずっとこの問題と格闘されているように思うんですね。社会的であることと批評的であることの間を常に往復する。分裂的な状態のなかで、何とか統合しようとするんだけど、しかしアンビバレントな状態のまま揺れ動いている。建築家の作品でも商品でもない、商品化住宅を目指そうとしたスタンスは、そのことをよく示してもいると思います。

伊東　おっしゃるとおりだと思います。僕は商品化住宅研究会のことをそんなに深く考えていなかったんですが、今日のような指摘を受けると、一方で「中野本町の家」や「笠間の家」をつくりながら、もう一方でこの研究会をやっていた、ということが、今日につながっているような気もします。つまり、東日本大震災があったときに「みんなの家」をつくり始めた一方で、公共建築もつくっていた。そしてまた今、大三島に通って従来の建築家の領域を超えたような活動を続ける一方で、「台中国家歌劇院」(二〇一六)のような巨大な建築をつくっている。そうやって、いつも相反すると言うか、建築家としてはかなり違った位相のことを並行してやってきたんだなと、改めて思いました。このような矛盾は今後ももち続けることになりそうですね。それが一致するに越したことはないと思いますが、社会の文化的、あるいは芸術的な関心とも深い関わりがあるとも言えるでしょうし。

市川　一九八〇年代以降、建築家として着実にステップアップしながら、活動初期に抱えた問いを一貫して問い続けているという点では、非常に興味深いと思います。作品の表面上はスタイルに様々な変化があることをもう片方に置くと、ことさらそうした問いの一貫性は興味深いです。実は「シルバーハット」の資料には、「批評を排する」というメモがありました。まさに「みんなの家」と同じような認識を、八〇年代初頭に既に言語化していますね。

ところで、商品化住宅は大衆消費社会における建築タイプという点で、ロバート・ヴェンチューリ的なものと言えると思います。そこで「ドミノ」という、ル・コルビュジエを参照したプロトタイプを伊東さんが考案していた点がおもしろいと思っていました。文脈は違うのですが、伊東さんは「〈俗〉なる世界に投影される〈聖〉」（一九八〇）という文章を『新建築』に書かれています。そこでは、「コルビュジエ的なもの」と「ヴェンチューリ的なもの」を「近代的なもの」と「反近代的なもの」にパラフレーズして、それら二者の交錯点にこそ建築の可能性がある、と述べています。二項対立を設定しその外側に可能性を見る、というこれまでも指摘させていただいた伊東さん独特の思考法が見て取れますね。商品化住宅というヴェンチューリ的な建築タイプでル・コルビュジエの「ドミノ」を引用したプロトタイプを試作する、という一見ねじれた試みは、こうしたところから出てきたのだろうと思います。

日埜　ヴェンチューリと言えば、一般的にはポストモダニズムの文脈のひとつということになるわけですが、しかし伊東さんや坂本さん、あるいは多木さんにとって、ヴェンチューリは建築を考えるうえでもっと切実な存在だったように思えます。つまり、チャールズ・ジェンクスが称揚したような、世俗的な意匠の記号的応用のポストモダニズムとはあまり関係なく、むしろ普通の人々の生活において建築の豊かさがどういうふうに実現されるかを率直に問うという、ヴェンチューリの考え方への共感があったんじゃないでしょうか。それが、例えば多木さんにおいては住宅というものの現象学的な水準にまつわる考察として現れ、伊東さんにおいては「時代の空気」に照らしての模索として現れた。伊東さんの建築のそういう指向を、今確認できた気がします。

半分リアル、半分フィクションのような建築

市川　「ドミノ」が『クロワッサン』に掲載された結果、実際にクライアントが現れ、「梅ヶ丘の家」（一九八二）が実現したと聞きました。

伊東　雑誌に出た後、萩原朔美さん（映像作家、演出家）が突然事務所にやって来て、「こういう家、つくってよ」と。結局、「ドミノ」で実現したのはこれ一軒でしたが、それでも雑誌編集部宛に届いた五、六通の手紙には、随分勇気をもらいましたね。

市川　自分たちがつくったものが、『クロワッサン』を読むような層に届き得るんだということが、自信になり、確信になったということですかね。

伊東　そうですね。

市川　この住宅が完成した後も、一九八三年までは、商品化住宅研究会の活動は続けられていたことが資料からわかります。「梅ヶ丘の家」の後のスケッチを見ると、「ドミノ」的な直方体状の近代建築ではない、色んな形をスタディされていたようです。そして「ドミノZ」へ

と続く。それまでの「ドミノ」の客層としては、いわゆる核家族が想定されていたんですけど、「ドミノZ」は「ドミノ」よりも若年層の、クリエイティブな仕事をしている都市生活者へとターゲットをシフトしています。客層がよりクリアにイメージできるようになってきた、ということなのだと想像します。さらに、構成のシステムとしても、箱形ではなくスケルトンとしてフレームを組んで、その中に、入れ子状にインフィルを組んでいくような考え方に移っているように見えます。これをさらに延長させていくと、「シルバーハット」に到達するのではないでしょうか。鉄骨のフレームに大きな屋根を架けて、土間のような半外部的な空間がつくられ、そこと内部空間が連続している、といった意味で。

「ドミノZ」と同時期につくられていた「花小金井の家」は妹島さんのご両親の家で、妹島さんが担当されたそうですが、この家には、外部空間に近い、機能が特定されてない大きなスペースがあり、「土間のある家」からの流れを連想させますし、その後の「シルバーハット」に向けての流れも見えます。

伊東　確かにそうですね。こういう土間的な空間があり、その奥に別の空間がある、というような住まい方は、この頃結構気に入っていましたね。

市川　このあたりの活動を時系列に並べてみると、商品化住宅研究会で生まれた「土間のある家」から「花小金井の家」、そして「シルバーハット」へ、といった連続性を見出したくなってしまうんですね。「シルバーハット」は一九七〇年代の「中野本町の家」との対比から論じることももちろん可能ですが、その直前に、もっと直接的に、連続的につながり得るいくつかの試みがあったのだと考えたほうがいい。

伊東　そうですね。それと、カバーされた屋内部分と半屋外という、空間の差への意識は、この時期を通して常にあったと思います。

市川　ところで、商品化住宅研究会と、先ほど話に出た「アデル・カルサヴィーヌの会」の活動はほとんど同時期ですね。商品化住宅研究会は、現実の消費社会に生きる一般の人々の要求をリサーチするという、言わばリアリズム的な立場の活動です。しかしアデルの会は、架空の人物であるアデルの建築を構想するという、とてもフィクショナルな活動ですね。

当時『新建築』に発表された作品の解説を読むと、伊東さんは「アデルのドローイングに喚起された設計」として大真面目に自作解説されています。しかも、これはフィクションであるということを一切書かずに。おそらく当時、アデルという人が本当にいたと信じた読者もいただろうと思います。それほど迫真的な虚構をつくっていた。もしかしたら「中野本町の家」の頃からあったのかもしれませんが、リアリズムとフィクションが表裏一体となっているような感覚が、伊東さんの活動のなかで時折顔を出していると思います。商品化住宅研究会とアデルの会がオーバーラップする一九八〇年代前半はとりわけそうです。

伊東　まさにそういう時代だったという気がするんですね。八〇年代には夜な夜な飲み歩いていたのですけれど、どこまでが現実で、どこまでがフィクションなのか、その境界がないような都市に生きているという感覚がすごくありました。だから、半分リアルなんだけれども半分はフィクションのような建築ができたらと、いつも考えていたんですね。

市川　つまり、そもそも東京が、リアルとフィクションが分かちがたく混在した街だった。そういう東京的状況そのものが伊東さんを介して作品化されていく。そのような感じだったんですかね？

伊東　おっしゃるとおりです。

市川　腑に落ちた感じがします。七〇年代の内向的、閉鎖的な空間から、八〇年代には一気に開放的な空間へと向かった。この転換の狭間に商品化住宅研究会の試みや、刻々と変化していく東京への興奮があった。「シルバーハット」に結実する土間的な空間の探求もこの時期に始まる。

中川エリカ　なるほど。開放へ向かう都市的状況を捉えたからこそ、「土間的な空間」という、内部を開放する空間的な探究が始まった、ということですね。内部を開放する探求という意味では、後の「せんだいメディアテーク」（二〇〇〇）や「みんなの森 ぎふメディアコスモス」（二〇一五）、「台中国家歌劇院」にも発展しているのではないでしょうか。今例に挙げた建築は、内部のボリュームを切断し、その切断面をそのまま立面にする、というつくり方によって、むしろ、無限に続くような内部を意識させます。あらかじめ閉じたパッケージを想定して、建築を外から内に向かってつくっていくのとはまったく異なるアプローチです。伊東さんはかねがね、建築をつくるときに「新しい幾何学を探す」ということを言われていますが、それは、内部を成立させるための幾何学でありながら、同時に、内から外へ向かう開放感、もしくは、内と外の新しい関係性を求めるための幾何学なのではないでしょうか？

伊東　チベットのような近代化されてない場所でも、お寺を建てるときには幾何学が必要で、自然のシステムとは違ったものをつくらざるを得ない。でも、内に入ったらもう一回、外の自然が蘇ってくる。この考え方は現代建築でもあり得ると思っています。モダニズムの建築は、外と内を切って、内を自然から切り離すことによって成立している。だから世界中で同じものができる。僕らも建築は幾何学を使わないと成立しないと思うんだけれど、でも、内に入ったらもう一回、自然が蘇ってくる、という建築の考え方は非常に大事なんじゃないかと思っています。

モダニズムの限界を超える

市川　今日のテーマである商品化住宅研究会とその前後は、建築史的にはいわゆるポストモダニズムの時代に当たります。モダニズムの考え方を解体しよう、揺さぶろうという動きが顕著に生まれてきていた。そうした動きに伊東さんご自身は共感されていたのでしょうか？あるいは批判の対象であったのか？

伊東　一九八二年に「P3（ピースリー）会議」というのがあって、ヨーロッパとアメリカと日本から二五人が招かれました。安藤さんと僕は磯崎さんが連れて行ってくれて。この会議に、実現可能なもので、まだ完成してないプロジェクトを持って来いと言われ、僕は「中野本町の家」と「シルバーハット」の最初期のプロジェクトを持って行きました。それをプレゼンしたら、ピーター・アイゼンマンを筆頭に、『『中野本町の家』はこんなきれいな空間なのに、『シルバーハット』は何だこれは？」みたいなことを散々言われたんですね。安藤さんももっとひどいことを言われて、悔しい思いをして二人で帰ってきた思い出があります。

その頃は、商品化住宅研究会をやっていた時期であり、その成果が「シルバーハット」やその後の建築につながっていったとしたら、それは現代社会のなかでモダニズムの限界を超えようとする一連の試みだったと言えるのかもしれませんよね。でも、P3会議で評した彼らは、そういうことにほとんど気付いてくれなかったなという気がしています。

市川　欧米でのポストモダニズムの位相と同時期の日本建築の位相は、完全には一致していなかったということですね。

最後に伺いたいのは、「日本」という枠組みについてです。P3会議にはある意味で日本を代表して参加されたわけですが、伊東さん自身は、日本や日本人であることをどのように捉えられていますか？　個人的には、伊東さんは「日本の建築家」というよりも「東京の建築家」という印象が強いです。世界的にも稀有な消費都市となった東京、その空気を吸った建築家として伊東さんがいる。だから逆に、日本という枠組みを伊東さんに当てはめて考えることが難しいように思うのです。

伊東　ええ。一九五〇年代から六〇年代の丹下さん、菊竹さんの時代は、日本の伝統を盛んに意識したり、表現したりするわけですが、僕にとっては、世界でも最先端をいく消費都市としての東京、という概念しかなかった。だから、日本とか国家といった概念は、僕のなかにはまったくなかったですね。

真壁智治　東京というパラダイムのなかに建築を投影し得た人は、不思議なことにそれまでいなかったわけです。そうした意味から、伊東さんは画期的だったと思う。塚本由晴・貝島桃代さんたちの「メイド・イン・トーキョー」（一九九六）や「ペット・アーキテクチャー」（二〇〇一）が出てきて、東京への注視という、ある種の価値体系が共有され始めた。このことについては、伊東さんの功績も大きかったのではなかろうかと思います。

言うまでもなく、商品化住宅研究は、消費都市・東京が想起させる、身の丈の「ノマド感覚」を体現する住宅研究だった。建築を「商品」と呼んではばからなかったのも、「消費の海を泳ぐ」とした伊東さんだけだった。あれは伊東さんのヴィジョンを世の中に発信するものでもあったと思う。「ケース・スタディ・ハウス」も、フランク・ロイド・ライトの商品化住宅もそういうものだったし、坂茂の「家具の家」（一九九五）も、住宅をリーズナブルな値段で大量供給するヴィジョンとして提示していますね。ただ昨今は、建築家はとんとヴィジョンすらも言わなくなってしまった、情けないところがあります。

太田　ヴィジョンを示す、という意味では、先ほど伊東さんが言われた東京という都市の何が問題か、この状況にどう関わるのか、今は建築家の提言や発言があまりないですね。

「商品化住宅研究会」の頃の伊東さんは、年齢的には三〇代から四〇代前半ぐらいでしょうか。当時は実際、建築家が自らの職能のあり方を問い直さざるを得ない社会状況にあったし、問い直そうという強い使命感を伊東さんはもっておられたと思うんです。そしてある意味、自己アイデンティティを壊しかけてまで、社会の課題と向き合った。今の若い建築家の社会への向き合い方についてはどう思われていますか？

伊東　僕らの頃も、厳しい状況のなかで住宅をつくらなくてはならなかったけれども、今の東京で仕事をしている若い人たちの状況は、もっともっと厳しいことになっている。行政の締め付けはますます厳しくなっていて、例えば公共のコンペティションでは管理主義的な目線で安全安心ばかりが一方的に問われるし、「機能」を媒介にして空間が細分化されていて、それに従わなければ絶対に勝てない。そこをどうやってすり抜けていくか、自分たちの戦略で考えなくてはいけないと思うんです。

今進んでいる東京都心部の再開発に対しても、「君たちはどう思っているの？」と聞いてみたい。今東京で行われている再開発は、僕は納得いかない。みんなも本当は納得いっていないと思う。でも、どうしてそれをみんな言わないの？　どうして雑誌とかで発言して批判しないの？　それは自分たちの明日に振りかかってくると思うんです。

モダニズムというのは、世界のどんな場所でも同じ建築がつくれるんだよっていう思想だから、今のグローバルな経済システムとうまく噛み合って、世界中で超高層ができているんだと思うんです。僕は今の東京がそうなってしまいつつあることに対して忸怩たる思いがあって。もっと違う東京を考えなくちゃいけないいんじゃないかと、ずっと思っているのです。

日本の建築家が世界的に評価されていると言っても、それは西洋の社会がいまだにモダニズムの延長で持続されていて、モダニズムの目から見て評価されているのだと僕は感じています。それは僕にとってはすごく悔しいし、もうそういう時代ではないはずだ、ということを強く思っています。だから対抗措置として、どういう建築が可能なのかを僕らが示さなくてはならないはずなんです。モダニズムを解体することはできないと思うけれども、そのモダニズムに何か変更を加えていくということは可能なんじゃないかと。そのことを、僕の世代よりも若い人たちにもっと真剣に考えてほしいなというのが、すごく思っていることです。

論 考

戦後日本社会における建築家の疎外と再接続
──伊東豊雄の「商品化住宅研究会」をめぐって

市川紘司

リアリティでつくる、ひらかれた建築

連勇太朗

戦後日本社会における建築家の疎外と再接続

――伊東豊雄の「商品化住宅研究会」をめぐって

市川紘司

見落とされていたもの

二〇一三年にプリツカー建築賞も受賞した伊東豊雄は、二〇世紀後半から二一世紀の現在に至るまでの戦後日本を代表する建築家として、国際的にもよく知られた存在だろう。

伊東は、一九四一年に日本の植民地だった朝鮮京城府（現・大韓民国ソウル特別市）に生まれた。程なくして祖父方の郷里である長野県に住まいを移すと、中学校三年生のときに東京に移住している。以後、東京大学在学中や、大学卒業後に勤めたメタボリズムグループの中心人物のひとり・菊竹清訓の設計事務所、そして一九七一年に開設した自身のアトリエに至るまで、伊東は一貫して東京を拠点に活動をしつつ、日本全国そして世界各地で作品を手がけてきた。

伊東は、断続的にその時代を象徴するような作品を手がけてきた建築家である。一九七〇年代の日本における実験的で閉鎖的な住宅建築を代表する「中野本町の家」（一九七六）、一九八〇年代の開放的な空気を体現する「シルバーハット」（一九八四）、透明性と物質性が併存する傑作「せんだいメディアテーク」（二〇〇〇）、そして東日本大震災の被災地に建設された一群の集会場プロジェクトである「みんなの家」の実践(二〇一一〜)など。しかし、ポストモダン建築の日本的展開を再考する今回のリサーチにおいて私たちが注目したのは、上記のような輝かしい作品譜のなかで現在はほとんど顧みられることのない実践である。

それは「商品化住宅研究会」と呼ばれるプロジェクトだ。伊東の建築事務所がまだまだ小さかった一九八〇年代初頭の数年間、スタッフの祖父江義郎や妹島和世らと開催していた研究会であり、一九七〇年代の日本の住宅市場に登場した「商品化住宅」という新しい商品カテゴリーをテーマとする活動だった。

私たちがこの一見非常に地味に見える研究会活動にあえて注目したのはなぜか。それは、「戦後日本」という西洋から見れば特殊な時空間において建築家がどのような社会的な立場や役割にあったのかを検証するための象徴的なサンプルとして、伊東の商品化住宅研究会が位置付けられるのではないかと考えたからにほかならない。日本において「建築家」は近代化を目指す明治国家の建設業を担う職能として一九世紀末に誕生した。しかし二〇世紀中盤までの戦争、そして戦後の高度経済成長期を経て、建築家は徐々に社会的にマージナルな存在へと追いやられていく。伊東の商品化住宅研究会はそうした建築家を取り巻く状況の趨勢に対する批評や抵抗の実践として見立てられるのではないか。その実践は歴史的なものであるばかりではない。建築家がある種「疎外」されている状況を乗り越えようと、「建築家の社会的役割」や「建築の社会性」といった主題が現在なお日本の建築界において熱心に議論されていることを踏まえれば、それはよりアクチュアルな意味をもってもいるのだ。

「黄金時代」または「あだ花」としての一九七〇年代

一九八〇年代初頭の伊東豊雄が実施した商品化住宅研究会を考えるためには、先立って戦後日本における住宅産業と建築家の関係性を押さえておく必要がある。長引いた戦争が一九四五年八月に終わった後、日本には四二〇万戸とも言われる深刻な住宅不足が生じていた。国民の住宅を近代的にアップデートしつつ、それを効率的に生産すること。すなわち住宅生産の工業化。それは喫緊の国家的課題であった。そして同時に、当時の建築家の取り組むべき主たる主題のひとつでもあった。例えば建築家の前川國男は、木質パネルによる工業化住宅のプロトタイプである「プレモス」を設計している。

しかし一九六〇年代以降は建築家の実験は減る。代わって主たる担い手となるのが、大和ハウス工業や積水ハウスなど、現在に至るまで日本の住宅産業で確かなシェアを占める大手住宅メーカー（とその前身）であった。手狭になった住宅空間を拡張する簡易的なプレファブ建築である「ミゼットハウス」（大和ハウス工業、一九五九）など、各企業が特徴的な開発をした。そして一九六〇年代から一九七〇年代にかけて、日本は奇跡的な高度経済成長を遂げることになるが、そのような時代状況の変化は人々の住宅に対する要望や欲望にも大きな変化をもたらさざるを得ない。戦後取り組まれた住宅の「工業化」は、住宅部材の工業生産によって高品質の住宅を低価格で購入することを可能にしたが、人々はそれに加えて、特徴的な意匠や装飾、あるいは魅力的な生活スタイルの提案を、住宅生産側に求めるようになっていく。言わば、住宅が工業製品から商品（消費財）へと変化するのである。一例としては、「暖炉」や「ドーマー窓」といった建築部位が「欧米的な住まい」の記号として好まれるようになる

一九七〇年代の日本における住宅の「商品化」。住宅産業や建築構法の研究者として著名な松村秀一は、その変化を「住宅の内外観、間取りや設備に、市場に伝わりやすい特徴を持たせ、それによって他と差別化しようとする住宅メーカーの動き」[★1]として総括している。「工業化住宅」が効率的に工業生産される建築のあり方を目指す点でモダニズム的な思考に基づくものだとすれば、後者の「商品化住宅」は、大衆消費社会の欲望に応答した建築のあり方を目指している点でポストモダニズム的なものであったと言えるだろう。

私たち研究チームの関心にとって重要であったのは、「工業化住宅」から「商品化住宅」へという変化が起こった一九七〇年代の住宅産業に対して、建築メディア上に登場するいわゆる「建築家」たちがほとんどコミットしていなかった、ということである。この時代、建築家たちは――「プレモス」を開発した戦後すぐの前川らとは対照的に――住宅産業にコミットすることはなく、むしろより個人的な領域で建築形態や空間の実験に邁進したのである。

象徴的な存在には「野武士」と呼ばれる建築家世代が挙げられる。野武士とは、安藤忠雄や石山修武、そして伊東豊雄など、一九七〇年代に登場した一群の若手建築家たちの別称で、槇文彦による命名から、同世代の建築家たちもそう呼ばれるようになった。[★2]特定の

パトロンや師匠をもつことなく、自らの手腕のみを生きる術として独立独歩で活動する彼らの姿勢を、近代以前の主なき野武士に例えたのだ。安藤の「住吉の長屋」（一九七六）、石山の「幻庵」（一九七五）、そして伊東の「中野本町の家」など、彼らの作品に通底するのは、都市的コンテクストやシステム化された住宅産業からの離別の意志、そして閉ざされた住宅内部に豊穣な空間を創出したり、独自に集めた建築資材をもとに住宅を組み上げたりするための独創的な設計方法論であった。同様の指向性は「住宅は芸術である」と宣言した篠原一男、また「都市からの撤退」を宣言した磯崎新など、より年長世代の建築家たちにも見られるものであるだろう。ただし野武士世代の建築家たちは進んでそうした態度をとったというよりも、そうした態度へと追い込まれた側面が強かった。先行する磯崎そして丹下健三は、若手の時点から都市や公共建築の設計・計画の機会が与えられていたが、既に都市開発や住宅産業のシステムが構築されつつあった一九七〇年代にデビューした彼らに残されていたのは、小さな個人住宅と少しの商業施設であった。彼らはそうした社会的周縁部を主戦場に、自らの建築をつくり上げていくほかなかったのである。

結果として、一九七〇年代の日本は世界的にも類を見ない住宅建築の実験場となった。「住吉の長屋」の安藤や「中野本町の家」の伊東のほかにも、篠原一男、原広司、坂本一成、長谷川逸子など、世界建築史的にも重要なプレイヤーが競うように個性的な表現の住宅作品をメディアに発表している。このような一九七〇年代の日本建築の状況を指して、東京科学大学（旧・東京工業大学）教授で建築家の奥山信一は「住宅の黄金時代」であると呼び、その特徴として「建築それ自体の形や構成法」を追求する「フォルマリズム」や空間の「内向性」と、それらが可能にする豊かな実験性を指摘している。[★3]住宅を取り巻く社会的・都市的文脈の意図的な切断、そしてその反面としての住宅建築の形式性や空間に対する弛まぬ探究に、一九七〇年代住宅の特徴が見出されるのだ。

しかし注意すべきは、そのような「黄金時代」とも称される豊穣な住宅実験は、とは言え、二度のオイルショックを挟みながらも経済成長に邁進する日本の都市開発や住宅産業の外部ないし周縁部で展開された、ごくごくマージナルな事象であったことだ。建築家の林昌二による評価はこの悲観的な側面に注目したものである。林によれば、野武士に代表される一九七〇年代の実験的な住宅建築は「虚しくも華麗なあだ花[★4]」に過ぎない。つまり、それらは建築的には興味深い実験ではあるが、広く日本社会や都市にとっては実質的な意味をもたない（実を結ばない）、と断じたのである。そしてそのような「虚しいあだ花」をもてはやすばかりの当時の建築メディアを「歪んでいる」と厳しく批判した。林昌二は、戦後日本の大手組織設計事務所である日建設計のリーディング・アーキテクトとして活躍した建築家である。つまり都市規模の建築を主戦場とし、環境問題やセキュリティ問題など、急速な都市化が生み出す社会問題にもリアリティをもって接していた。ゆえに、そうした切実な社会問題に関心を向けることなく特殊な小住宅の実験に明け暮れる建築家、およびその作品ばかりに誌面を割く建築雑誌のスタンスは、きわめて歪なものに見えたのだろう。

なぜ「商品化住宅研究」だったのか?

住宅産業が「工業化住宅」から「商品化住宅」へと変遷する傍らで、(特に若手の)建築家の仕事は社会的趨勢からは遊離した実験的な小住宅へと限定される。一九七〇年代の日本建築は「住宅の黄金時代」であり、同時に「虚しくも華麗なあだ花」が百花繚乱する時代であった。こうした文脈のなかで、伊東豊雄は一九八〇年代初頭に商品化住宅研究会(以下、研究会)を発足したわけである。さて、それでは伊東はなぜ、そしていかに商品化住宅を研究したのか。

それを明らかにすべく、今回私たちは以下のようなリサーチを行った。すなわち、①伊東の事務所が保管する研究会とその前後の住宅設計のアーカイブ調査、②伊東が一九七〇年代から八〇年代に発表した文章の調査、③伊東へのヒアリング、そして、④少数の聴講者を交えたインタビューである。

この一連の調査によれば、まず、研究会が開催されたのは一九八一年から一九八三年の約三年の期間である。ペースはまちまちであるが、最盛期には週に一度の割合で事務所内にて開催されていたようである。メンバーは伊東、そして事務所スタッフの祖父江や妹島、そして最初期には住宅メーカーのナショナル住宅建材(現・パナソニック ホームズ)社員の名前もあった。

事務所所蔵の資料一式を紐解くと、その資料冒頭には研究会発足時に伊東が記したと思われる直筆のマニフェスト(「研究会立ち上げ趣旨書」一九八一年一月)がある。そこにはこのように書かれている。

建築家の作品としての住宅ではなく、、又従来の建売住宅、プレファブ住宅とも異なる新しいタイプの商品としての住宅をつくることを目的とし、そのための調査、研究をし、モデル作成作業を具体化させるために研究会を発足させる。

短いが、興味深い内容のテクストである。「建築家の作品」としての住宅と、住宅メーカーが設計・生産する「従来の建売住宅、プレファブ住宅」を二項対立的に位置付けたうえで、そのいずれとも異なる「新しいタイプの商品としての住宅をつくること」が意図されていることがわかる。先述した背景を踏まえれば、このテクストから当時の伊東の問題意識は容易に理解できるだろう。すなわち、一九七〇年代に住宅建築をめぐって形成されていった産業と建築家との間の分離的状況を再縫合すること。伊東が研究会を発足するモチベーションはつまるところそれであった。

「立ち上げ趣旨書」には、以上のマニフェストに続くかたちで、より具体的な「目標」と「作業」が記されている。「目標」は「a 経済性の獲得」「b 自然環境のコントロール」「c 新しいライフスタイルとの適合」、「作業」は「情報収集」「モデルイメージの制作」「マニュアルの制作」である。これらの指針に基づき、研究会では当時流通していた実際の商品化住宅の温熱性能や価格帯に関する事例調査、木造在来工法、ツー・バイ・フォー、鉄骨造などの構法にかかる検討、住宅市場の主たる顧客である若い都市居住者へのヒアリング調査、そして新たな商品住宅モデルの考案……などが具体的に行われた。

記録される研究会活動のなかでとりわけ目を引いたのは、彼らが実際に考案した商品化住宅のプロトタイプである。ツー・バイ・フォーと鉄骨造の二種類が検討された末に後者が採用されているのだが、興味深いことに、それは単なる事務所内でのスタディにとどまることはなかった。その住宅提案は、感度の高い都市の女性たちをターゲットにする生活文化雑誌『クロワッサン』(一九八一年一〇月一〇日号)に掲載され、実際にクライアントが募られたのである。伊東へのヒアリングによれば、当時の伊東の事務所のご近所さんにマガジンハウス社に出入りする編集者の知人がいたことに端を発するらしい。

誌面は「住む人によって表情が変わるセミオーダーの家。」とのキャッチコピーに始まり、イラスト的な軸測投影図によって内部空間を伝えている。建築専門外の一般読者にも興味を引くよう工夫が施されていることがわかる。各種設計図面と人の写り込まないクールな竣工写真、そして建築家による難解な解説テクストで主に構成される建築専門誌の誌面とは異なる、非常にポップな印象を放つものとなっている。

この記事には鉄骨造による二つのプロトタイプが掲載された。それぞれ「2階にリビングのある家」と「土間のある家」という、いかにも当時の商品化住宅らしいキャッチーな名前が付けられており、研究会での事例リサーチが反映されていると考えられる。いずれもシンプルなボックス状の住宅であり、全体的なデザインやプランには際立った特徴は見られない。しかし内外空間の境界を曖昧化し、どのような使われ方をも許容できる土間を大きく一階に設けている点には、「花小金井の家」(一九八三)や「シルバーハット」など、その後の伊東の建築作品に見られる空間的特徴の萌芽を見出せよう。あるいは一階寝室に描き込まれたフラミンゴは、商品化を意識した記号的表現として注目してもよいかもしれない。一九八〇年代の日本ではＡＯＲ（Adult-oriented Rock）が流行していたが、その代表的ミュージシャンであるクリストファー・クロスはフラミンゴを自身のアイコンとした。そして、消費文化の高度に発展した東京で刹那的に暮らす若者たちを描き、一斉を風靡した田中康夫の小説「なんとなく、クリスタル」（一九八〇）は、そのクロスの音楽に言及している。おそらくこうした文化的文脈からフラミンゴが住宅内に描かれている。『クロワッサン』掲載後、伊東事務所には実際に何名ものクライアント候補からの連絡があったようだが、大半は感想のお便り的なもので、実施には至らなかったらしい。そんななかで、一九八二年竣工の「梅ヶ丘の家」は、研究会の挑戦的なメディア戦略が生み出した唯一の住宅作品として、特筆すべきものである。映像作家の萩原朔美がクライアントとなったこの住宅は、一般誌でキャッチーにプレゼンされたプロトタイプを下敷きとした、鉄骨造によるボックス状の単純明快な建築となっている。その軽やかで明るい空間の印象も含めて、煙突が二つ並んだような「アルミの家」（一九七一）やU字型のプランをとる「中野本町の家」といった、一九七〇年代の伊東の作品とはまったく異なる建築と言ってよい。一般的に伊東の作品譜において、一九七六年の「中野本町の家」の重さ・内向性と、一九八四年の「シルバーハット」の軽さ・開放性の対称性はよく知られたものであるだろう。一九八〇年代初頭の「梅ヶ丘の家」には、そうした作品性の転向の萌芽が見て取れる。

絶望的なほどの深い裂け目

今回実施した二度の伊東豊雄へのヒアリング調査において興味深かったのは、伊東自身の研究会に対する認識と評価である。端的に言って、それは驚くほど低かった。「覚えてないなあ、そこまで真面目に取り組んでいたわけではないんだよ、仕事がなくて時間があったからやっていただけでさ……」などなど、数年で終わったこの研究会に注目して微に入り細に入り尋ねる我々を牽制するかのように、否定的な述懐が繰り返されたのである。

先に引用した一九八〇年代初頭のマニフェストは非常に意欲的なものだったが、つまるところ現在の伊東は、研究会をある種「失敗」したプロジェクトであると認識しているようだ。そのひとつの要因には、『クロワッサン』掲載後の展開が思ったようには進まなかった点が挙げられよう。一九七〇年代から八〇年代と言えば日本の建築メディアの最盛期である。それに背を向けて、あえておしゃれな女性を読者にする一般誌に飛び出したものの、結局実作は一作しかつくられなかった。住宅消費者の側から芳しい反応を受けられなかったと、ある種の挫折の感覚があったことは想像に難くない。

伊東豊雄の建築家としてのキャリアからも、そのような「失敗」の意識の理由は考えられるかもしれない。伊東は一九七〇年代初頭におけるデビュー以来、一貫して建築と社会や建築家と施主・使用者の関係性、というよりもその関係の断絶を問うてきた建築家である。早くもデビュー作である「アルミの家」を発表した時点から、そのような認識は生々しく吐露されている。

私にとって1軒の住宅の設計は、設計者である自分と、その住宅の住み手となる設計依頼者との間の、まったく絶望的なほどの深い裂け目を辿っていく作業にほかならない。ここで本来なら辿ってという表現よりはうずめるというべきであろうが、いまのところ裂け目をうずめるような共通のことばはほとんど存在しない。★5

ここで語られているのは、建築(住宅)を設計する建築家と、その建築の施主(利用者・生活者)との間にあるいかんともし難いギャップである。そのギャップを「うずめる」ことを目指したいが、しかしそれすらも目指せないほどにギャップは深刻であり、せいぜい「辿る」のが精一杯だ。伊東の絶望は非常に深いものがある。その絶望的な感覚は、社会や産業の外側で住宅の実験に精を出さざるを得ない一九七〇年代の建築家をめぐる状況を鋭敏に捉えたからこそ生まれるものであったと考えてよい。

商品化住宅研究会の諸活動は、このデビュー当時に赤裸々に吐露した設計者と住み手の「絶望的なほどの深い裂け目」を「うずめる」ための作業にほかならなかったのだろう。だからこそ顧客のマーケティング調査をしたり、一般雑誌に提案をもちかけたりしたのだ。だが結局満足のいく成果はあげられなかった。

現在もなお伊東は建築の社会性や建築家の社会的役割を問い続けている。一九九〇年代以降、最初の大規模公共建築作品である「八代市立博物館・未来の森ミュージアム」(一九九一)を契機として、伊東はその活躍の舞台を住宅や商業施設からより公共的なプロジェクトへとシフトさせていく。しかし、市民に開かれた建築をつくり続けるなかでも、以上のような断絶の認識がその後も伊東自身のなかには燻り続けた。だからこそ、東日本大震災以後、伊東は率先して被災地を訪れ、より直接的に建築の使用者（被災者）と交流を重ね、集会場を建設する「みんなの家」の活動を展開したのである。建築家が「作品という個人的表現[★6]」を抜け出し、その社会的役割をいまいちど考え直すためのプロジェクトであるというのが、伊東による「みんなの家」の位置付けである。このような問題意識の継続は、研究会の試みが「絶望的なほどの深い裂け目」を架橋する解答には（少なくとも伊東の自意識のなかでは）なり得なかったことを逆説的に示しているだろう。

「踏み絵」を踏む

ともあれ、伊東自身の述懐に反して、少なくとも今回調査した事務所の記録資料を見る限りでは、商品化住宅研究会の活動は濃密そのものである。小規模な建築設計事務所が、収入を見込めない研究活動にかなりの時間と労力を割くには何らかの強い動機があったはずだ。やはり当時の伊東にとって、この研究会はそれなりに重要な意味をもっていたのではないか。

伊東豊雄のよく知られた論文に、一九八九年の『新建築』に発表された「消費の海に浸らずして新しい建築はない」がある。バブル経済によって世界一の消費都市となった東京で書かれたこの論文において、伊東は、建築が衣服やTVスターと同じように「消費されるファッショナブルな商品」に過ぎなくなっていること、そしてこのことを受け入れた先にしか新しい建築は生まれ得ないことを高らかに宣言している。[★7] これは同時に、消費社会の大衆を嫌う高踏的な建築家世界に対する痛烈な批判でもあった。

研究会は、そうした伊東の問題意識が表現された最初のプロジェクトであったと見なしてよい。先に引用した趣旨文は、建築家が商品化住宅という消費の海に飛び込むべきであることを先取りしたものと読める。また、より直接的には、研究会発足と同タイミングで建築メディアに発表された「商品化住宅という踏み絵」という論文が、興味深いサンプルとなるだろう。この論文は、日本で刊行されている伊東の二冊の分厚い著作集に未収録のものなのだが、ここで伊東は、現在の建築家が「オリジナリティを発揮しうる最後の砦（中略）聖域であるかに思ってきた住宅設計の領域」から足を踏み出して、「容赦ない商業主義に晒される地点」に立たねばならないことを強く主張する。[★8]

「消費の海」「容赦ない商業主義」そして「商品化住宅」。一九八〇年代初頭と末尾に書かれた三篇のテクストを貫いているのはこの三つのキーワードである。そしてこれらと対照化されるかたちで厳しく批判されるのが、こうした領域に踏み込むことなく、安寧と「住宅設計という聖域」に閉じこもっている大勢の建築家の姿勢であった。

一九八〇年代における伊東豊雄の問題意識は明らかに一貫している。建築家をめぐる「一九七〇年代的状況」——建築家が建築産業の主流からデタッチされてしまった状況——はいかに克服可能か。マージナルな実験に拘泥するのでもなく、産業システムにタダ乗りするのでもない、第三の道の検討。商品化住宅研究会とは、そのような問題意識をもつ八〇年代の伊東にとっての、最初の具体的なアクションだったと言ってよい。そして、七〇年代に生じた建築家の疎外が、明治時代から戦争と敗戦を跨いで高度経済成長に至るなかで変遷してきた日本の近代建築の帰結であるとすれば、伊東の取り組みは、そのような歴史的趨勢に抵抗する素早い批評的実践として、やはり確かな歴史的価値をもつものであろう。

註

★1　松村秀一『ひらかれる建築――「民主化」の作法』筑摩書房、二〇一六年。

★2　槇文彦「平和な時代の野武士たち」、『新建築』一九七九年一〇月号、新建築社、一九五－二〇六頁。

★3　奥山信一「フォルマリズム、内向的な「箱」の意匠と1970年代」、『新建築臨時増刊 現代建築の軌跡』一九九五年一二月号、新建築社、四〇六－四〇七頁。

★4　林昌二「歪められた建築の時代――1970年代を顧みて――」、『新建築』一九七九年一二月号、新建築社、一四五－一四八頁。

★5　伊東豊雄「設計行為とは歪められてゆく自己の思考過程を追跡する作業にほかならない」、『新建築』一九七一年一〇月号、新建築社、二二八－二二九頁。

★6　伊東豊雄『あの日からの建築』集英社、二〇一二年。

★7　伊東豊雄「消費の海に浸らずして新しい建築はない」、『新建築』一九八九年一一月号、新建築社、二〇一－二〇四頁。

★8　伊東豊雄「商品化住宅という踏み絵」、『建築文化』一九八一年五月号、二六－二七頁。

リアリティでつくる、ひらかれた建築

連勇太朗

一般の人

一九七九年一〇月。竣工したばかりの「小金井の家」で、そのクライアントの女性は、同月リリースされたＹＭＯの「テクノポリス」を聴いていただろうか。もしそうなら、「ＴＯＫＩＯ」と歌うヴォコーダーの音は、新たな感性とテクノロジーによって変容する東京の音そのものとして、今始まろうとする新たな生活と重なり合いながら、それまでにない都市的ライフスタイルが立ち上がっていくスリリングな体験として響いていたに違いない。

一九八〇年代、ポストモダニズムやデコンストラクティビズムを代表する多くの建築は、公共施設や民間企業のビルとして豪華で過剰な意匠と共に実現していった。それらの作品は、建築家の思想や理論を色濃く反映した作品として、難解な言説を伴いながら語られ、歴史的様式や伝統的集落の形態からの引用が随所に見られる極めて知的な建築操作に特徴がある。そうした潮流を踏まえると、ダイアローグで肯定的に語られた伊東豊雄の「一般の人」という言葉は、難解な建築的言語からはほど遠い、むしろ日常的な生活や感性に寄り添うものとして鮮烈な印象を残した。

一般の人。ポピュリズムによって荒廃していく社会を生きる現代の私たちにとって、その言葉はどちらかと言うとネガティブな響きをもつ。大衆性やトレンドは、SNSが影響力をもつ現代社会においては距離を置くべき対象だ。しかし、伊東にとってそれは、目の前の人々から立ち上がっていく新しい価値観を肯定する信頼の言葉だったのかもしれない。しかも、それがモダニズムの限界や七〇年代の建築家の内向化を打破するための認識の枠組みだったとしたら、私たちは今とは違う方法で、この言葉に対して真剣に向き合うべきなのではないだろうか。

TOKYO的想像力

「小金井の家」に住む女性は、私たちが考えてみたい「一般の人」であることに間違いない。彼女がその後生きていったであろう八〇年代の東京は、既に神話的に語られる特別な存在だ。それは、現実と虚構が交錯しながら、高度消費社会の到達点を体現する魅惑的な都市空間であった。百貨店、ファッションビル、カフェやホテルといった舞台が消費文化の象徴となり、人々の欲望と夢がその肌理に刻まれていくダイナミックな光景と体験を内包していた。渋谷を発信源とするセゾン文化はその象徴のひとつであり、東京は単なる物理的空間を超え、様々な欲望を受け止めながら新たな物語を生み出していく巨大な装置だった。

そうした都市の今を見つめながら、新しいライフスタイルを立ち上げていくこと。この感性こそが、当時の日本を生きるクリエイターにとって最も信頼に足る「現実」だったのではないだろうか。伊東の浮遊するような軽やかな建築は、東京を生きる一般の人々の感性に呼応した建築の姿そのものであったと言える。このTOKYO的想像力はそのまま、「せんだいメディアテーク」(二〇〇〇)にも引き継がれていく。揺らめく海藻のようなチューブを構造体としてもつこの建築は、リアルとフィクションの境が溶解していく情報化社会における新たな建築的イメージを見事に提示した。

伊東は、東京という都市が孕む無数のイメージを鋭敏に感じ取り、それらを建築へと昇華させることに成功した数少ない建築家だ。その試みは、そこに生きる人々を通して都市に触れながら、新たな空間的イメージを獲得していくというものだった。それは同時に、極端に理念的・批評的な方向へと傾きがちな建築の言説や創作を解きほぐし、より開かれた方向へと導く戦略でもあったと言える。「一般の人」という意識は、建築が自閉的な思考へ陥ることを防ぐための錘だったのかもしれない。

都市の現実を直視する

都市の現実から学び、そこから新たな建築(論)を紡ぎ出すことは、決して目新しいものではない。ロバート・ヴェンチューリとデニス・スコット・ブラウンは、『ラスベガス』(原題は「ラスベガスから学ぶこと」)において、モダニズム的には醜悪であると評価されるラスベガスという都市をコミュニケーションや記号的側面から精緻に分析し、モダニズム以来の合理性・計画性を重視する建築理論を刷新した。また、レム・コールハースは、『錯乱のニューヨーク』を通じて、マンハッタンのカオスと密度のなかに、資本主義社会におけるリアリズムに基づいた独自の建築的戦略を見出していく。こうした潮流は、理念的に都市モデルを構築しようとしたル・コルビュジエや、国内の丹下健三やメタボリストによる試みと異なり、都市の現実を「直視する」姿勢から生まれたものだ。このように、都市や建築の議論において、ヴィジョンではなく、リアリティが次第に重要な主題になっていく。

こうした系譜のなかに八〇年代の伊東と東京の関係を位置付けた場合、ひとつの決定的な違いに気付く。それはラスベガスやマンハッタンが、建築家にとってのリサーチの「対象」であったのに対して、伊東にとっての東京は、外側から分析するものではなく、自分自身がその一部であり、日々の生活と都市の変容が相互に影響し合うような関係にあったということである。「ラスベガス」がイェール大学のリサーチプログラムとして実施され、学術的・建築的に発見されたということを考えれば、そこに設計事務所があり、ひとりの生活者として毎日を生きる場であったということは、建築家と都市の関係を考えるうえで重要な違いである。

伊東の問い

一九八九年、アルド・ロッシの「ホテル イル・パラッツォ」、フィリップ・スタルクの

「アサヒビール スーパードライホール」が完成したその年の暮れ、日経平均株価は三八九一五円八七銭を記録しバブル経済はピークを迎える。それは表層における形態や記号のイメージが都市に浮遊し社会に充満し尽くしていた瞬間だった。そんななか、突如バブルが崩壊する。この経済的ダメージに加え、一九九五年には阪神・淡路大震災が起こり、日本は終戦以来の大規模な物理的破壊を経験する。磯崎新が、現実の建物が地震によって変形した風景を眺めながらデコン建築の終焉を宣言したように、この出来事は経済成長と結び付きながら記号と形態で戯れることができた時代の終わりを決定付けた。それまで建築家の活躍の舞台だった公共建築も、ハコモノ行政として批判の対象となり、同年には青島幸男新東京都知事によって世界都市博の中止が宣言される。表層を覆っていた記号やイメージは、夢の泡と共にはじけてなくなる。

後に残ったのは剥き出しの現実だった。バブル崩壊後、建築はそれまでとはまったく異なる現実と向き合っていくことを余儀なくされる。グローバル資本主義の波に乗りながら巨大なアイコン建築を次々と建設していくようなものから、貧困地域に入り込んでその土地の人々と地道に建築を立ち上げていくような社会包摂を標榜したものまで、その方法は多岐にわたる。建築は自律性や芸術性という観点から純粋に追求することが困難であるがゆえに、私たちは常に他者と向き合い、泥臭い現実のなかから建築を開きつくっていくことが求められている。

そういう意味で、伊東が問い続けている、「一般の人々にも理解され喜んでもらえる建築とは何か?」という一見素朴な問いは、今こそ私たちが真剣に向き合い、考えなければいけないことだろう。おそらく、「一般の人」という言葉は、大衆性やマジョリティといった大きな概念に回収すべきものではない。そうした回路は、閉鎖的な言説から建築を生み出すエリーティズムへと容易につながってしまうため、慎重に回避されなければならない。「一般の人」は、もっと個別的で、尊く、創造的な他者であるはずだ。

批評的であることを隠れ蓑にし、特定の価値観や文脈を共有する人のなかでのみ通じる創作から一歩外へ出て、私たち建築家は一般の人々とちゃんと出会えているか自問自答する必要がある。八〇年代の東京は雲散霧消してしまったが、あのときの伊東が、都市の現実から多様な建築的イメージを獲得していったように、私たちは私たちの時代の社会の現実を受け止め、創作の力に転換していくしかない。建築にはそうやって、現実をポジティブなものに変えていく力があるということも、伊東とのダイアローグは同時に教えてくれた。

参考文献
ロバート・ヴェンチューリほか『ラスベガス』石井和紘＋伊藤公文訳、鹿島出版会、一九七八年。
レム・コールハース『錯乱のニューヨーク』鈴木圭介訳、筑摩書房、一九九九年。

本書は下記３冊を原書として、増補・加筆修正を行った日本語版である。
Itsuko Hasegawa with Kozo Kadowaki and others – Meanwhile in Japan.
Canadian Centre for Architecture, 2021.
Hiroshi Hara with Mikio Wakabayashi and others – Meanwhile in Japan.
Canadian Centre for Architecture, 2022.
Toyo Ito with Koji Ichikawa and others – Meanwhile in Japan.
Canadian Centre for Architecture, 2023.

Meanwhile in Japan（CCA c/o Tokyo プログラム）
キュレーション　太田佳代子
リサーチ・リード＋対話者　門脇耕三　若林幹夫　市川紘司

リサーチ協力
〈長谷川逸子〉水田寛美　室岡有紀子　六反田千恵（gallery IHA）　青山道乃（長谷川逸子・建築計画工房）
〈原広司〉　住田百合耶　砂川晴彦　中園幸佑（原広司＋アトリエ・ファイ建築研究所）
〈伊東豊雄〉　谷繁玲央　星野拓美　稲垣晴夏　太田由真（伊東豊雄建築設計事務所）

ダイアローグ 〈危機〉の時代の長谷川逸子・原広司・伊東豊雄
2025年4月21日　初版第1刷

著者　長谷川逸子／原広司／伊東豊雄
門脇耕三／若林幹夫／市川紘司／連勇太朗
太田佳代子／ジョヴァンナ・ボラージ／アルベール・フェレ
編集　富井雄太郎／ケイト・イェー・チウ／太田佳代子
原書シリーズ編集　アルベール・フェレ
デザイン　佐藤亜沙美
印刷・製本　シナノ書籍印刷
発行　富井雄太郎
発行所　millegraph　Canadian Centre for Architecture
tel & fax　03-5848-9183
mail　info@millegraph.com
https://www.millegraph.com/

ISBN978-4-910032-12-2　C0052　Printed in Japan

アーカイブ資料・ダイアローグ撮影
〈伊東豊雄〉 ケース・表紙・pp.2-32: 大町晃平

DIALOGUE

門脇耕三とリサーチチームは長谷川逸子とのダイアローグに先駆け、1970年代から80 年代にわたる長谷川のアーカイブ資料をくまなく手に取って見る機会を得た。ダイアローグの戦略的構成に向けてチームの目に止まったアーカイブ資料の一部をここに紹介する。キャプションは門脇耕三。

「徳丸小児科」のスケッチ。長谷川逸子が当時用いていた正方形のスケッチブックの上で、現象的なプランのあり方が検討されている。ここで長谷川は、医師であるクライアントから「インフォームド・コンセント」（説明を受けたうえでの同意）の考え方を学び、クライアントやユーザーへの説明の重要性を意識し始める。

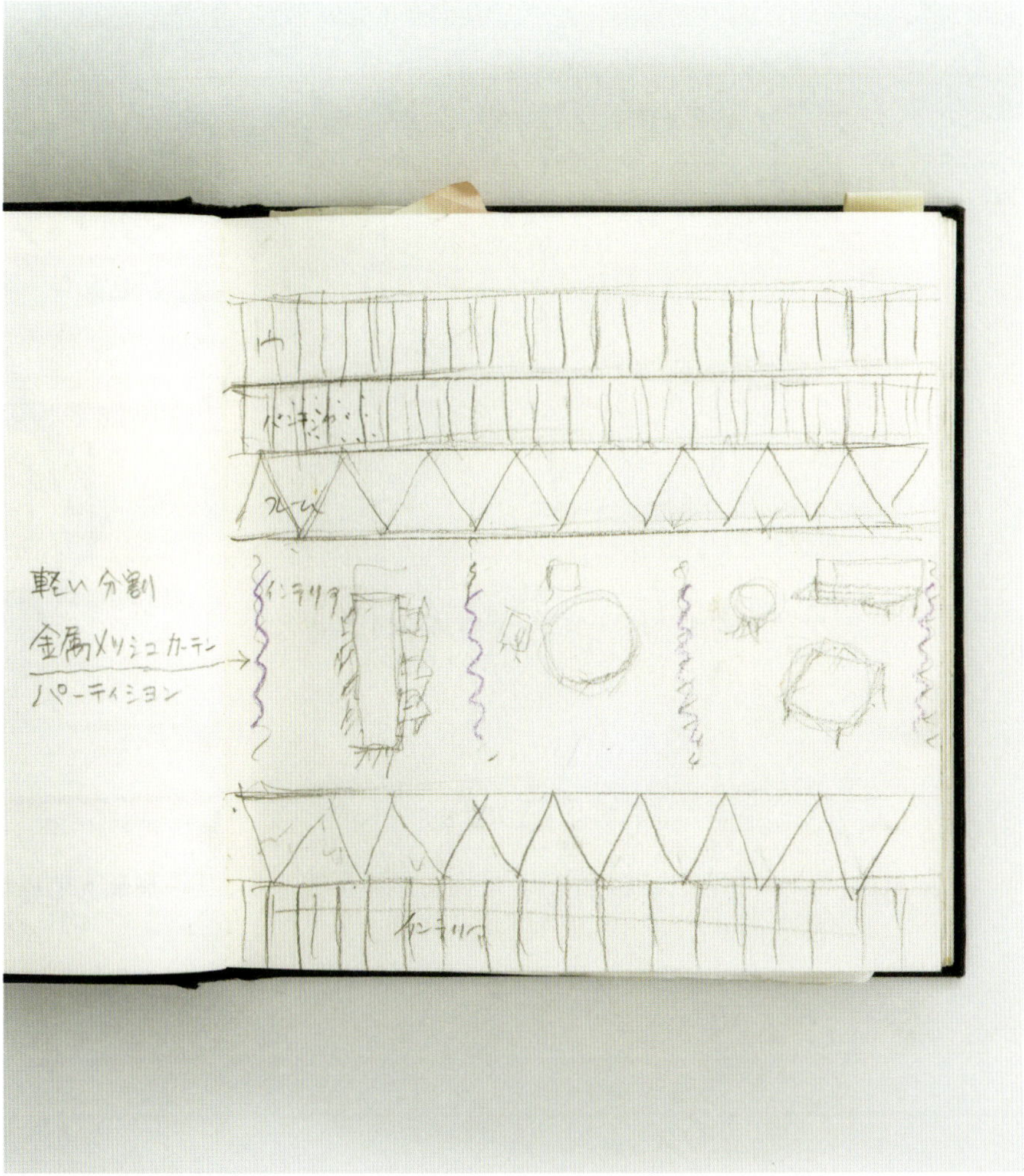

「松山　桑原の住宅」のスケッチ。「金属メッシュカーテン」「パンチング」といった言葉が見られる。このプロジェクトで長谷川は、バスの換気グリルに着想を得て、オリジナルのパンチングメタルを製作して外装に用いた。その後パンチングメタルは建築界に大いに受け入れられ、1980 年代の日本建築のアイコンとなる。

長谷川の設計事務所が「藤沢市湘南台文化センター」の設計過程で制作した各種の資料から。スケッチや設計図だけではなく、インタビュー審査用の原稿、事業計画の調査報告書、ワークショップの記録、市民向け芸術講座のテキストなど、その内容は多岐にわたる。

コンペのために制作された敷地周辺図。1960 年代に開発が始まったニュータウンである湘南台の歴史は浅く、1985 年当時は建物もまばらで、確たるコンテクストが存在しなかった。

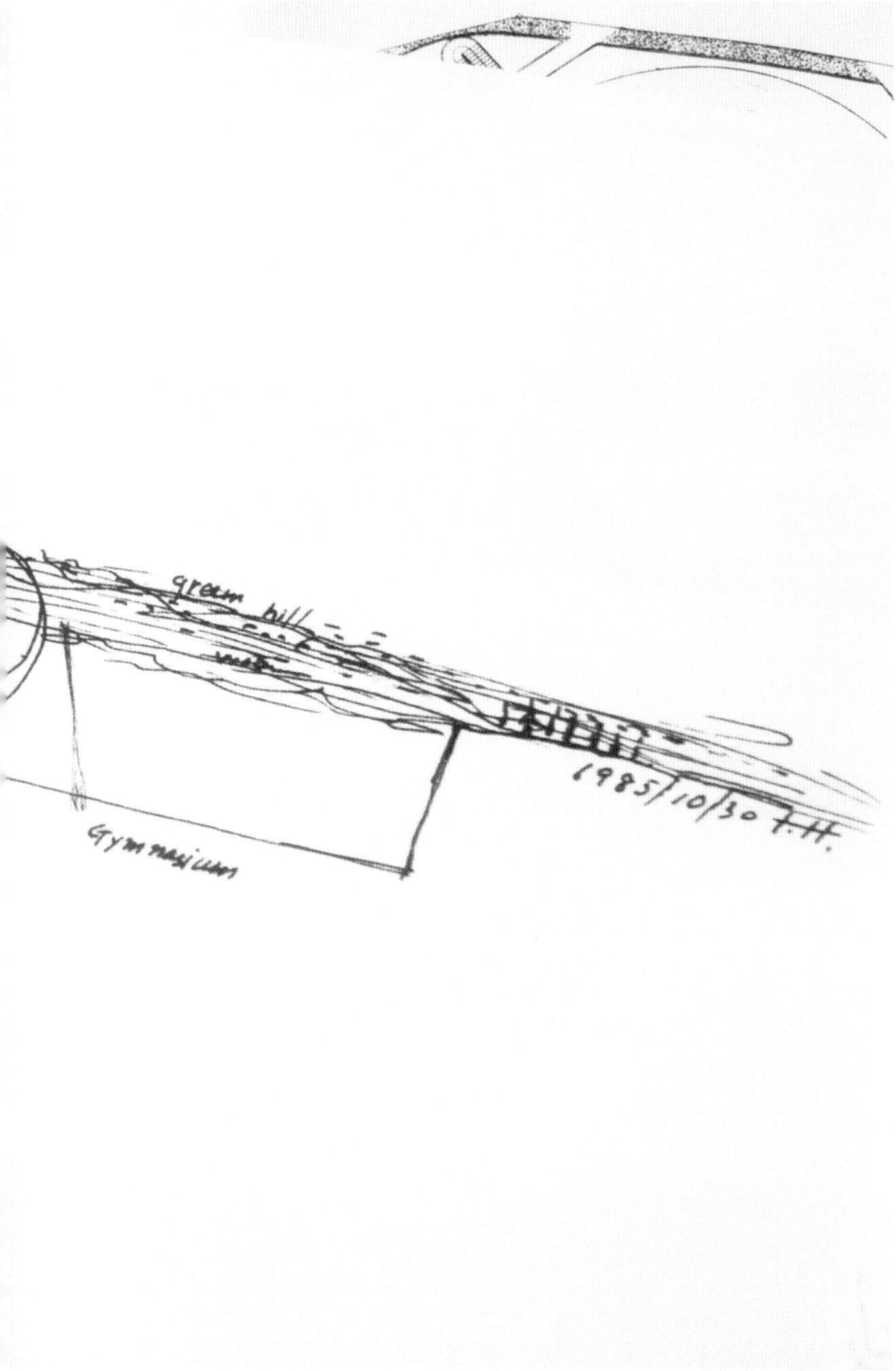
green hill
1985/10/30 T.H.
Gymnasium

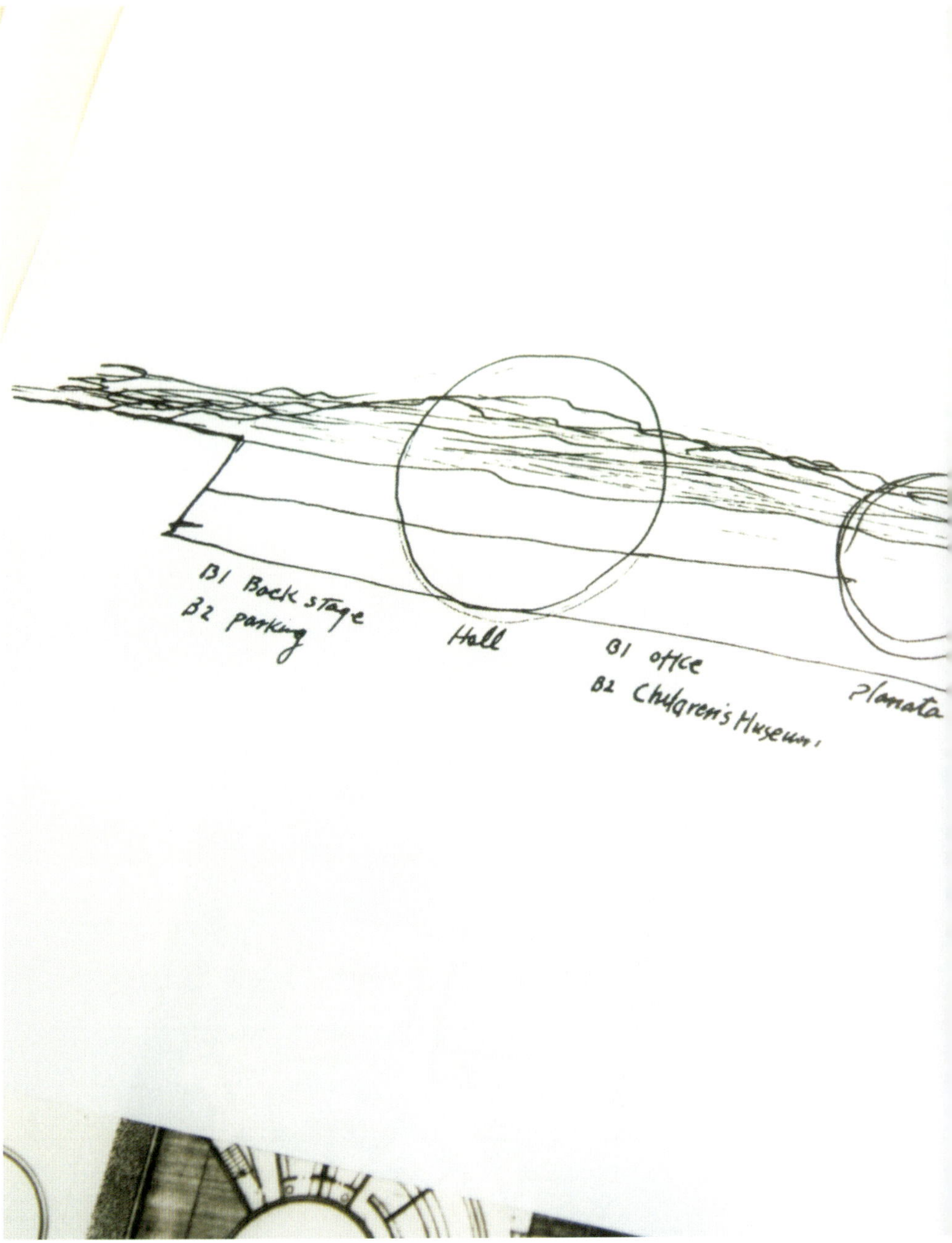

コンペ案をつくる過程で長谷川が描いたスケッチ。建物の機能の大部分を地中に埋め、地上には緑の丘が現れるというコンセプトの核心が萌芽している。
「丘」はニュータウン開発以前から湘南台に住まう住民たちの原風景でもあった。

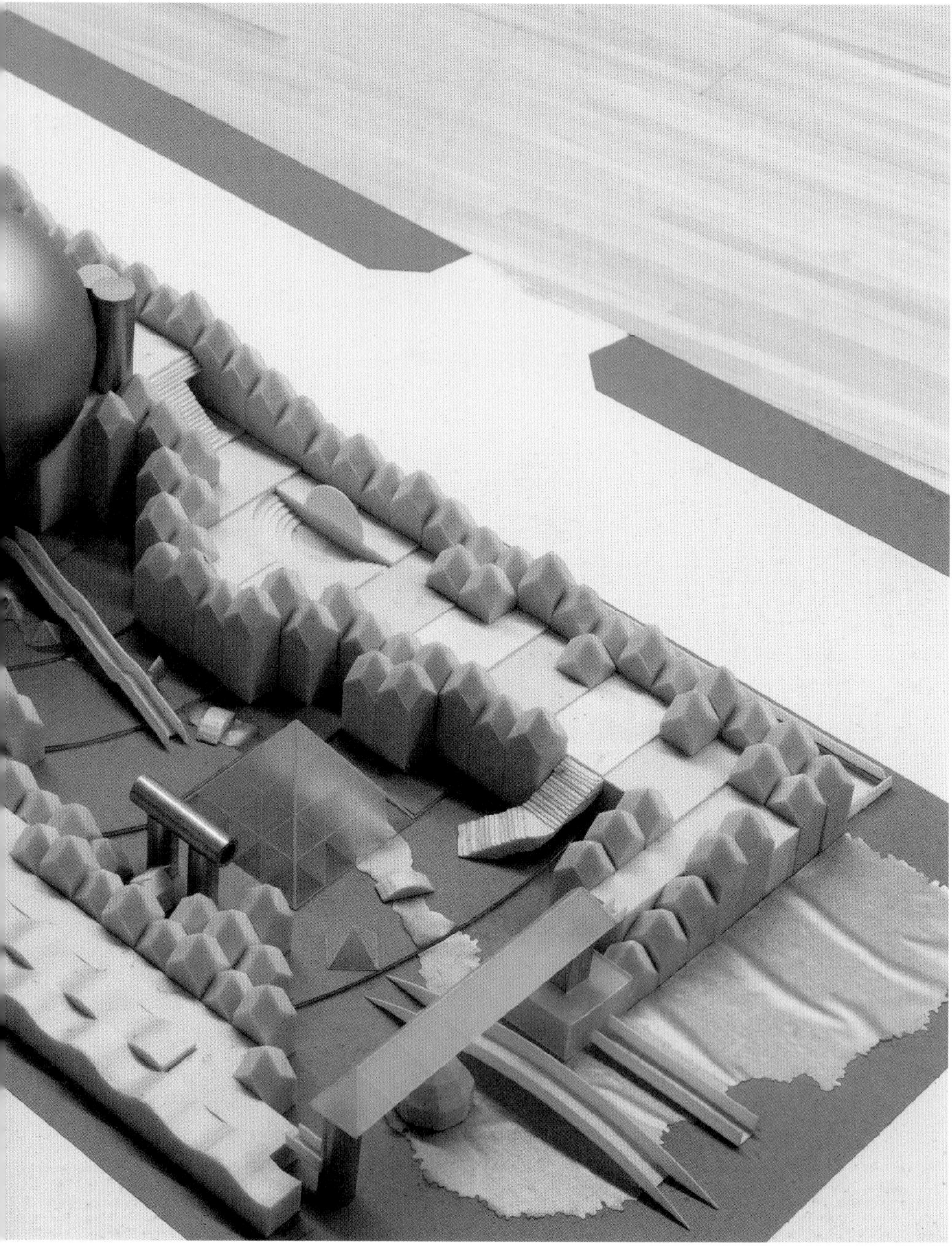

「藤沢市湘南台文化センター」の最初期の模型。宙に浮く球体、シリンダー、ピラミッド、銀色に輝く鳥居的な門型などの非・場所的な立体が、キノコのようにも家型のようにも見える土着的な造形の群れにより侵食されている。篠原一男「第4の様式」の影響も感じられるが、プロジェクトはやがて独自の方向へ舵を切ることとなる。

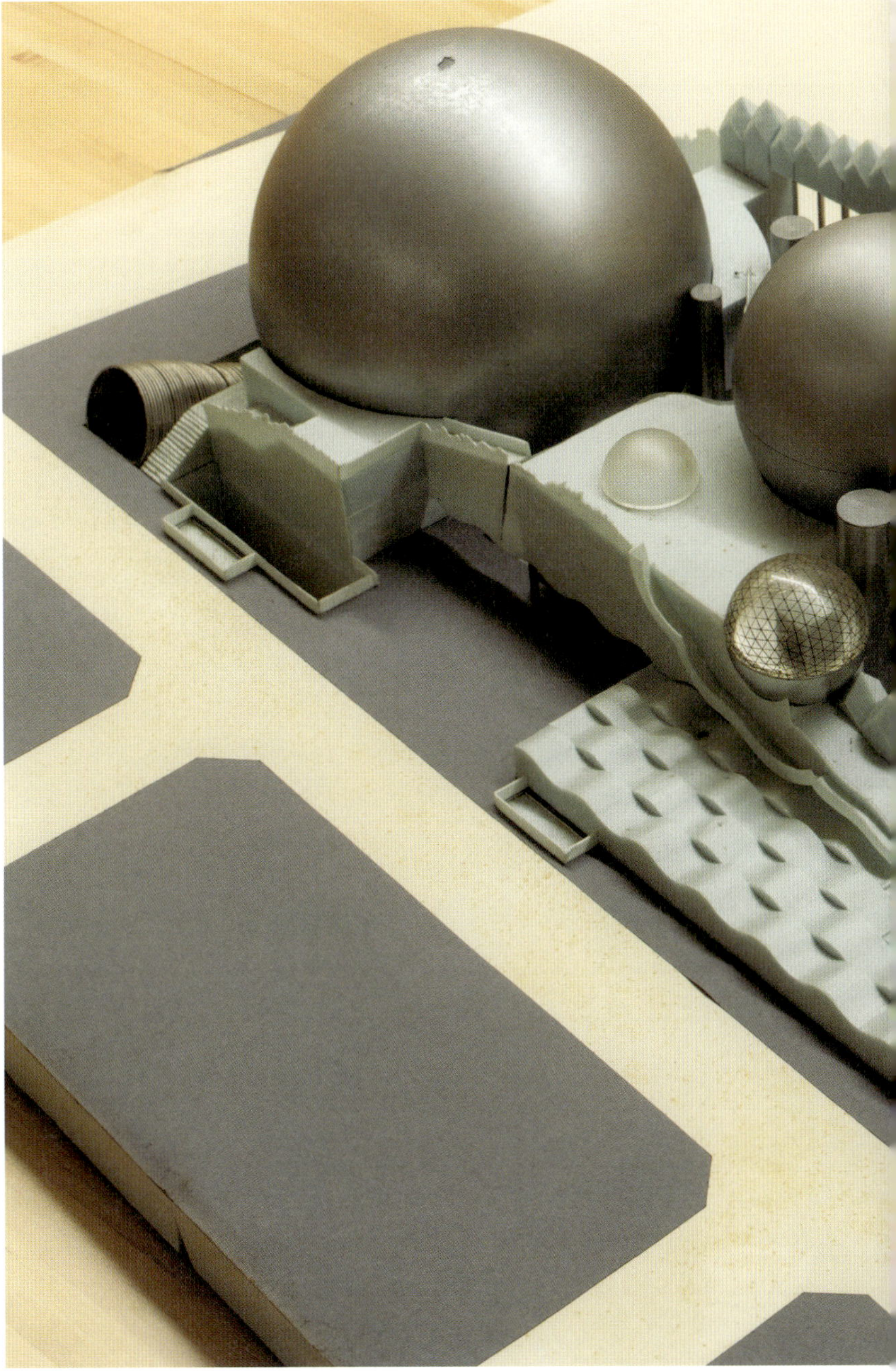

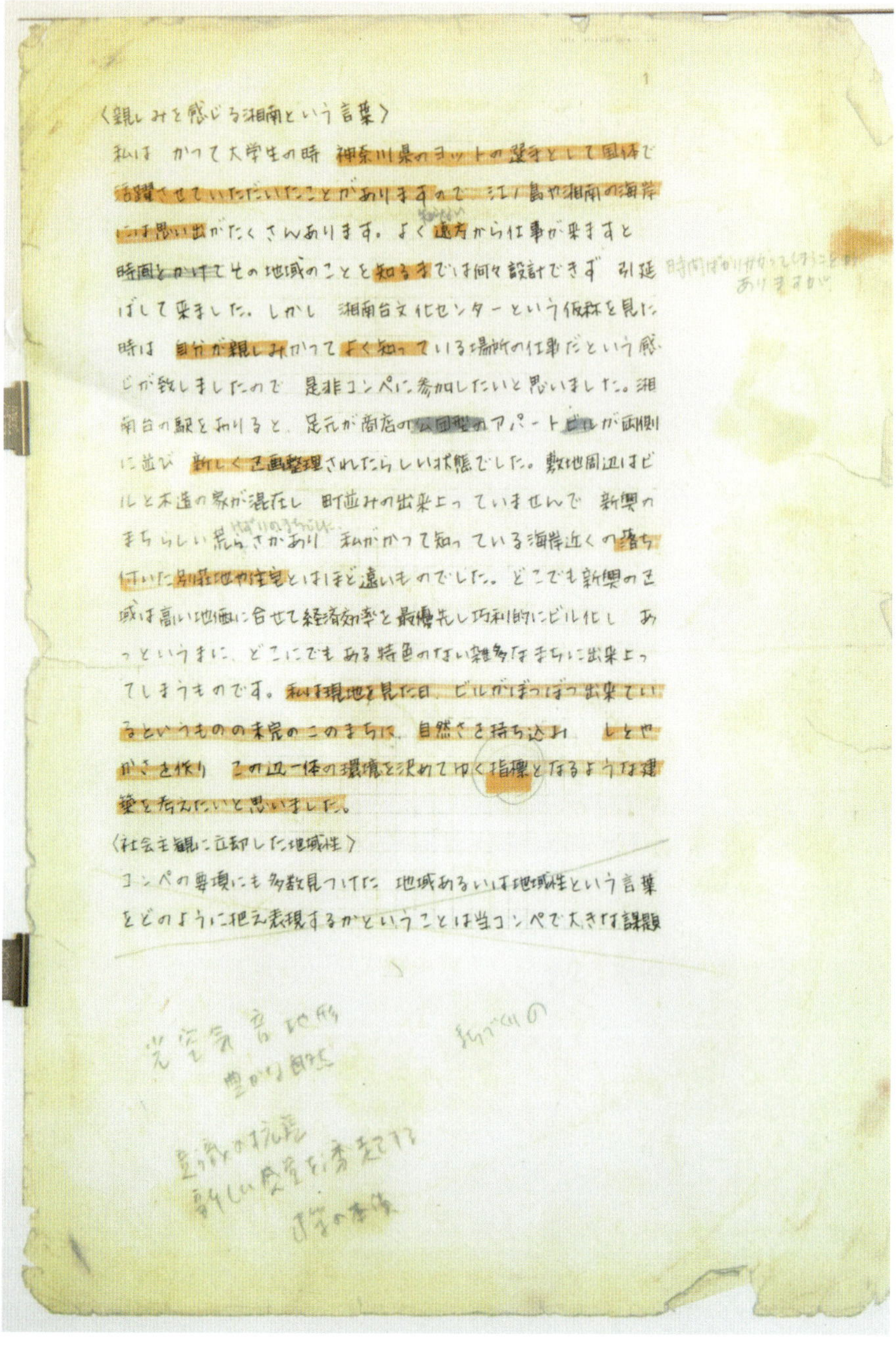

1

〈親しみを感じる湘南という言葉〉

私は かつて大学生の時 神奈川県のヨットの選手として国体で活躍させていただいたことがありますので 江ノ島や湘南の海岸には思い出がたくさんあります。よく遠方から仕事が来ますと時間をかけてその地域のことを知るまでは何々設計できず 引延ばして来ました。しかし 湘南台文化センターという施設を見た時は 自分が親しみかつてよく知っている場所の仕事だという感じが致しましたので 是非コンペに参加したいと思いました。湘南台の駅を降りると 足元が商店の公団型のアパートビルが両側に並び 新しく区画整理されたらしい状態でした。敷地周辺はビルと木造の家が混在し 町並みの出来上っていませんで 新興のまちらしい荒らさがあり 私がかつて知っている海岸近くの落ち付いた別荘地や住宅とはほど遠いものでした。どこでも新興の地域は高い地価に合せて経済効率を最優先し功利的にビル化し あっというまに どこにでもある特色のない雑多なまちに出来上ってしまうものです。私は現地を見た日 ビルがぽつぽつ出来ているというものの未完のこのまちに 自然さを持ち込み しとやかさを作り この辺一体の環境を決めてゆく指標となるような建築を造えたいと思いました。

時間ばかりかかってしまうことがありますが

〈社会主観に立脚した地域性〉

コンペの要項にも多数見つけた 地域あるいは地域性という言葉をどのように把え表現するかということは当コンペで大きな課題

光 空気 音 地形
豊かな自然

コンペの最終審査インタビューの前日に書かれた原稿。ビルと木造住宅が混在し、街並みができ上がっていない湘南台に、今後の環境の指標となる建築をつくるという決意表明が覗く。

「藤沢市湘南台文化センター」デザインコンペ案の立面図と断面図。地上には地形のようなボリュームと球体やピラミッドといった初源的な立体のみが現れている。

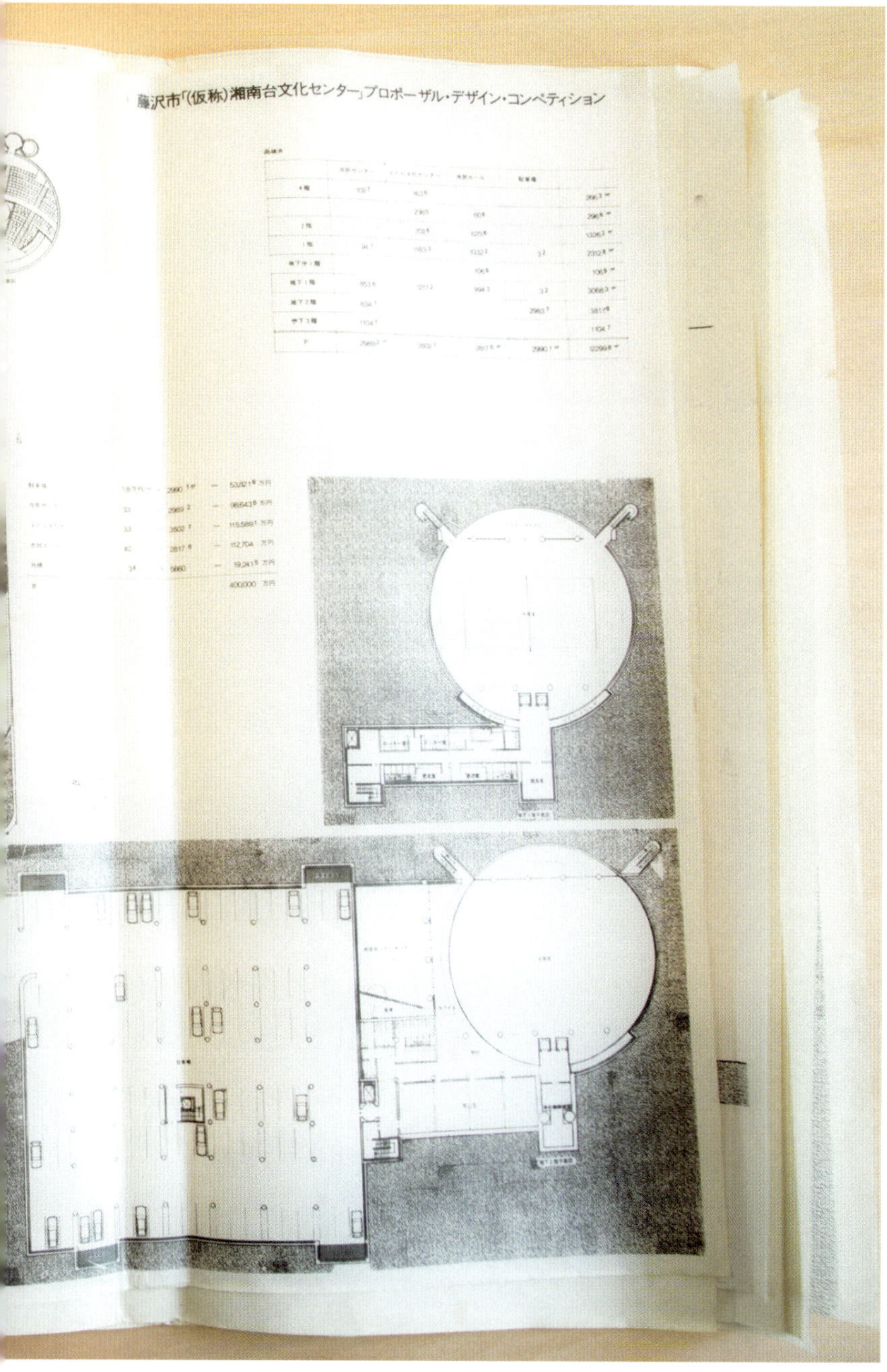
藤沢市「(仮称)湘南台文化センター」プロポーザル・デザイン・コンペティション

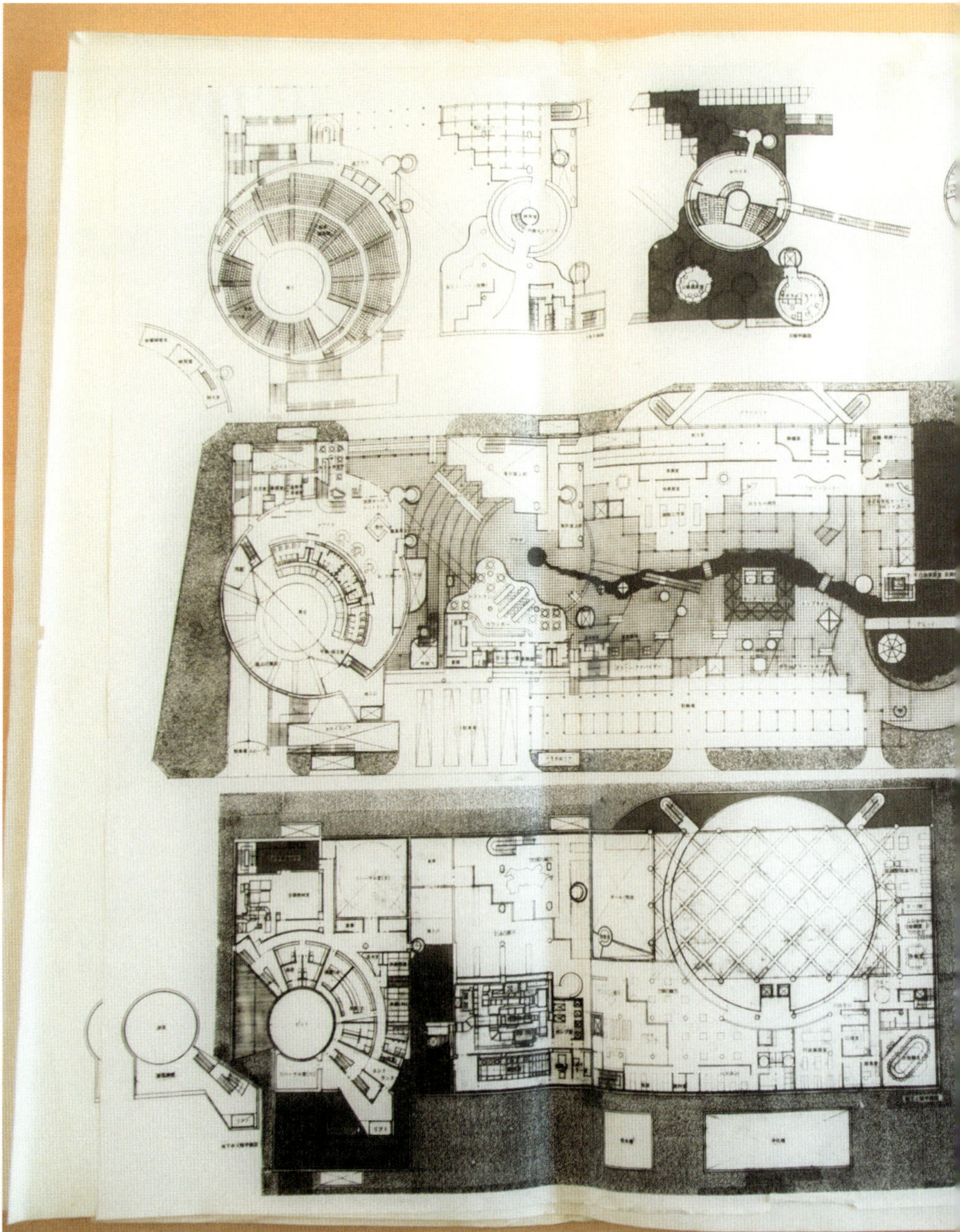

コンペ提出時の図面のコピー。地中部やせせらぎが真っ黒に塗られた迫力の図面だが、鉛筆描きでインキングはされていない。提出後に知人から「インキングしていない図面なんて通るわけがない」と言われ、長谷川は落ち込んだという。

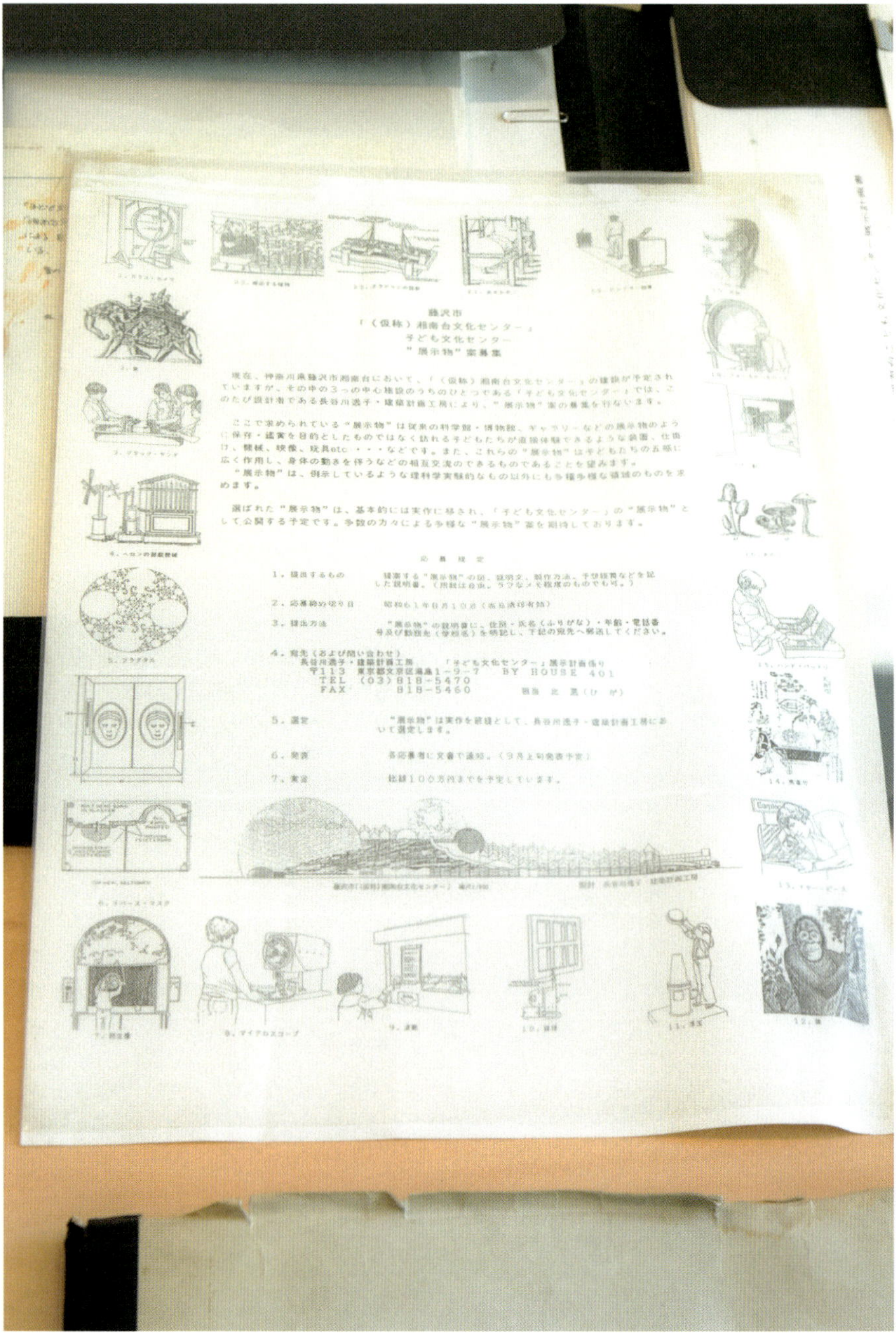
藤沢市
「（仮称）湘南台文化センター」
子ども文化センター
"展示物"案募集

現在、神奈川県藤沢市湘南台において、「（仮称）湘南台文化センター」の建設が予定されていますが、その中の３つの中心施設のうちのひとつである「子ども文化センター」では、このたび設計者である長谷川逸子・建築計画工房により、"展示物"案の募集を行ないます。

ここで求められている"展示物"は従来の科学館・博物館、ギャラリーなどの展示物のように保存・鑑賞を目的としたものではなく訪れる子どもたちが直接体験できるような装置、仕掛け、機械、映像、玩具etc・・・などです。また、これらの"展示物"は子どもたちの五感に広く作用し、身体の動きを伴うなどの相互交流のできるものであることを望みます。

"展示物"は、例示しているような理科学実験的なもの以外にも多種多様な領域のものを求めます。

選ばれた"展示物"は、基本的には実作に移され、「子ども文化センター」の"展示物"として公開する予定です。多数の方々による多様な"展示物"案を期待しております。

応募規定

1．提出するもの　提案する"展示物"の図、説明文、制作方法、予想経費などを記した説明書。（用紙は自由。ラフなメモ程度のものでも可。）

2．応募締め切り日　昭和６１年８月１０日（当日消印有効）

3．提出方法　"展示物"の説明書に、住所・氏名（ふりがな）・年齢・電話番号及び勤務先（学校名）を明記し、下記の宛先へ郵送してください。

4．宛先（および問い合わせ）
長谷川逸子・建築計画工房　「子ども文化センター」展示計画係り
〒113　東京都文京区湯島1－9－7　BY HOUSE 401
TEL　(03)818－5470
FAX　818－5460　担当　比嘉（ひが）

5．選定　"展示物"は実作を前提として、長谷川逸子・建築計画工房において選定します。

6．発表　各応募者に文書で通知。（９月上旬発表予定）

7．賞金　総額１００万円までを予定しています。

「藤沢市湘南台文化センター」の一部となる子ども文化センター（現・こども館）の展示物案を長谷川が自ら公募したときのチラシ。長谷川は、建物がつくられる過程に市民が関わる機会を生み出そうと、様々な試みを行った。

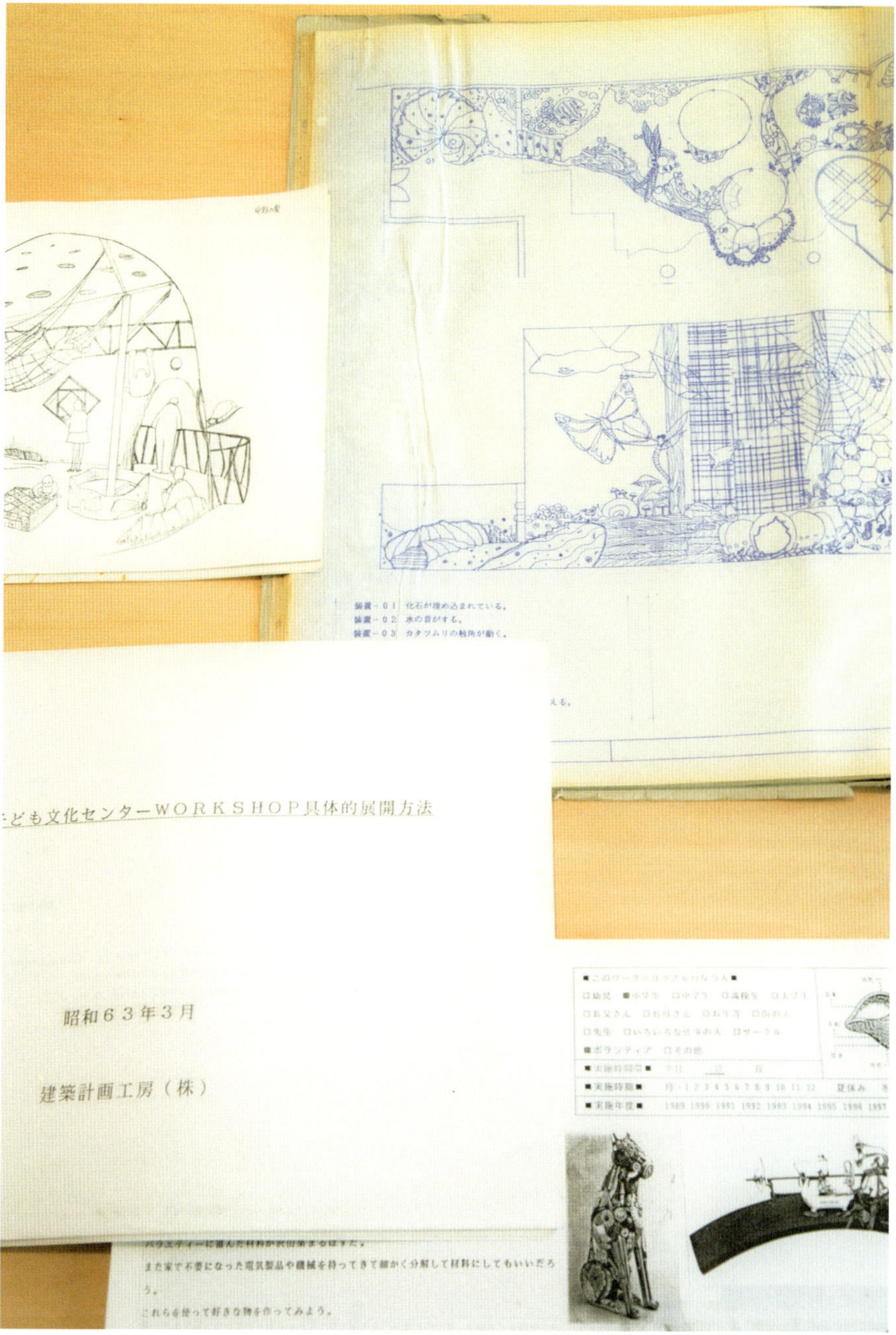

子ども文化センターの展示に関する様々な資料。活き活きと使われる施設にするべく、膨大な数の展示構成を長谷川が自ら企画し、展示設計を提案したばかりではなく、でき上がった後の運用用法や楽しみ方までもが綿密にスタディされた。

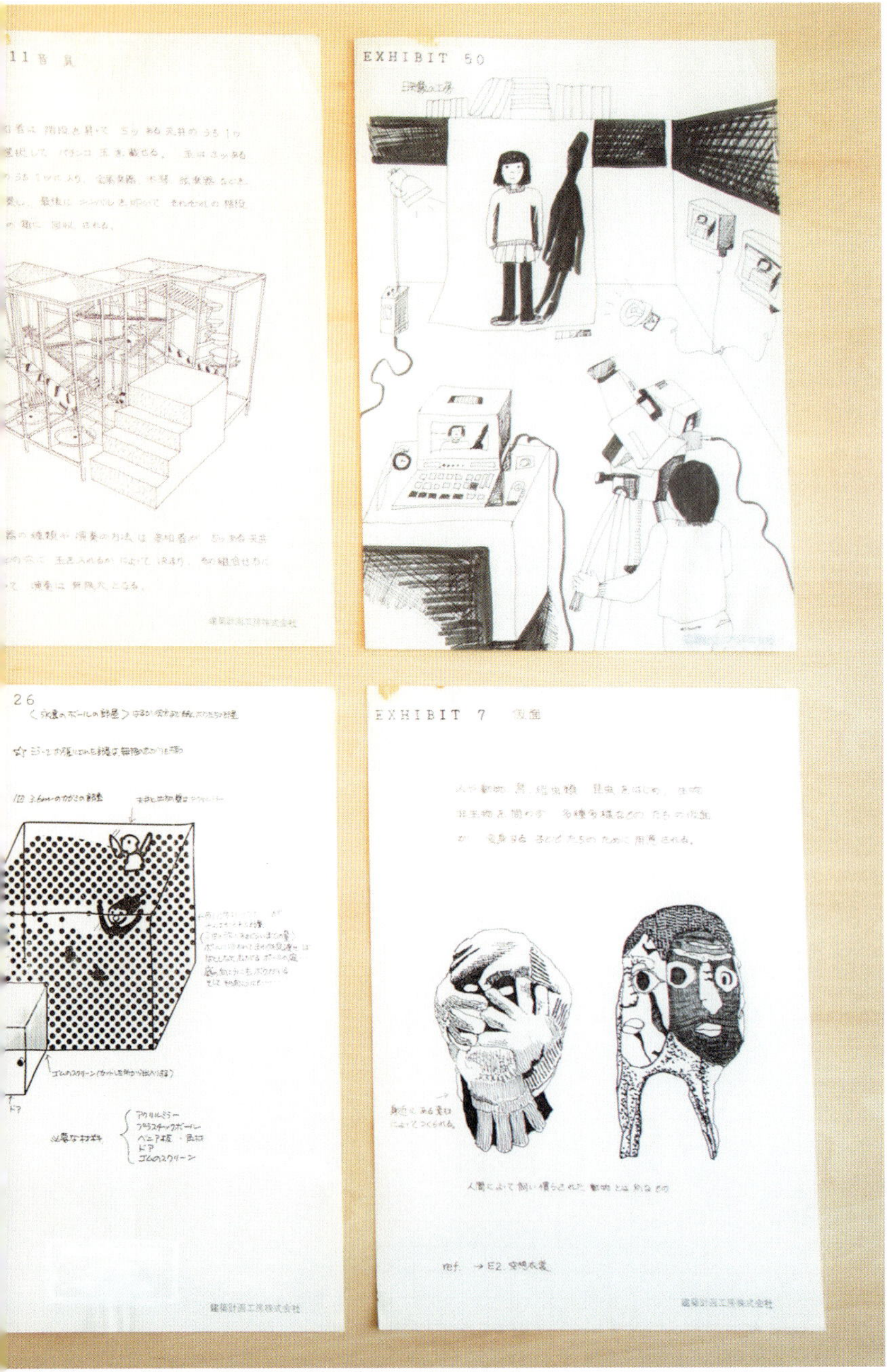

11 音具
EXHIBIT 50
26
EXHIBIT 7 仮面
ref. → E2. 空想衣裳
建築計画工房株式会社

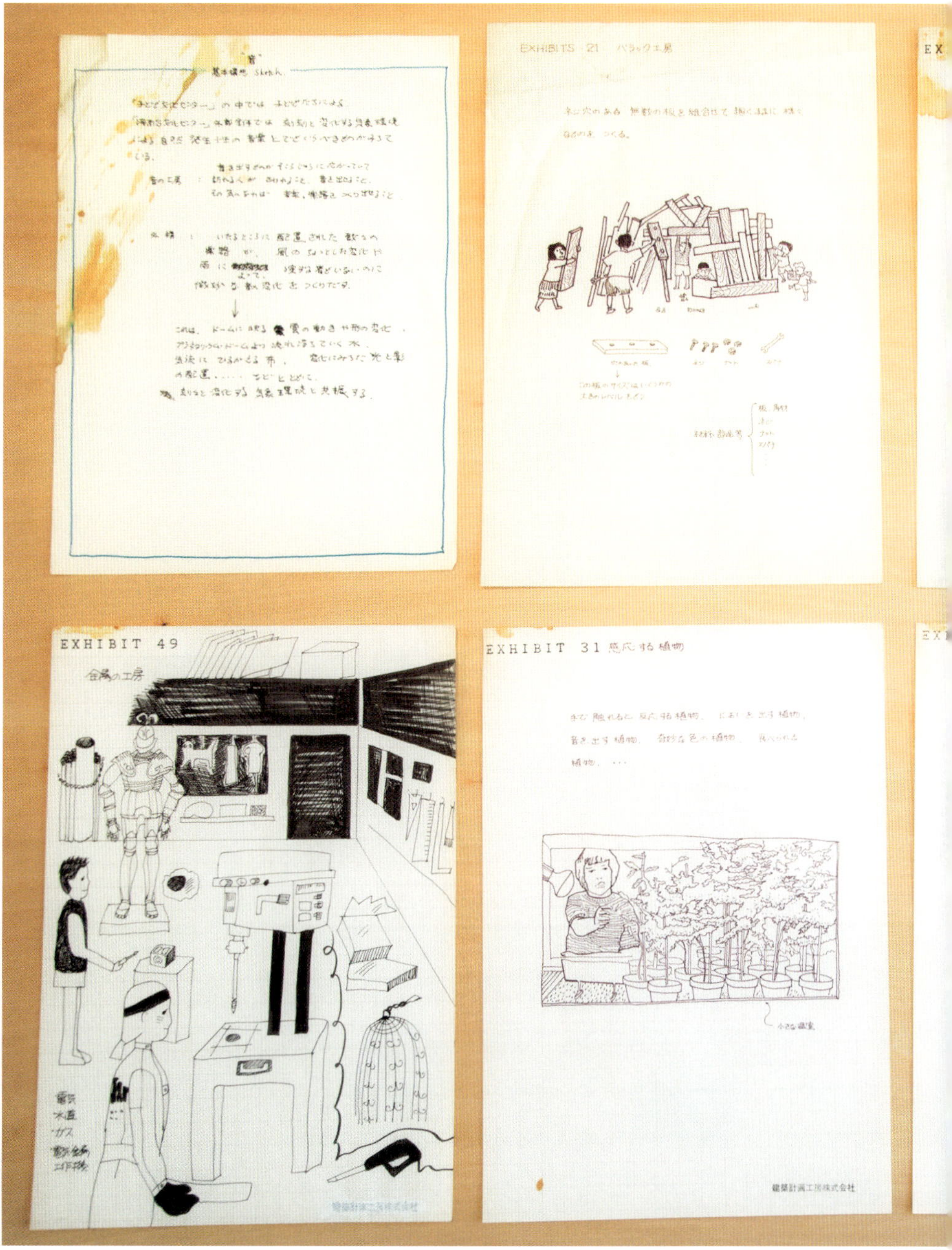

子ども文化センターの展示物と展示の企画提案書。子どもたちが喜ぶ体験型展示のあり方が模索されている。企画提案書のドローイングは当時、長谷川の事務所に入所したばかりだった比嘉武彦（建築家）が作成した。

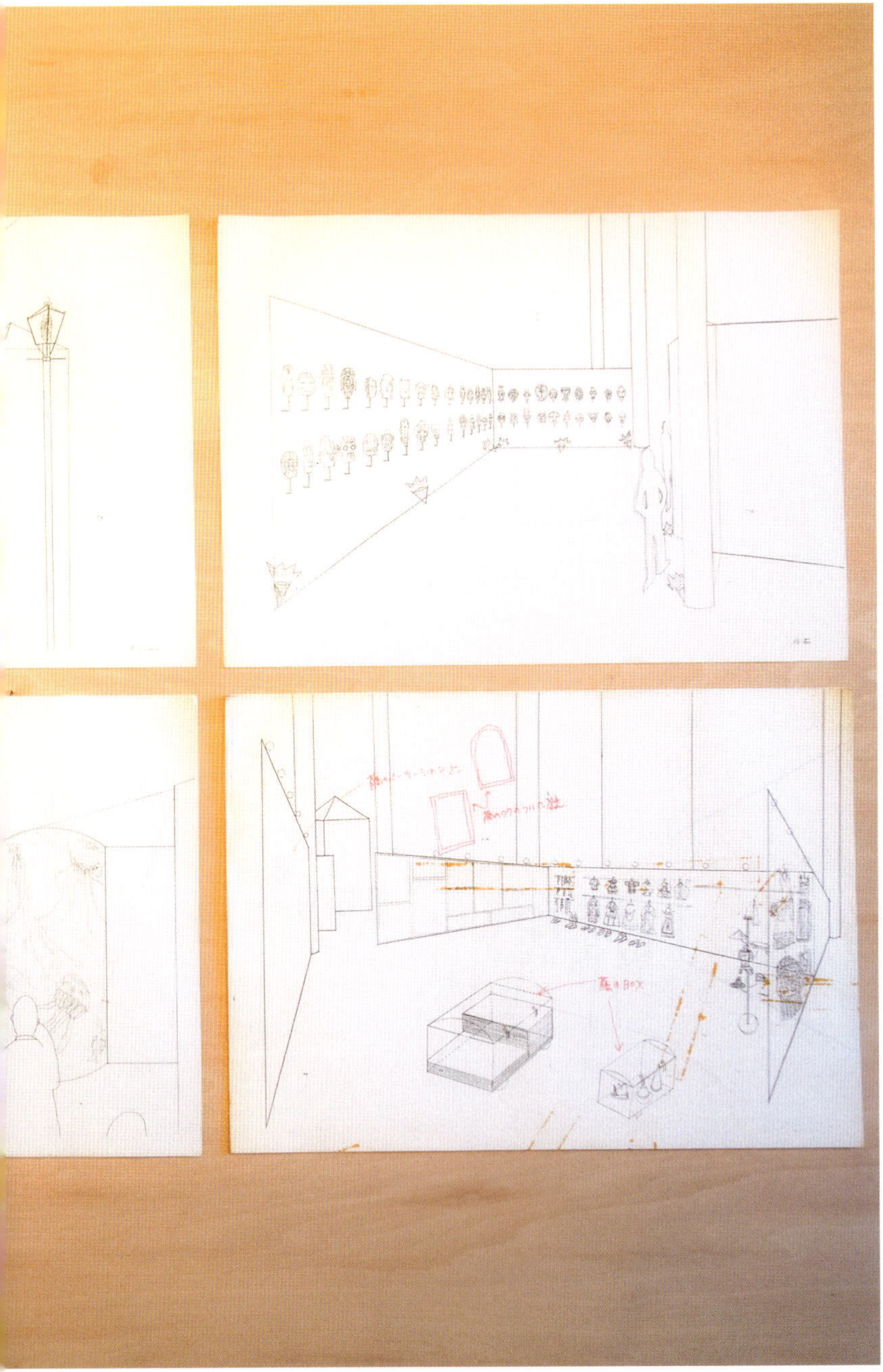

子ども文化センターの展示を検討するためのパース図。展示物や来訪者も正確に描き込まれ、どのような体験が提供できるのか、事細かに検討が行われている。

子ども文化センターのインスタレーションの設計図。展示物のひとつひとつがディテールまで詳細に検討されたため、設計図は大部となった。設計時の長谷川の事務所にはたくさんの人が出入りし、「連日お祭りのようだった」と言う。

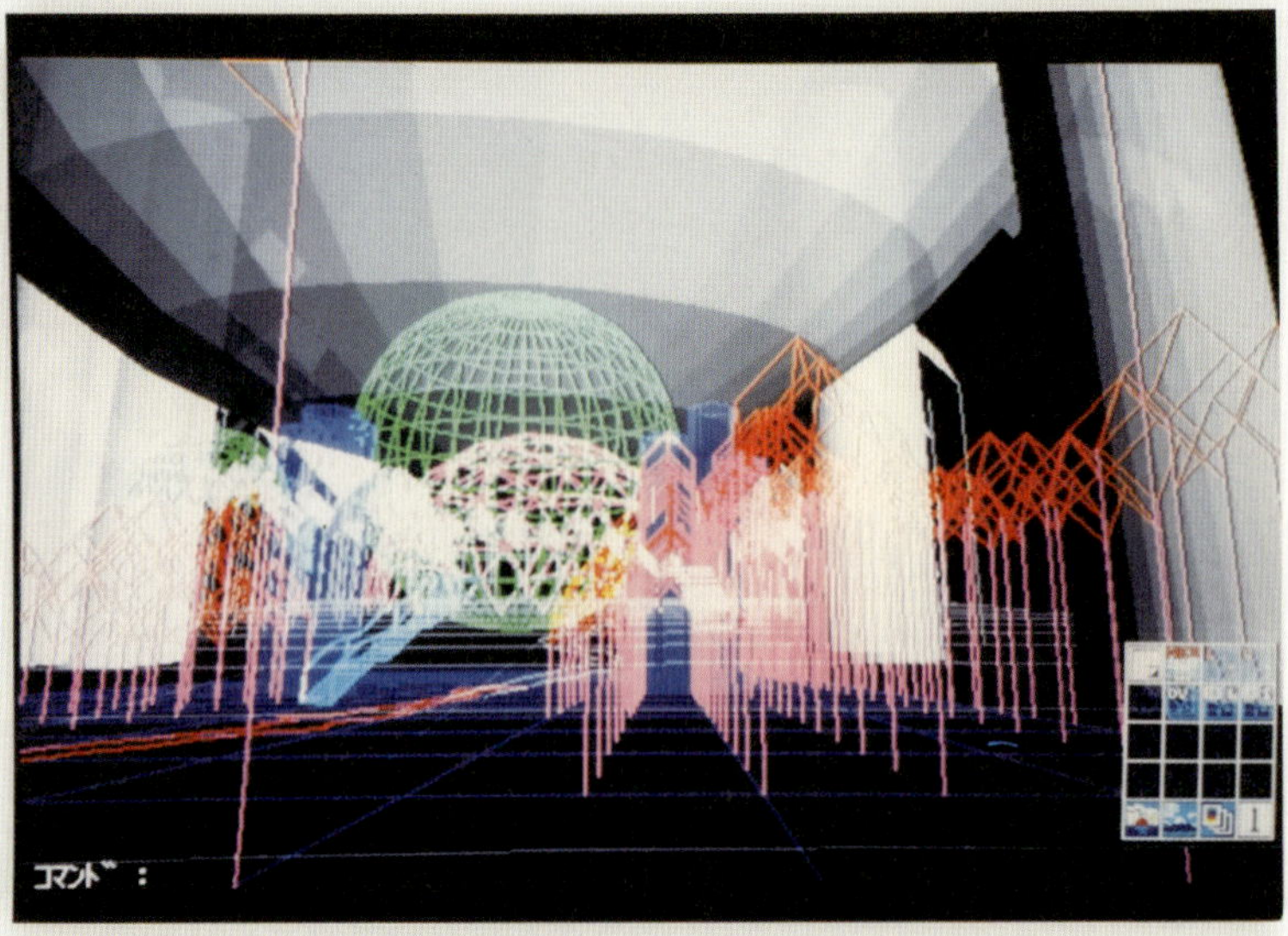

コンペ当選後に行われたCGによる検討。世界的に見ても、建築家によるコンピュータ活用の最も早い事例のひとつだろう。長谷川はこれ以前にも、コンピュータによるドローイング作成などを試みている。

施工中のスナップ。長谷川や事務所スタッフらが自ら仕上げの素材を探し、施工にも直接参加した。それでも人が足りなかったため、知人のアーティストも動員されたという。結果でき上がった建物は、小さなクリエイティビティがまちまちに大合唱しているかのような、現代建築としては異様とも言える様相を呈することになる。

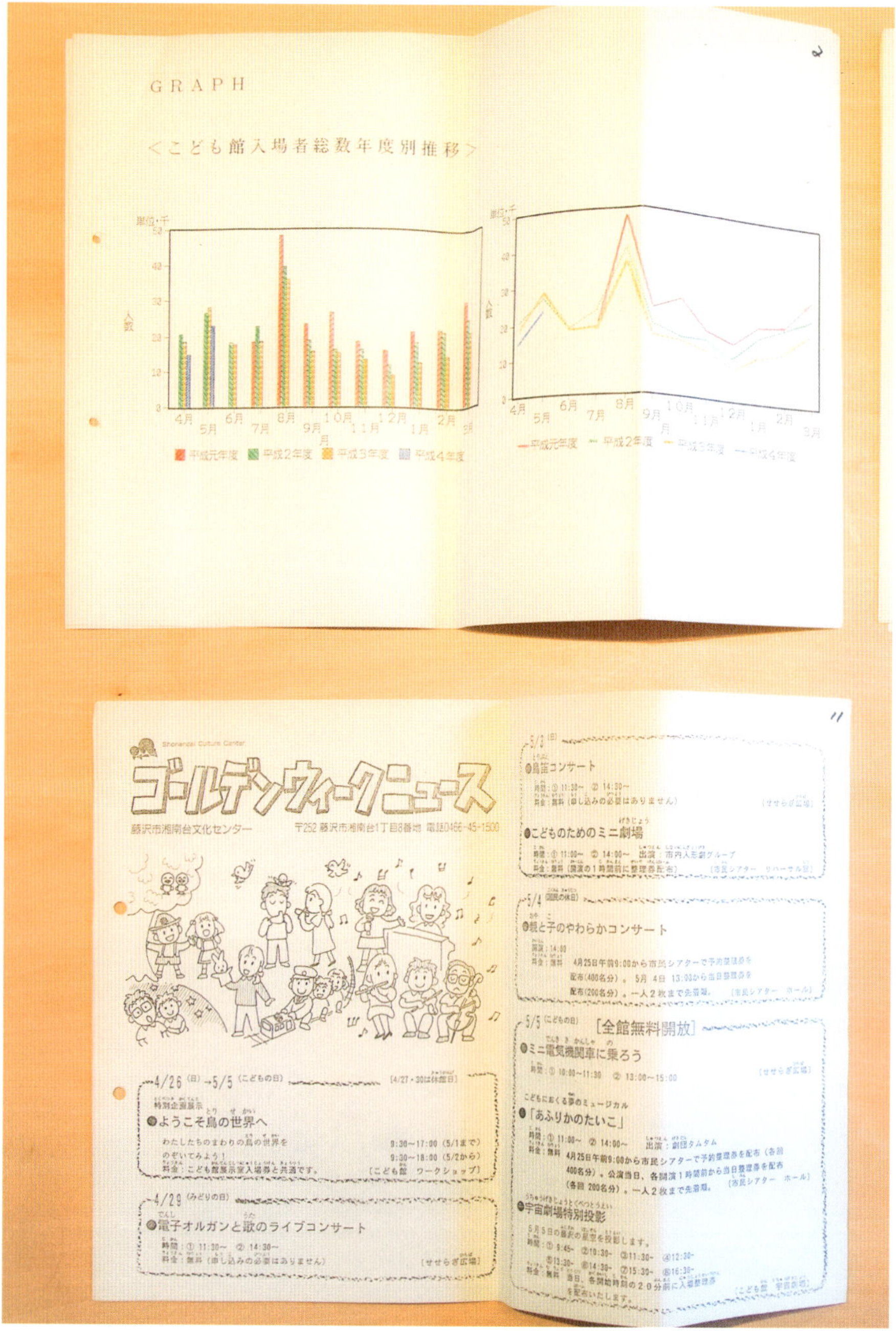

「藤沢市湘南台文化センター」の利用実態の分析資料（上）と来訪者向けのフリーペーパー（下）。こうした分析や活動を通じて展示物の追加を検討するなど、長谷川は開館後もプログラムの運営や展示に関与し続けた。

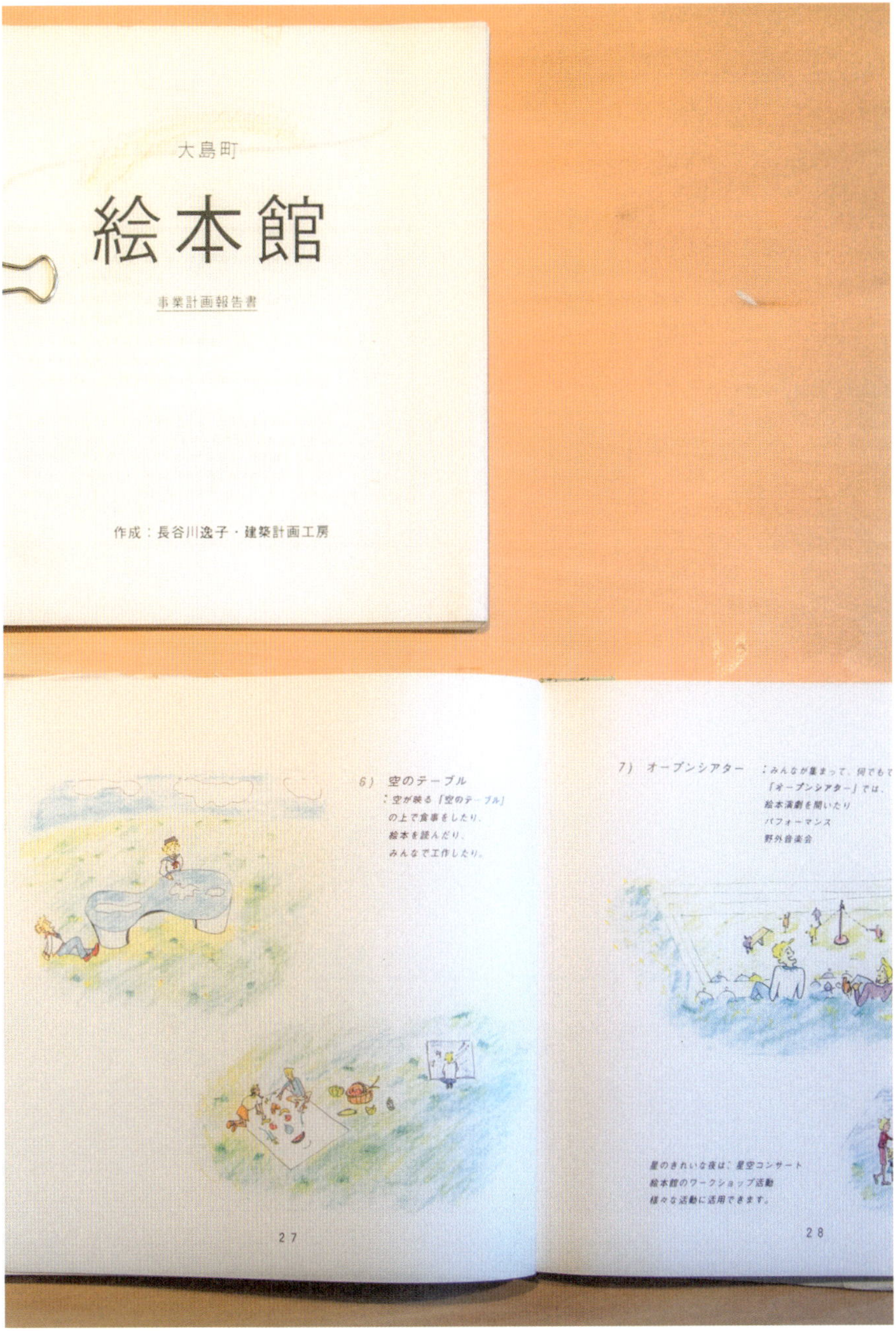

うまく使われる建物にするべく、設計の前段階で踏み込んだ分析を行うことも、当時の長谷川事務所では珍しくはなかった。写真は「大島町絵本館」の設計に先だって制作された事業計画報告書。建物の使われ方のイメージもやわらかいスケッチで描かれている。

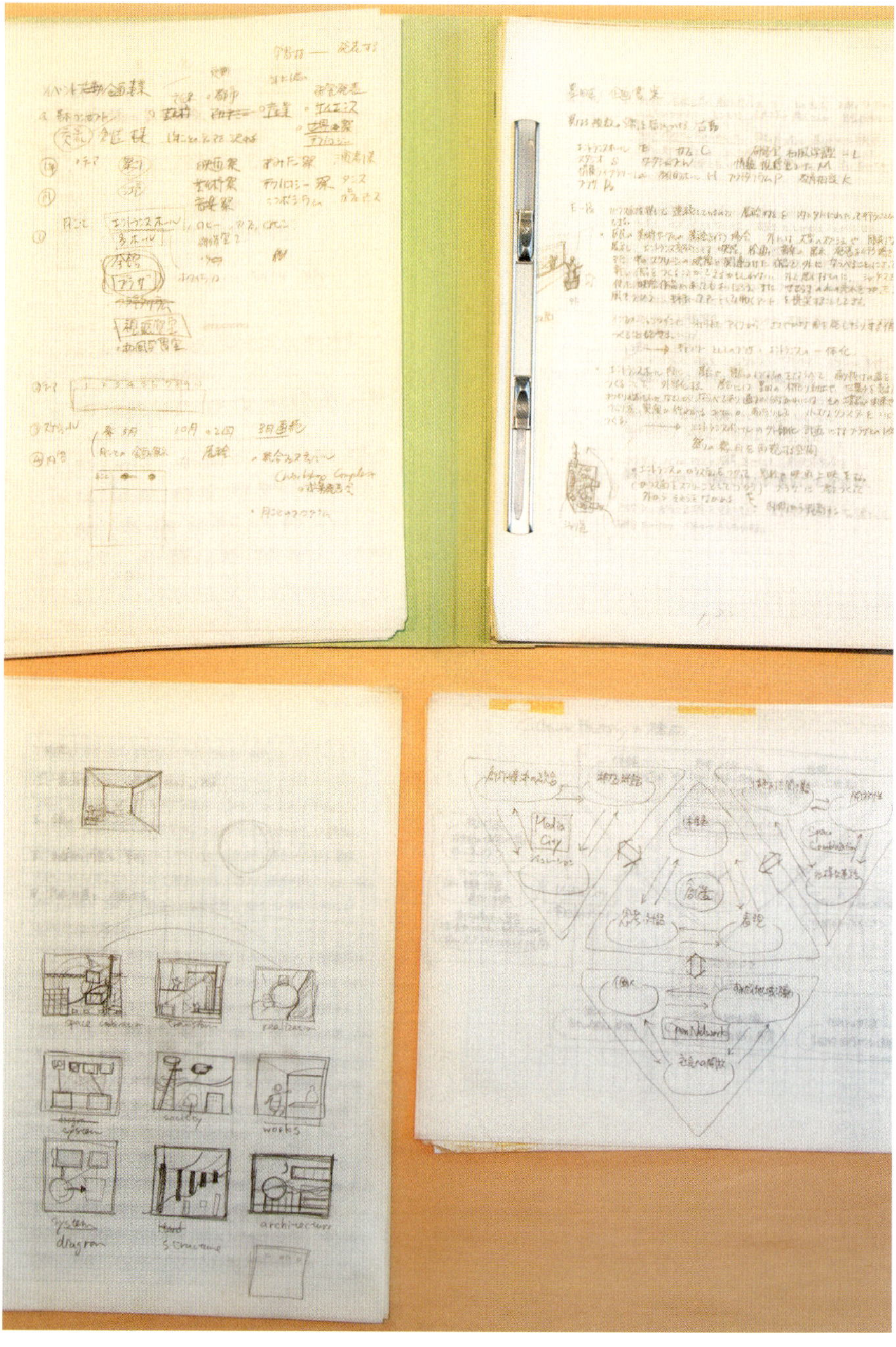

長谷川の事務所では、建物の機能や構成を検討する前に、そこで行われるイベントの企画案を具体的に練ることもあった。写真は「すみだ生涯学習センター」の企画報告書を制作するに当たって書かれたメモおよびスケッチ。施設で行われる様々な活動のあり方も詳細に検討された。

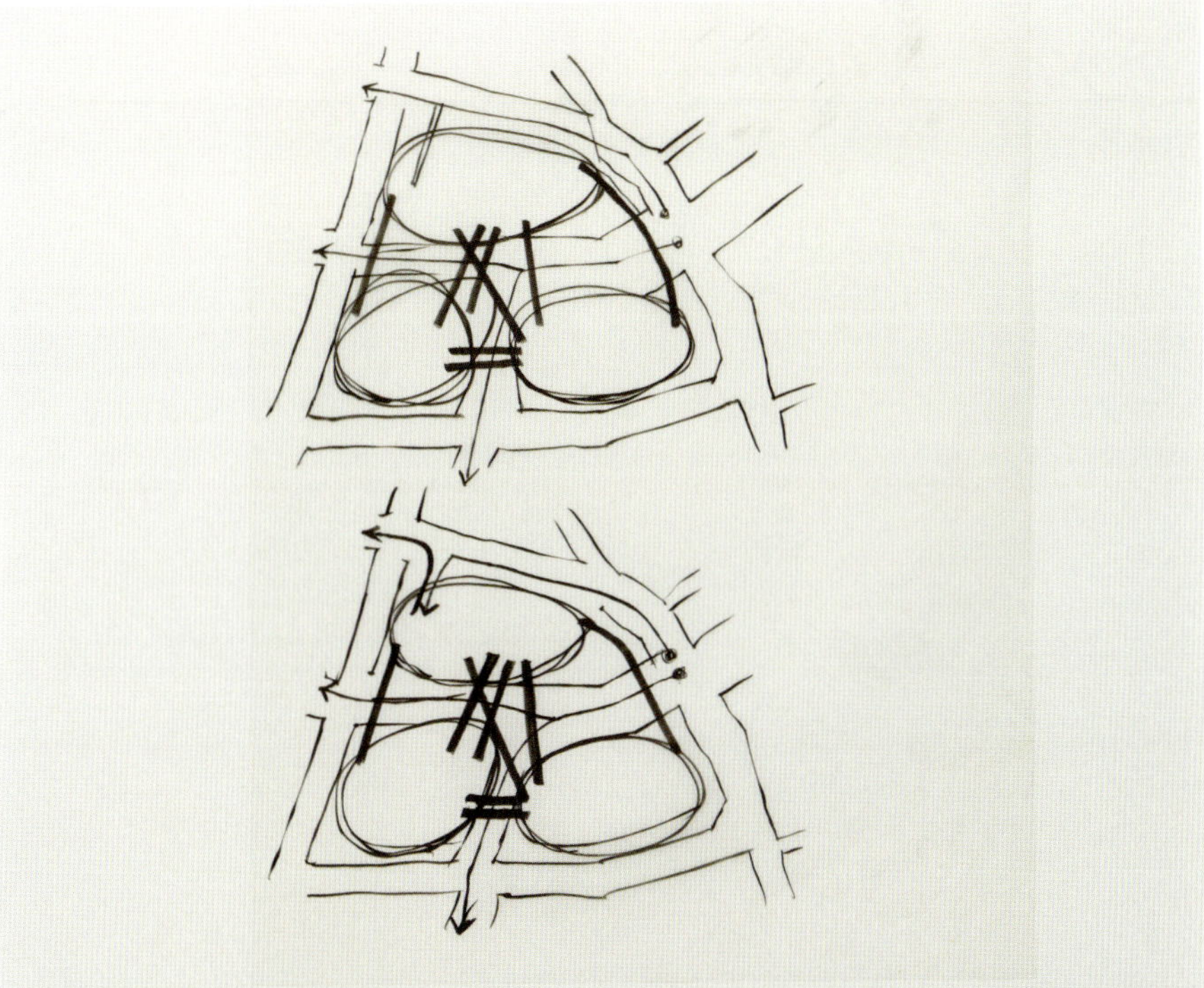

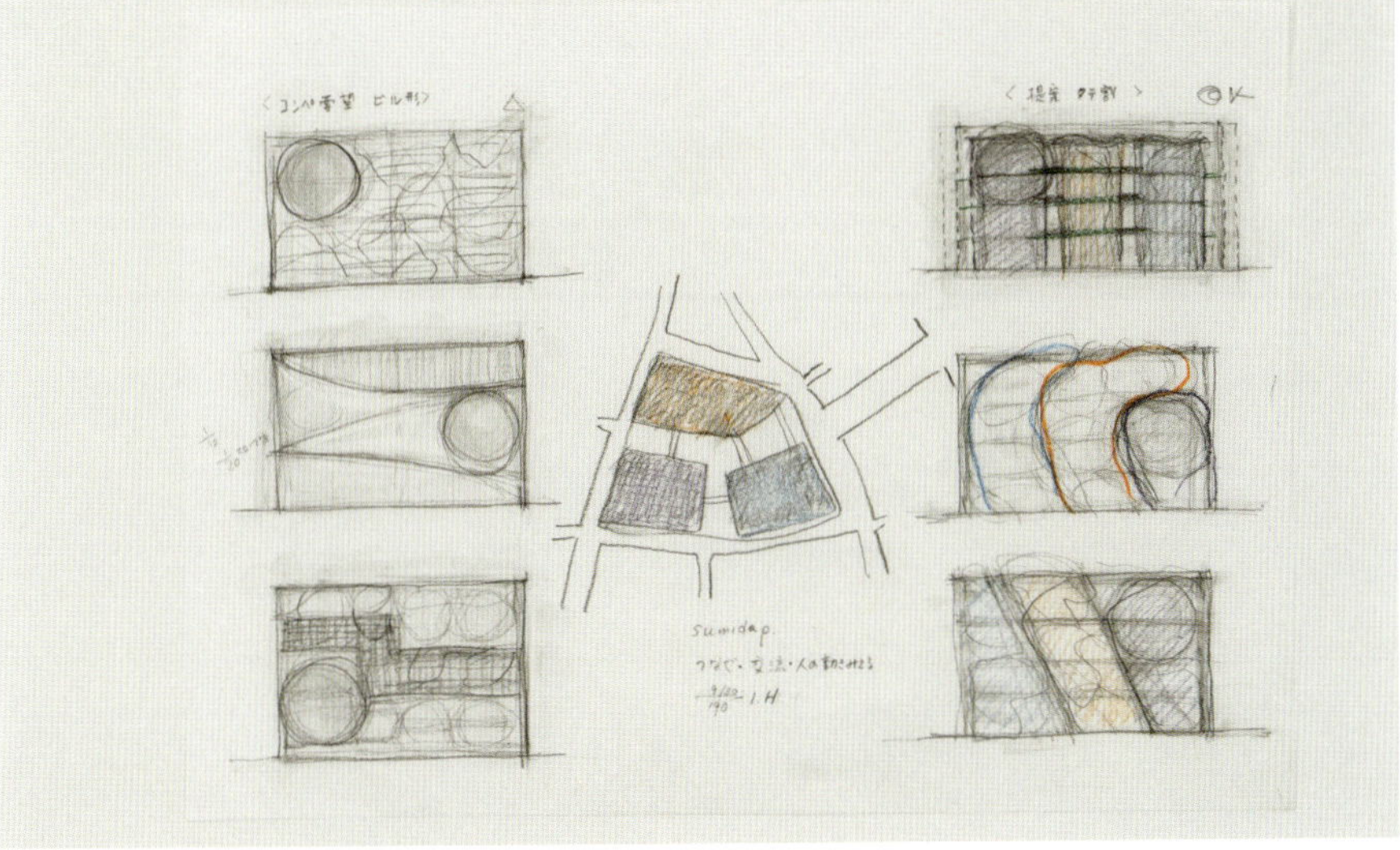

「すみだ生涯学習センター」の最初期のスケッチ。平面では、3つの機能のボリューム配置と、それらのブリッジによる連結が描かれている一方、断面では、3つの機能が立体的に絡み合い、スラブが積層するユニバーサルな構成を打ち破るような検討が行われている。

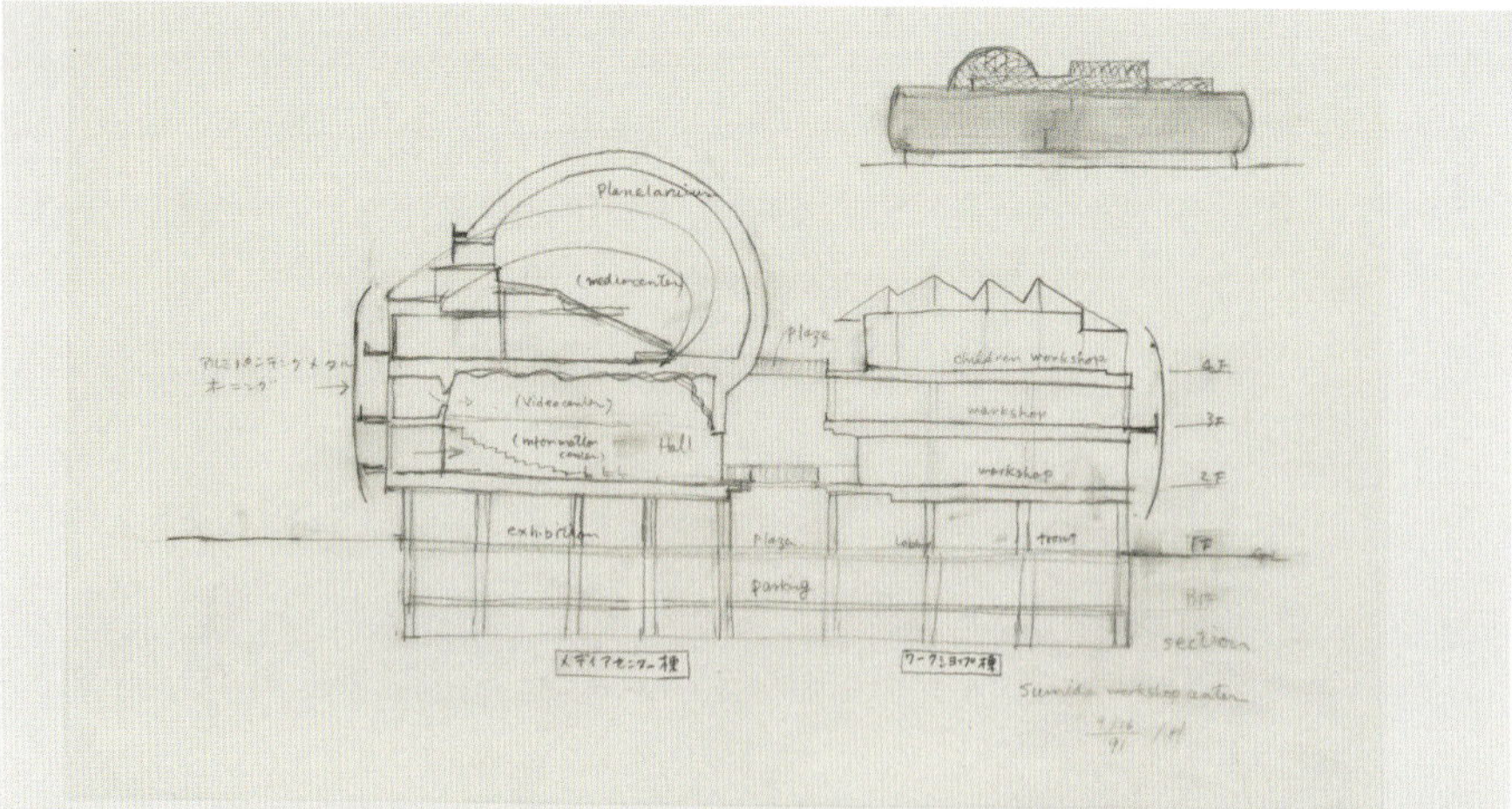

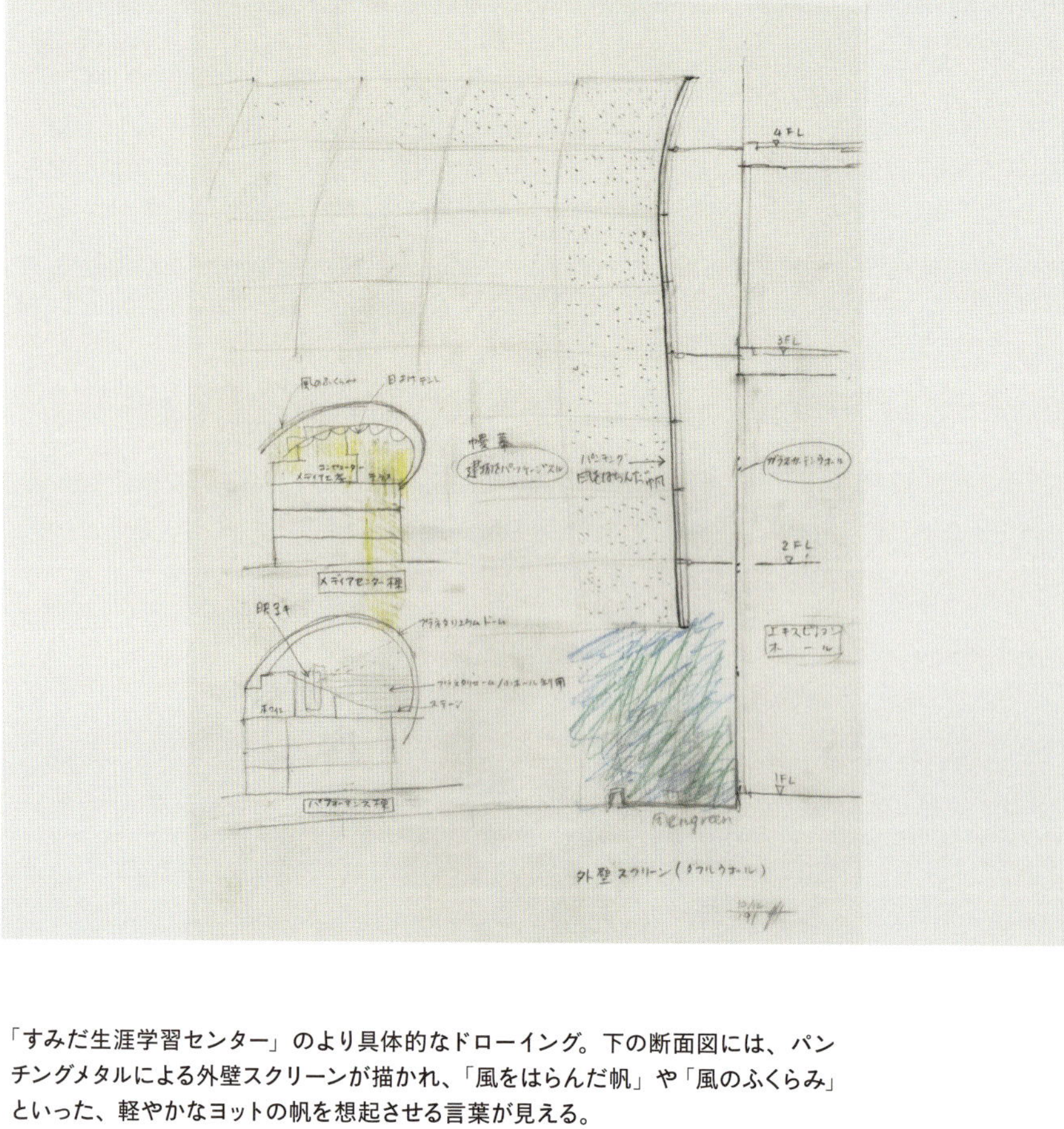

「すみだ生涯学習センター」のより具体的なドローイング。下の断面図には、パンチングメタルによる外壁スクリーンが描かれ、「風をはらんだ帆」や「風のふくらみ」といった、軽やかなヨットの帆を想起させる言葉が見える。

「山梨フルーツミュージアム」の模型写真（ポジフィルム）。鉄の細い線材を溶接し、メッシュ状の軽やかな構造をつくる構想で、そのとおりに実現している。非対称の三次元形状が地面に貫入する複雑なジオメトリーをもつため、設計にはコンピュータが用いられた。

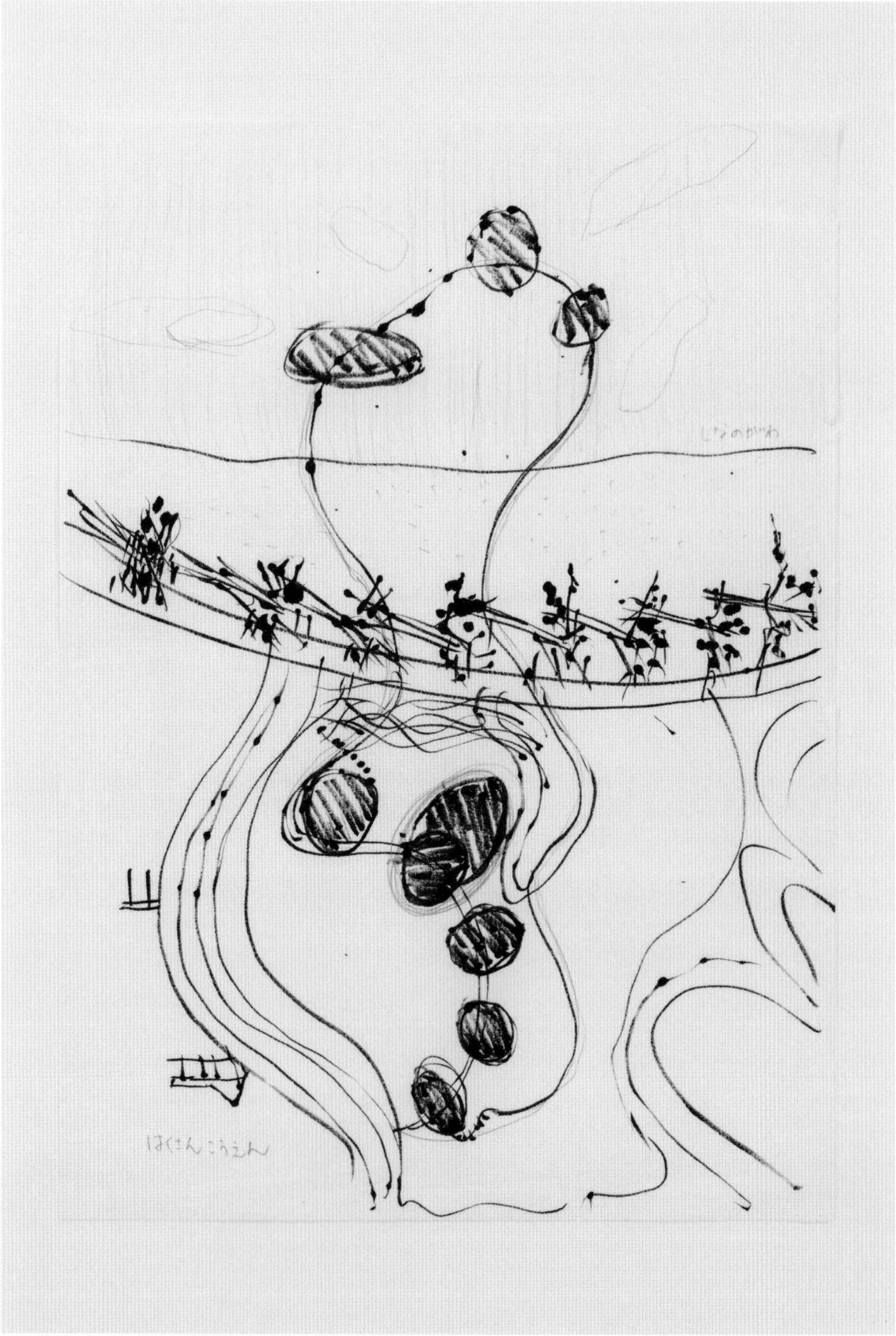

「新潟市民芸術文化会館」の最初期のドローイング。敷地の白山公園を飛び出して、信濃川に浮かぶ島のようなボリュームが描かれている。当時教えていたハーバード大学での職務のかたわら、チャールズ川を眺めながら構想を練ったという。

「新潟市民芸術文化会館」の設計過程で制作された市民向け芸術講座のテキスト。余白にびっしりと書き込まれたメモからは、市民、地元企業、行政をいかに巻き込むかに長谷川が頭を悩ませている様子が窺える。

長谷川の事務所は建築設計の範疇を超えた役割もいとわなかった。ここに並んだファイルは、文化施設のあり方を自ら画策していた、建築家の思いと慧眼を伝えている。

長谷川逸子・建築計画工房
建築作品・プロジェクト

徳丸小児科

所在地　松山市
延床面積　1,211.96㎡
階数　地下1階　地上5階　塔屋1階
構造　鉄筋コンクリート造＋鉄骨造
設計期間　1976～78年
竣工　1979年

松山　桑原の住宅

所在地　松山市
延床面積　414.5㎡
階数　地下1階　地上2階
構造　鉄骨造＋鉄筋コンクリート造
設計期間　1979～80年
竣工　1980年

藤沢市湘南台文化センター

所在地　藤沢市湘南台
延床面積　14,446.11㎡（第1＋第2工期）
階数　地下2階　地上4階
構造　鉄筋コンクリート造＋鉄骨鉄筋コンクリート造＋鉄骨造
設計期間　1986～88年
竣工　1990年

大島町絵本館

所在地　射水市鳥取
延床面積　2,405.75㎡
階数　地下1階　地上2階
構造　鉄筋コンクリート造
設計期間　1992年
竣工　1994年

すみだ生涯学習センター

所在地　墨田区東向島
延床面積　8,447.53㎡
階数　地下1階　地上5階
構造　鉄筋コンクリート造＋鉄骨鉄筋コンクリート造＋鉄骨造
設計期間　1990～92年
竣工　1994年

山梨フルーツミュージアム

所在地　山梨市江曽原
延床面積　6,459.36㎡
階数　地下1階　地上1階・3階
構造　鉄骨造＋鉄筋コンクリート造
設計期間　1992～93年
竣工　1995年

新潟市民芸術文化会館

所在地　新潟市中央区
延床面積　25,099.3㎡
階数　地上6階
構造　鉄骨鉄筋コンクリート造
設計期間　1993～95年
竣工　1998年

目次

序――表舞台を通り抜け、舞台裏に分け入る

ジョヴァンナ・ボラージ（カナダ建築センター館長）

カナダ建築センター（CCA）は、建築を「社会で考えるテーマ」として扱う文化組織である。「ミュージアム」と呼ばれることが多いが、組織自体は型に嵌められるのを拒む性分だ。特に今回のように、リサーチ・キュレーション・議論という、ミュージアム活動の典型的モデルを超えようといった場合は、なおさらである。

モントリオールにあるCCAの建物には、ギャラリースペース、図書室、講堂、書店、イベントスペース、オフィスが入っていて、約一〇〇人が働いている。膨大な量のコレクションを収める一連の保管室と修理保存ラボもある。私たちはこの場所に世界から人を招き、貴重な作品と資料、そしてアイデアを集めている。同時に、この施設を拠点として展覧会、書籍、映像、様々な形態の議論をつくり出し、世界に送り出している。

CCAはプログラムの企画においても実施においても、常に国際的組織であることを意識の根底に置いてきた。難しいのは、物理的にはモントリオールに根ざしながら、国際性をどう維持し、高めていくかである。難題だが、まず、ボーダーレスな存在としての自覚をもち、その使命を全うすることが必須だと考える。さらに、別の文化圏や場所における視点に対して開かれていることが重要だ。つまり、別の文化圏や場所の価値観や社会環境

を、こちらが学ぶ姿勢であること。私たちはミュージアムと呼ばれるものよりもっと身軽で、もっと柔軟で、もっと外部と協働する体制をもち、どこにでも自由に行けるような研究機関のあり方を全力で探り、ミュージアムを超えたいと考えている。

その実践のひとつが「CCA c/o」すなわち「〜発のCCA」である。このプログラムは世界からひとつの都市を選び、一年から数年をかけてその都市の建築家、キュレーター、文化・研究組織と複数の協働プロジェクトを行うというものだ。モントリオールにいたのでは到底できない手段を手にし、その地にとって重要な問いを一緒に追究する。その成果がCCAというレンズを通ってグローバルな問いとなり、広がっていく。そしてCCAも学びを得るのである。

プログラムの拠点となる都市の選択に、決まりはない。同じことは繰り返さないのが私たちだ。東京を選んだ理由は、日本には建築を議論する土壌があり、そこに参加することで多くを学べるのではないか。そうした土壌でこそ、私たち独自の「問う」姿勢が、何か想像もしない、生産的な化学反応を起こすのではないかと想定したからだった。日本には建築と出版の強靭な文化があり、それが常に様々なかたちで世界を牽引しているように思う。その文化においては、秀でた人物や作品がきら星の如く語られ、彼らの革新が日本建築の歴史的ナラティブに不可欠なものと考えられている。

私たちはこのナラティブのなかに、作家主義ではない、テーマそのものを軸とする私たちなりのアプローチをもち込みたいと考えた。例えば、様々なアーカイブの収集、保存、アーカイブ間の関連性を掘り下げる、あるいは、見逃されてきた作品の設計プロセスや背景に光を当てることで、そのナラティブにどんな新しい糸を織り込めるだろうかと想像した。

「CCA c/o Tokyo」をリードした太田佳代子はこうした指向に共振し、プログラムの焦点を都市から地方へ、女性建築家へと移し、新しい建築思考の生成の試みとして、実験的なリサーチと議論のプロジェクトを組み立てた。この三番目の試みが「Meanwhile in Japan」である。門脇耕三、若林幹夫、市川紘司、連勇太朗という建築家や学者たちが、建築家の長谷川逸子、原広司、伊東豊雄にそれぞれ対峙し、三人が建築の世界に入ってまもない頃に発揮したラディカリズムを、現在の若い建築家たちを取り巻く状況に重ね合わせる、という構成だ。モダニズムが引き起こす建築のジレンマを乗り越え、近代化と切り離せない社会制度と消費社会の圧力に抗い、日本にふさわしいポストモダニズムのあり方を切り開こうとした建築家たちの挑戦に改めて着目し、議論しようというものだ。

総じて「CCA c/o Tokyo」が意図したのは、一般的に描かれてきた日本建築の表舞台の物語から視点を外し、これまで表に出なかった作品、設計のプロセス、アイデア、その作品を取り巻いていた状況といったものへと目を向けることによって、日本建築というナラティブに潜んでいた複雑な実体をあらわにすることだった。舞台裏に分け入っての今回の探索により、表舞台の奥行きやパースペクティブが広がり、世界で共有されてきた歴史的ナラティブに対する新しい洞察や介入の可能性が広がったと、私たちは考えている。

翻訳＝太田佳代子

二〇一九年三月二三日、長谷川逸子氏が「建築とアートの道場」として開設し、活発な議論の場となっているgallery IHAに、門脇耕三ほかCCAプロジェクトのメンバーに加え、長谷川氏と長年交流のある人々など総勢二〇名ほどが集まり、長谷川氏を囲んでインタビューを行った。

門脇耕三 建築家、明治大学准教授（建築構法ほか）、設計事務所アソシエイツのパートナー。二〇二一年ヴェネチア・ビエンナーレ国際建築展では日本館キュレーターを務めた。

長谷川逸子 建築家、長谷川逸子・建築計画工房主宰。NPO法人建築とアートの道場も運営し、建築・都市をめぐる議論の活性化に努める。二〇〇一年ユニバーシティ・カレッジ・ロンドン（UCL）名誉学位、二〇一八年英国ロイヤル・アカデミー建築賞受賞。

六反田千恵 建築史家。長谷川逸子の建築アーカイブについて知識を広めると共に、NPO法人建築とアートの道場のパブリックプログラムの企画運営を長谷川と行っている。

若林幹夫　社会学者、早稲田大学教授。都市と社会、文化、生活との関係をテーマに、多数の著書を執筆している。

連勇太朗　建築家、ＮＰＯ法人ＣＨＡｒ代表理事、株式会社@カマタ取締役、明治大学専任講師。社会変革としての建築を主題に実践・研究を行う。

太田佳代子　建築・都市をテーマとするキュレーター、編集者。ＣＣＡの日本プログラム「CCA c/o Tokyo」のキュレーターとして、「Meanwhile in Japan」ほかを企画した。

比嘉武彦　建築家、ｋｗｈｇアーキテクツ代表取締役。長谷川の事務所に在籍した一五年間、数多くの公共建築プロジェクトの担当責任設計者を務めた。

藤原徹平　建築家、フジワラテッペイアーキテクツラボ主宰、横浜国立大学大学院Ｙ-ＧＳＡ准教授。異なるジャンルを横断した創造と議論の場づくりにも尽力している。

市川紘司　中国語圏の近現代都市空間を専門とする都市建築史家。東北大学大学院助教。著書『天安門広場』で日本建築学会著作賞受賞。

今村創平　建築家、建築史家、千葉工業大学教授、アトリエ・イマム代表取締役。長谷川の事務所に八年在籍。国際的なネットワークを活かした教育研究を行う。

（登場順、略歴は本書刊行時）

門脇耕三　今日は長谷川逸子さんが建築界にその名を轟かせた「藤沢市湘南台文化センター」をひとつの鍵として、お話を進めていきます。

この建物はコンペに勝利されたのが一九八六年、竣工が一九九〇年。つまりバブルの時代にちょうど重なっていて、インターネットで「藤沢市湘南台文化センター」を検索するといまだに「ポストモダンとバブルを象徴する建築」というような書かれ方がされています。このことについては後で議論したいと思いますが、まず「藤沢市湘南台文化センター」（以下、湘南台）でのご経験について伺っていきたいと思います。

「湘南台」は長谷川さんが初めてトライしたコンペだと伺っています。応募登録が千人を超え、応募数も二一五点と非常に多く、たいへんな注目を集めたコンペでしたが、そのなかから見事一等を勝ち取りました。長谷川さんの案とコンペに入賞した他の建築家の案を比べてみると、例えばプラネタリウムが与条件として求められていたものの、他の建築家がみな球を建物の外形から消す方向なのに対し、長谷川さんはあろうことか球を五つほど置いた。実施作では三つになっていますが、球形やピラミッドといった立体的な構成のなかに、どこか集落を感じさせるような佇まいがあり、独創的な見えがかりをしています。他の入選案を見ると、設計組織アモルフがローマの水道橋をはじめ歴史主義的なポストモダンの言語を使おうと試みたり、高松伸さんがニュータウンの中にタワーというシンボリックで権威的な建物を建てようとしていますが、そうしたものともだいぶ違っています。

長谷川さんの案でもうひとつ独創的なのは、ほとんどの部分が地下に埋まっているところですね。多くのプログラムを地中に埋めたことも特筆すべきだと思います。

今の視点から長谷川さんの案を見ると、「確かにこれだな」という感じがするんですが、実際は侃々諤々の議論を経てこの案が選ばれたと聞いています。

長谷川逸子　そうですね。篠原一男研究室では小住宅をつくっていて、独立後は愛媛県松山市でクリニックや小規模のビルをつくっていたわけですけれど、公共建築をやりたいという気持ちはその頃あまりもっていなかった。だけど、このコンペティションの案内で市長さんが、色々な建築家に新しい公共性を考えてほしい、藤沢市の北部は農業地帯なので、そこに住む人たちの生活や記憶を大事にしてほしいと書いていて、私はその言葉に惹かれました。地域に根ざした公共建築を考えたいと思い、初めてコンペというものに挑戦しようと決めました。それまで住宅のコンペに参加したこともありましたが、案をつくっては捨てていたので、コンペに案を出したのは初めてでした。

そう大きな期待をしていなかったんじゃないかという気がします。なぜなら、コンペ案を提出した後、ロサンゼルスにレクチャーに行くべく成田にいたら、スタッフから連絡が来て、「明日のインタビューとロサンゼルス、どっちにしますか」と言われ、だいぶ迷っていました(笑)。どうせ落ちるだろうって。すぐに行きますと返事をしなかったので、みんな私が帰ってこないと思っていたらしいですね。初めてのアメリカでのレクチャーでしたからチケット代がもったいないなぁとか思いましたけど、何とか事務所に帰りまして、次の日インタビューを受けに行きました。

門脇　たいへん不思議な案に思えるんです。未来的というか、過去のどこにも存在しなかったような見え方をしつつも、どこか懐かしい集落のようにも見える。しかしその形は機能主義的に導かれたものではなく、要求される機能は大胆にも地下に埋めてしまっている。造形的にも計画的にもたいへんおもしろいのですが、どのようにしてこの案にたどり着いたのでしょうか。

長谷川　私は最初、敷地をひとりで見に行ったんです。そこで会ったおばあさんが、敷地の場所にはヨモギを摘んだり散策をしたりする丘があったことなど、ものすごく良いイメージを私に伝えるのね。だけど市長が区画整理をしてフラットにしちゃって残念でたまらない。ただ、フラットになってから時間が経っていて、みんなキャッチボールをしたり、お祭りをしたり、多目的に使ってはいる。だからこの広場に建築なんてつくらなくていいよ、と。

そういうおばあさんに会ってしまったものだから、帰りの電車の中で、スケッチで丘を戻して、ホールから何から何まで地下に埋まってしまっているような地形だけのスケッチを描いて……。

六反田千恵　パウル・クレーの絵みたいな地層の絵だったんですよ。建築の形ではない地層の絵でした。

長谷川　事務所に戻って、スタッフにエントランス以外、すべて丘の中に埋めたスケッチを見せると、「外観がない公共建築なんて一等にならないから出さないほうがいいよ」「公共建築というのは外観だよ」と言われたので、そのスタッフに少し任せると、地上にニョキニョキ色んなものが出てきて、結局、地下の床面積は七〇％ぐらいしか残っていなくて。地上に出された三〇％は、スタッフによって出されたものです。

行政の側からは、かつての農業地でこれから開発するこの土地には、民家的でありながらクリエイティブな新しい公共建築をつくって、みんながよく使うものにしてほしいという希望が読み取れました。そこで、まずはどういう場所だったかという歴史は大事にしたほうが良いと思い、図書館に寄って調べてみると、敷地に接する大きな道路のそばに、確かにほど良い丘があった。それで、コンペの応募用紙に掲げたテーマは「地形としての建築」で、「丘をもう一度立ち上げる」と書きました。

ただ、それが適切な表現ではないことは後から徐々に気付くんです。設計が始まって色々と意見交換をするなかで、表現の仕方が変わっていった覚えがあります。私が「丘を立ち上げる」と言うと、「もう壊したのに丘なんていらないよ」って言うおじいさんがいるじゃない。「いや、これが都市の中の新しい自然なんです」「都市に新しい自然の環境をつくるんです」と、何とか「自然」という言葉を残しながら、構想を話していくわけですよね。あるとき、「じゃあ、第二の自然はどうですか」と言ったら、みんな手を叩いたの。

門脇　応募案の図面を見るとよくわかりますが、当時の湘南台って漠たる感じのところなんですね。畑が広がっていて、ロードサイドショップがあって、新興住宅地と畑のミックスという感じで、設計の手がかりが何もない。長谷川さんの案には地形を回復させるという意図はあるけれど、しかしわかりやすいシンボルがあるわけではない。湘南台のあり様に対して誠実な姿勢ではありますが、長谷川さんが建築をつくるうえでの根拠を市民と共に練るというのは、ある意味で必然だったのかなと、話を伺いながら思いました。

長谷川　当時「市民参加」という言葉は使っていなくて。相当反対者がいるという雰囲気だったので、「意見交換」を始めようということになったんです。一回目の意見交換会は六〇〇人以上いたとかで、学校の廊下から校庭まで市民があふれていて。新聞社の方もいる建築家嫌いのグループの発言から始まる。「建築家というのは市民と口も聞いてくれないし、立派なものを勝手につくって残していけばいいと思っている。市民のためではなく、他の建築家に向かってつくっているんだ」。区画整理のために市に土地を買ってもらった地主のおじいさんたちは、「すごく立派な公共建築ができると聞いていたが、これを立派というのか？なんで地下に建築を埋めちゃったのか？あんたがやりたいことは屋上庭園でいいだろう」と。お母さんたちは「行政はこども館を科学館みたいにつくろうとしているのではないか。壊れやすい装置を並べた博物館なんかつくらないでほしい」と。それぞれの立場からものすごい反対意見を言ってくるという感じで、たいへんなことでしたね。

門脇　建築が与えるシンボル性というか、権威性のようなものがないので、色んな方が文句を言いに来る。完成当時の『建築文化』（一九九一年）の特集に、長谷川さんが主導した集会が全部記録されていますが、月に七、八回もやっていたんですね。市民の意見を聞くということに対して、周辺の建築家や行政の人たち、スタッフの方々など、周りの反応はどうだったのでしょうか。

長谷川　市の担当者に理解があったかどうかはわからないんですね。市長さんだけが喜んでいて。ただ、市議会議員をされていた身障者の西條節子さんという女性が、高齢者や身障者が車で地下に着いたら、施設内のどこへでも車椅子で行けるようにしてほしいとか、身障者にも働かせてほしいとか、ホールをどう使ったらいいかなど、具体的な意見をたくさんもっていました。地下空間に反対していた高齢者たちのためには、地下空間のある建物の見学にあちこちお連れしたり、地下は外の音もうるさくなく室温も安定していていいものだという体験をしてもらったりとか、次々対応してやっていくわけです。

するると次第に、専門家やまちづくり委員会などのグループのリーダーではなく、まちの人たちが次々と参加してくれるようになる。建築と植物を重ねることに反対の東京農大の教授に押しかけられたことを意見交換会で課題にすると、今度はまちの人たちが「屋上庭園は是非つくってほしい」と後押ししてくれて。そして、屋上庭園の植物を誰がメンテナンスするのか考えているのか、老人クラブでやりたい、などなど、具体的なことを提案もしてくれるようになりました。

まちの人たちもだんだんと協力的になってきて、最後には「楽しみにしていますよ」と言う人が多くなって。市民の人たちの参加で困ったというよりは、まあ説得したということでもないんですけど、時間をかけてわかってもらうような努力は相当してきたかなと思います。

若林幹夫　「市民」という言葉自体、すごく抽象的だと思うんですよ。でも市民参加の実態としては、きっともっと複雑で多面的なものだったんでしょうね。

長谷川　そうです。ユニバーサルデザインをもっと積極的にやるために地下駐車場からのエレベーターが増えて、こども館と市民シアターと交流館のそれぞれに二台ずつ付けることになった。身障者が大勢意見をもって来るんですよ。劇場の中に車椅子を置くスペースをもっと取ってほしいとか、子どもたちはプラネタリウムが好きだからプラネタリウムの車椅子スペースを倍にしてほしいとか。そうするとどの球もひとまわり大きくなるんですよね。これはお金がかかることになります。車椅子のおかげで面積が増えて工事費が上がっていった。そして設計が終わった途端にバブルがすごい勢いでやってきた。施工会社に設計どおり施工できないと言われる状況になった。

門脇　長谷川さんのお話でいつも特徴的なのは、「誰々さんという人が……」といった具合に、具体的な人物が出てくるところです。「市民」として類型化するのではなく、目の前の人と対話していることをすごく感じますね。

長谷川　「湘南台」では、何とか協会のえらい人みたいな人は全然来ないんですよね。図書館でボランティアしているお母さんとかは「こども館にどれだけ本を置いてくれますか」とか、ゴミ箱を置くとゴミがあふれるので置かないでほしいという小学五年生とか、具体的過ぎるぐらい具体的な意見が現れるわけです。

多数性をつくり上げる

門脇　住民たちとの膝詰め談判やワークショップの話が出たところで、市民参加の話を掘り下げたいと思います。この「湘南台」以前は建築家が権威として市民を啓蒙する立場だったのに対して、長谷川さんはこの建物を通じて、「市民と考える建築家」「市民の傍らに立つ建築家」という新しい建築家像を示したのではないかと僕は思っています。

連勇太朗　クリストファー・アレグザンダーやルシアン・クロールらの参加型デザインの文脈もありますし、一方で藤沢市長の特殊性や市民の意見を聞いてほしいというプロジェクト固有の文脈もありますよね。また、長谷川さんご自身も、「湘南台」以前から、住宅はクライアントとの対話を重視しながら設計していくものという考え方をおもちですよね。色んな文脈があるなかで、長谷川さんが市民参加や意見交換をどれくらい能動的、あるいは戦略的に推進していたのか、そしてそうしたことを行ううえで意識されていた文脈をもう少し正確に知りたいのですが、いかがでしょうか。

門脇　アレグザンダーやルシアン・クロールは、どちらかと言えば形を決めていく過程で市民に参加させるという感じがありますが、長谷川さんは形なのか、使われ方なのか、どちらに主眼を置いたのでしょうか？

長谷川　使われ方です。ルシアン・クロールみたいに最初から市民参加をやるのと違って、私の仕事は全部コンペですから、一等賞になった案の実現を考えながら、使う人に参加してもらって、よく使われるようにしたいという気持ちでやっていますね。

連　長谷川さんにとって、意見交換や市民参加はどれくらい創造的な時間だったのでしょうか。単に市民に対して説明するだけなら、あまり創造的な作業ではないですよね。色んな意見のなかで設計も影響を受けて変化していくというような、ご自身にとっても刺激的で創造的な時間だったのでしょうか？

長谷川　生の声を聞くことは刺激的で創造的だったと言えます。コンペの案が実現できるように戦略的にやっているんだろうと山本理顕さんに言われたことがありますけど、コンペの案を実現する義務があると思っているのは確かです。しかし「湘南台」で市民と意見交換をしていくなかでわかったのは、たいていの公共建築は利用者のことを知らないまちに行ってつくるわけですね。だから、まちの人たちの生の声を聞くというのは、語る声から地域の歴史や生活のあり様を知ることでもあり、人々の感性を感じ取りながらそれを建築のディテールとか仕上げとかに反映して、全体の雰囲気に共感を得ていくことになるんですよ。同時に、その建築を理解してもらうというやり取りのなかで、うまく使ってもらうためのアイデアがたくさん浮かび上がってくるんですね。使う人たちが考えていることを聞くことは、嫌なことも良いことも大切だと自分で思っているんですね。そうやって建築をよく使われたいと思っているのも事実です。

太田佳代子　長谷川さんは意見交換や公聴会に日参するのに時間が費やされてしまい、事務所に戻るとスタッフにその日のフィードバックを伝えて図面に反映させるので精一杯、ということの繰り返しだったそうですね。つまり、自分で設計図を描く余裕もなかった。現地の人たちとの意見交換の結果が図面に反映され、更新されていったということだと思いますが、革新的な建築をつくるうえでの創造的な欲求が妥協させられることはなかったのでしょうか？　その過程にも創造性はあったと考えられますか？

長谷川　集会は月に一、二回です。それ以外は事務所で設計をしていました。市民が要望する内容は、ディテールにはそんなに関係しないです。広場の土間仕上げは風が強いので「埃が立つ」と指摘され、調べると職人も少なく、報酬も高い。土に近い焼きものの瓦になるわけですが、土壁や漆喰など、市民から賛同を得た「土素材」という点は変えなかった。形に関わる話が市民から出ることはなかったです。

太田　なるほど。おそらく、それがどういう類の変更や微調整だったのかにはお構いなく、コンペ案から実際の設計が単に乖離していったという点だけを憂慮して、磯崎新さんは抵抗感をもたれたのかもしれませんね。審査員として長谷川さんを選ばれた責任も感じていたのでしょう。

長谷川　私はコンペ案の変更が大きくあったとは思っていませんでした。しかし、「ポピュリズムをもち込むな」という言葉もありました。市民の言うとおりつくっていると建築は低レベルになってしまうと。そう電話で叱られたときは、まったく逆だと反抗しました。私は壊していくのではなくレベルアップしているのだと。

比嘉武彦　当時スタッフとして関わっていた比嘉と申します。補足しますと、市民参加というと、普通はある種の啓蒙的なプロセス、デモクラティックなシステムによって公共性を得るというイメージがあります。しかし僕が出た建築学科という環境もそうだったんですが、建築というのは市民参加をやってもいいけれど、あくまで建築家の理念が軸になってドライブしていくものだというイメージがありました。そうじゃないと建築にならないと。

けれども、長谷川さんの場合は非常に不思議というか、今考えると自在に憑依していく感じでした。市民集会には反対派もいて、混乱していることも多く、僕は出るのが嫌だったんですが（笑）、長谷川さんは誘導するというわけでもなく、巫女がすべてを自分のなかにパッシブさせていくみたいに、むしろその場に共鳴していく。

その頃、長谷川さんは、ジャズのインプロヴィゼーションみたいに、対話的プロセスによって創造していくのだというようなことをよくおっしゃっていましたが、集会を通して自分を憑依させていき、結果的に自分のなかになかったものを取り込んでいく。そういうプロセスが「湘南台」を通してでき上がった気がするんですよね。

長谷川さんの言う市民参加と、他の人の言うそれとはまったく違うのは当時から感じていました。例えばルシアン・クロールの場合は、むしろ複雑なものをつくりたいがために、市民の側にある「複数性」を制作過程に利用していくという感じがします。長谷川さんの場合はそうではなくて、多木浩二さんの言い方を借りると、「多数性」のようなものをつくり上げる、という独自のものなんじゃないかという感触がありました。

建築家の存在意義

長谷川　菊竹清訓さんや篠原一男さんを見ていると、権威のある人は普通の人と会話するのが苦手でしょう。私の先輩の建築家は普通の人たちと会話ができないと思うな。公共建築というのはずっと指名で発注されていて、この「湘南台」が初めての公共建築コンペになったわけですよね。それまでは建築家が力をもっていたから、考え方がずれるのは当然ですね。そこを湘南台の地元の人たちは批判していたわけです。

藤原徹平　菊竹さんや篠原さんには「対話」というイメージはあまりありません。長谷川さんは彼らの下で修行されたのですが、いざ自分で事務所をやるときには対話的に建築を考えていく。それにはどういう背景や意図があったのか。僕は、今日それが聞きたくて来ました。

長谷川　菊竹事務所に入って最初の仕事は「東光園」(一九六四)の天皇陛下が宿泊する部屋のインテリアと家具。次が「都城市民会館」(一九六六)です。ファーストイメージを描かされる。そういうときは菊竹さんとよく話をしました。他のスタッフと違い、私とはよくコミュニケーションができたのではないでしょうか。菊竹さんがものすごい勢いで公共建築をつくり始めるときでした。私は「かた」のチーム[★1]にいて、エレベーションを割と描いていて、次に展開図を描いて、現場が始まると菊竹さんにインテリアをすべて決めさせられて、ついには家具まで全部デザインする。私の家具は実際どう使われていくんだろうかといつも気になるんだけど、全然様子が伝わってこない。菊竹事務所でたくさん設計に関与したものの、公共建築って一体誰のためにつくっているんだろう、使っている人が見えない、と思って。使っている人が見える小さな建築のほうが自分には楽しいかもしれないと思い、篠原先生の「白の家」(一九六六)とか「から傘の家」(一九六一)に出会って住宅を勉強しようと考えるわけです。

でも、篠原先生のところに行ったら、『住宅論』（鹿島出版会、一九七〇）にも書いてあるように「私は敷地は見ません、クライアントにも会いません」ということですから、私がクライアントに会うことが多いわけですね。先生がクライアントに会うときは、谷川俊太郎さんや野見山暁治さんが出てきて高次元の話をするわけです。だけど奥さんのほうは「私はこんなキッチンは使いたくない！」とか、女性の生活感として駄目なことが色々ある。それを私が全部聞かなくちゃいけなくて。しかも先生にフィードバックしても、そういう条件に囚われないところで自律した住宅をつくるという考えですから。住宅で雨漏りが起こると私が飛んで行くわけですが、そこで家主が設計意図のとおりには住んでないことを知るわけですよね。立派なダイニングセットの横でコタツに入っているとか。

だから私は小住宅を始めるとき、二人を反面教師にしてスタートしたと思います。私自身はとにかく敷地をよく見る。意見交換をよくする。二人の先生と違う方法を選んできたように思います。私はまちの人たちというものを非常に信頼しているんですね。自分が考えていることはちゃんと相手に通じるし、特別にヒエラルキーもいらないし、たいへん親しく意見交換ができると知って、自分で仕事をし始めた。長い対話を続けながら小住宅を設計したのは、住宅とは何かを思考するためでしたから。

市川紘司　最近はプロポーザルで選ばれた後に、設計案を市民と一緒にドラスティックに変えていくという手法も出てきました。長谷川さんは、自分がやりたかったのはそういうことだっと思われているのか、それともここまで建築家の役割を解体する必要はないんじゃないかと思われているのでしょうか。

長谷川　私は建築家を選ぶプロポーザル方式ではなく、デザインが選ばれるデザインコンペをやってきました。建築家の存在を解体する必要はないと思います。私はコンペで選ばれた案を壊そうとする人たちに会ったことはありませんし、コンペ案とまったく異なるものをつくったこともありません。さらにグローバル建築家だと、予算を相当オーバーしても自分の作品を達成できるということが現実にありますが、私はいつも予算内でつくり上げています。

コンペの段階では未完成で提出しておいて、まちの人と一緒に完成させるというやり方も、市民参加の手法としてあると思うんですよ。しかし、そうした事例で参加した地元の人に話を聞いてみると、どうも自分たちが思っていたものと違うものができているし、市民参加というよりも意見を聞かれたという感覚なんですね。

私自身、建築の平面やボリュームまで市民と一緒に考えたらいいのでは、というコンペに参加したこともあります。この方法は実現しませんでしたが、公共建築ってもう少し違う手法で考えることもあり得たんだろうと思うんですよ。

太田　あえて伺うのですが、建築家が市民と一体化しようとするとき、自分の作家性の境界線が脅かされるという感覚はないのでしょうか。市民も審査員もクライアントも、建築家にはある程度、確固とした作家性や自我をもっておいてほしいと思う人が多いのではないか。「作品」の独自性に他者性が入り込むことによって、自分たちの評価した建築家の作家性が弱まってしまうと思ってしまうのが普通なのかもしれません。ところが、長谷川さんは自我が狂わず、最初のヴィジョンをもち続けられる。それはなぜなのか。

長谷川　作家性ということについて強い意識をもっていませんね、小住宅をつくっているときから。住宅を設計しているとき、自分の主張よりも、与えられた条件でどうやったらうまく実現させられるかということばかり考えています。最初から何かを強調したり、他の建築家に評価してもらいたいとかいう意識があまりないんじゃないかな。

あと、まちの人たちを私がすごく信用しているんだろうと言われるんだけど、どんなことを言われても提案した案が壊されるという感じがないのね、今までずっと。提案したことが少し変わったり大きくなったりしても、コンペ案は変わらないでちゃんと実現する。そういう意味ではまちの人たちを信頼しているのだと思います。

トラブルになっていたおじいさんたちだって、楽しそうにずんずん参加するようになりましたから。建築ができ上がる頃には、「楽しみだね！」と声をかけられるようになっていました。あの人たち、すごいんですよ。「湘南台」の一期工事が終わったときにロンドンからBBCが撮影に来ました。軒下の丸テーブルでしゃべっていたおじいさんたちも撮影されて、「この建築は長谷川がひとりでつくったんじゃなくて、俺らの意見を聞いて一緒になってやったんだよ」と言ったらしいんです。ＢＢＣのテレビ局の人はすごくびっくりするんですよね。ヨーロッパでは建築家というのは権威の人だから、建築家が下りてきて意見交換して一緒につくるなんてあるはずがないという思いで、テレビカメラを抱えたまんま私のところに飛んで来るんですよ。「何をやったんだ？」と。そのテレビ番組がロンドンで流されたときも、大勢の人がびっくりしたみたいなんですね。ですから、ロンドン大学から名誉学位を授与されたときは、フロントバルコニーに立つとまちの人でいっぱいで、そこで学位をもらった。そのときあちらの哲学の先生から聞きました。「市民が『自分たちも参加してこの建築ができた』とテレビで言っているのを聞いて、イギリスではあり得ないことだとみんなが言っていた」と。

カオスを運営する

門脇　長谷川さんのお話には「使い勝手」とか「よく使われたい」といった言葉がよく出てきます。そこからもわかるとおり、長谷川さんは建物をつくるだけではなく、建物の運営や使われ方に関してもたいへん気を配られています。これも画期的なことだったのではないかと思っています。

「湘南台」で既に長谷川さんは施設運営にも並々ならぬ意欲を燃やされ、そこでの試みはその後いくつかの建物でさらに発展していき、プログラムをデザインする方法が確立されていったと伺っています。つまり「湘南台」は、設計事務所が建物の運営にまで関わるというあり方の嚆矢となった建築だと位置付けられます。

例えば、こども館の設計の前半で長谷川事務所が展示の基本計画を委託されていますね。今回のリサーチで、こども館の展示計画や使い方など、長谷川事務所がまとめた色んな資料が出てきました。

長谷川　最初の意見交換会でしたが、コンペの資料に、科学館みたいなものができると書かれていました。ところが小学校の先生もお母さんお父さんたちも、ものすごく反対なんです。よその科学館を見に行くと機械が大体壊れていて、寂しそうな子どももしかいなくて、言葉も交わしていない子どもたちもいると。参加型で、楽しそうな子どもがいるミュージアムをつくってほしいといった意見が出て、それを行政の人が市長に上げたところ、じゃあ、子どもの施設の展示も長谷川に設計してもらおうということになって。科学館とは違う、民俗学的な感じのものを目指すことをみんなで決めました。

連　葛藤はあったのでしょうか？　本来であればもっと設計に専念したいという思いや、建築家がこういうことをやっていいのかという思いはあったのでしょうか？

長谷川　アメリカなどにレクチャーに行くたびに、興味があってチルドレンズ・ミュージアムを見歩いていました。自分の考えのミュージアムをつくりたかったから私には葛藤なんてなかったですよ。自然にやりたいと思った。スタッフは「なんでそこまでやるんだ⁉」とみんな批判していたかもしれないけど（笑）。

比嘉　スタッフたちは日々葛藤がありましたけど（笑）、今なら理解できるんですよ。誤解を恐れずに言えば、長谷川さんのなかでは建築物をつくることへの興味は半分ぐらいで、サーカス団の団長みたいに、あらゆる事象を全部回すなかに建築物が部分としてあるという感じで。カオスを運営するみたいな独特の建築観というか、「これは建築家なのか？」と僕は思っていたのですが。長谷川さんの場合、それがどこから来たのかを僕はずっと考えているのですが、いまだにわからない。

今村創平　スタッフは、長谷川さんの試みを理解してポジティブに受け止めてはいるのですが、みな建築学科出身で、みな設計をしたいと思って来ているわけですね。ワークショップを手伝ってとか、プログラムをつくってとか言われると、いや僕は図面を描きたいとか、設計をしたいとか、あまり関わりたくないという、そうした気持ちを露骨に示す人は多かったと思います。

藤原　先ほどの比嘉さんがおっしゃった「サーカス団の団長」というたとえでふと思ったのですが、長谷川さんは演劇がお好きだと聞いたことがあります。

長谷川　好きでよく観に行きます。私は高校生のときから演劇の脚本を書いたりしていたんですよ。

藤原　脚本を書かれていたと聞いて驚きました。日本の文化史を俯瞰すると、一九六〇年代、七〇年代の大きなひとつの流れをつくったものとして演劇があると思います。長谷川さんのなかで、演劇をやる、演劇に関わる過程で、例えば集団制作や社会的なテーマなどについてインスピレーションを得るようなことはあったのでしょうか。

長谷川　社会的なことに少々興味があって、高校生の最後の年、国会議事堂前の安保闘争の様子を見に行ったんですが、大勢集まると人のふるまいというものはこんなに変貌するものなのかと。それをテーマにとんでもない脚本を書いて、女学校のみんなに男装で演じさせたら、先生たちから怒られちゃったんですけどね。私はいい脚本だと思っていたんですけど。

演劇を通して人の動きで何かを表現するのが好きで、学生の頃から黒テントと太田省吾に付いて歩いていました。ひとりの演出家をずっと見ているとすごくおもしろい。そういう人には、どんな課題が来ても独特のふるまいがあってね。その人の天性の動きみたいなのがあって、それを観察するのがおもしろくて。そんなふうにして人間観察していました。演劇には多数性と集合性を扱うものが多いのは確かです。

門脇　サーカス団の団長や演出家の動きといった話が出てきましたが、長谷川さんが集団的、協働的な制作を試みた建築家であった、ということもここで指摘しておきたいと思います。長谷川さんは「湘南台」を「第二の自然としての建築」と表現していますが、このフレーズに基づいて人工的な地盤という考え方が生まれた。僕はこの人工地盤は、様々な人が協働するプラットフォームとしても機能したと考えています。実際、事務所のスタッフだけではなく、アーティストを含め、色んな方々が設計や制作に参加して、この人工地盤の上で植物のように繁茂する家具や遊具やフォリーをつくっています。これはたいへん現代的な話にも聞こえますが、長谷川さんは、様々な人間が様々な制作過程に参加する状況をデザインした。そういうふうに言うことができるのではないか。「湘南台」で用いられたデザイン言語はエフェメラルな印象を与えるものが多いですが、これも多くの人が参加したことと無関係ではないだろうと思っています。工事の様子も非常に独特で、明らかに職人ではない人が大勢写っていて、通常の建設現場という感じがまったくしません。今回、貴重な現場の写真が発掘されたということでご提供いただいたのですが、これは床にタイルを貼っているところでしょうか？

長谷川　瓦のかけらが入った瓦ですが、私が淡路島に行ったとき、深呼吸しようと思って海岸に出たら、瓦のかけらがばーっと散乱していた。それをいっぱい拾って山田脩二の工房に持って行って、「瓦の中に瓦を入れたい」と言って、こんなものができたんです。コンペ案には「土間をつくる」と書いたと思うんですよ。この建物は割とハイテックなものだと思われているけど、実際は土の床、土間をつくりたかった。コストダウンのため、瓦貼りの床になる。
実は「湘南台」は「土の建築」だとも言えます。瓦・漆喰・土壁・屋上庭園。その漆喰の予算がないので、久住章さんという左官屋集団に相談したら、「材料だけ提供してくれれば左官屋をいっぱい連れて行く。その代わり勝手にやらせてもらうんだ」と言うわけ。そうやって入ってもらいました。

門脇　しかも設計事務所の人も現場に参加しているんですね。この壁を塗っている写真の人たちも職人には見えませんね。建築コストが高騰した時期だと伺っていますが、色々な人に参加してもらわざるを得ない状況でもあったということなんでしょうか？

長谷川　お金が足らなくてやってもらえず、スタッフと自力でせせらぎの瓦を積み、床貼りをし、植物を植えました。色々な人に参加してもらわないとできなかったから。ホールのロビーの金属壁がコスト高だったので、野見山暁治さんと東京藝大のスタッフに壁画を描くボランティアをしていただきました。

門脇　展示計画についても同じ状況だったのでしょうか？　このフォリーもおそらく、長谷川さんのデザインではないんじゃないかと思うのですが。いつだったか、「湘南台」について長谷川さんが「みんなが好き勝手にやって私のデザインではなくなったんだけど、まあいいか」みたいなことをおっしゃっていたのが印象に残っています。まさに色々な人の手による「第二の自然」が、長谷川さんがデザインした大地の上に生い茂るようにでき上がっていった。それ以前の長谷川さんは、これほど色んな方の参加を許していたわけではなかったのではないかと思うのですが。どうしてそんなことになったのかを是非伺いたいです。

長谷川　展示計画書は私が中心になってつくりました。バブルになって、木造住宅のコストより安い工事費になってしまったなかで、自分たちでつくれるものはつくる、つくってくださると言う人にはつくってもらう。ここでやれる方法でした。漆喰も土間仕上げもバブルになって高価になった。ビー玉や化石を埋め込んだり、「瓦を貼るのを手伝え」と言われて手伝った。

比嘉　「湘南台」が非常に不幸なのは、設計が始まった頃はバブルではなかったのに、バブルの真っ最中に建設が進行してしまったことです。その結果、強力な説明論理みたいなものができた。「これは一種のバブルの表現だ」という語り口が。

長谷川さんが「湘南台」の設計を始めた頃は、新しい文化の萌芽みたいな空気があって、フラクタル幾何学が生まれたり、生命論みたいなものが発生したり、ヨーゼフ・ボイスが活躍したり、ある種オルタナティブなバイブレーションが胎動し始めている時代だった。なのに、それをバブルが流産させてしまったみたいな感じが現場の感覚としてはあります。

門脇　おそらくそれは日本の建築全般に言えることで、一九八〇年代はたいへん不幸な時代になってしまった。

長谷川　結果として、バブルが理由でできなくなったことを周辺の人たちに手伝ってもらう。表立って自慢することにもならないけれど。

機械いじり

門脇　長谷川さんは新しい技術を導入する努力もされていて、ドームにはアルミ溶射を使われています。これも確かアルミパネルが高くて使えなかったからですよね？

比嘉　パネルはまったく見積りが合わなかったです。

長谷川　アルミ溶射は、ロサンゼルスに行ったときにアーティストから「いいプレゼントがある。チタンの瓶ですごく高価なものだよ！」と瓶をもらって、持ってみると軽いんですよね。何だろうと思ったら、ガラス瓶にチタンのパウダーが吹き付けてあるだけなの。建設会社からアルミパネルはできないと言われていたので、ロサンゼルスに連絡して、アーティストが使う小型機械を一〇台ぐらい買い込んで。そうしたら三協アルミが粉をつくってくれると言うわけです。それでみんなで蟻のようになってパウダーを吹き付けて仕上げたの。ちなみに、瀬戸大橋も仕上げは塗料ではなくチタンパウダーの吹き付けですが、それは運輸省が「湘南台」での方法を採用したものなんです。

門脇　当時は工業化が高度に進展していった時代で、建築家が技術に介入することはどんどん難しくなっていましたが、バブルになると生産システムに「隙」ができていくんですね。その意味ではバブルは不幸なことばかりではなかった。

建築生産の工業化が始まったばかりの戦後すぐの時代は、様々な建築家が生産システムにコミットすることを試みたわけですが、八〇年代に入ると建築家がそこから疎外されていく。しかし、ドームの表面にアルミ溶射した話もそうですが、長谷川さんは工業化された技術の開発にもどんどん食い込んでいく。また、設計事務所が工事にも参加したという話があったように、設計と施工の厳格な区分を融解させてしまう。技術に対してもそうですし、施工や制作に対してもそうなのですが、建築生産という牙城に、隙あらば果敢に攻め込んでしまう。その結果、長谷川さんはこの時代としては例外的に、生産システムに関与する建築家であり得た。こうした態度は現代においてより示唆的だと思っていますが、長谷川さんご自身はどのようにしてそういう戦法を身に付けたのでしょうか？

今村　そもそも東京工業大学にいたときは自動車部でしたね。車を数台持っていて、分解したりしていたと伺ったことがあります。ヨットも自分で設計されるなど、そうした機械いじりといったことを得意とされていた。

長谷川　東工大の大学祭で、シトロエン2CVの部品を分解してわざとスロープに並べて、みんなに「部品がなくなるぞ」と脅かされながらも組み立てた後、さあ帰ろうと思ったら、やっぱり意地悪されてオイルタンクに砂を詰め込まれました。「カッコいいことするな！」と車体に書いてありました(笑)。幼少期は日本画を描いていた母と野の花を採集しまくっていて、小学生のときは透明の大きな箱に押し花を詰めた作品で賞をもらったり、中学時代まで植物学者を目指して色々な山を採集して歩いていました。それなのに建築に関わることになったわけですが、それからは船や車といったメカニズムを次々に追究するようになりました。

今村　それほど長谷川さんは技術的なことに対して関心が高く、自らコミットもされる。当時はポストモダンの時期で、建築界ではそれほど技術が重視されない風潮のなか、「湘南台」

ではアルミ溶射に限らず技術に対する関心が見られます。連続する小屋根の連なりは、一見ランダムに見えるけれども、実際はきちんとグリッドに載っているとか、自在なデザインに見えて実は技術的裏付けがなされています。

女性的な話法をもち込む

門脇　女性は機械に弱いという典型的なジェンダーバイアスがありますが、もちろん長谷川さんはそんなことはなかった。ここで、ジェンダーの話もしたいと思います。おそらく「湘南台」は日本のオープンな建築のコンペを通じて、女性建築家が一等を獲った最初期あるいは初めてのケースではないかと思います。男性ばかりの建築界に女性が果敢に切り込んでいったという点でも、たいへん事件的な建築だと捉えられると思いますし、実際、当時からこの建築をフェミニズムと結び付ける向きがありました。

ここでもうひとつ仮説を投入すると、当時の建築界にはほとんど男性しかいませんでしたので、それまでの思考のパターンやロジックのあり方、コミュニケーションのあり方すべてに男性性が認められるのではないか。そのなかで長谷川さんは、建築界に新しく女性的な話法をもち込んだ建築家であるとも捉えられるのではないかと考えています。

長谷川　「湘南台」ができたとき、日本では評価されませんでしたからね、本当に。みんなびっくりするけれど、私を呼んで「あれはこれからの公共建築としておもしろい」と言ってくださったのは丹下健三さんだけです。支援してくれたのは彼ひとりで、他には誰もいない。なのに、外国からは「湘南台」についてレクチャーを随分頼まれるようになりました。

私が建築を志した頃は、叔父が「東大を出ていないと駄目だよ」というので、東大を目指しました。ですが、私の通っていた女学校はことごとく「理工系は男性が行くところ。日本女子大以外やらせない」という態度で、いじめ尽くされました。つくづく嫌な時分だったと最近思い出すことがあります。高校三年生の最後の方は登校拒否で家にいました。

私の世代は東大を出ていないと、建築界ではずっとよそ者ですよ。[★2]何かにつけて排除されている人間ですから、建築家という枠に入れてもらえないという自覚はすごくあった。あと、女性嫌いの建築家も行政人もいっぱいいますからね。女性であることを批判されちゃうんだから、これはもうどうしようもないんですけれども。そういう環境のなかに私は置かれていたんです。建築界で生きていくのはたいへんなことでした。

だから私は「建築」という言葉を使うのがすごく嫌いですね。「装置」という言い方もしていました。道具みたいでいいと思っているところがあって。自分の建築を積極的に発表しようという感覚があまりなかったのも、だからかもしれませんね。

太田　「憑依」という言葉が少し前に出ましたが、私は腑に落ちた気がしたんですね。それは実際すごいことなんだけど、世の中の固定観念である「建築」というものと相容れない、あるいは男性性の価値体系からは拒絶されてしまう類のことですよね。

門脇　建築を俯瞰的、理念的に捉えるのとは違ったやり方。それこそが新しい話法なのだという気がします。しかしそれが、「フェミニズム」というかたちで短絡してしまったというのも長谷川さんの不幸なのではないかと思っています。

一九八五年の雑誌『ＳＤ』の長谷川さんの「建築のフェミニズム」というインタビューは、このタイトル自体たいへんな物議を醸したと伺っています。日本建築学会の『建築雑誌』が一九八八年に特集した「女の建築・男の建築」では、巻頭で長谷川さんが建築界の大御所と対談をされて、その相手は今だったら到底許されないような発言を連発している（笑）。そういう時代にあの建築が生まれ落ちて、「女性」という枠組みで理解されざるを得なかったことは、「湘南台」の可能性を狭めてしまったのかなと思います。

ソフトづくりからやる

門脇　さて、市民参加、生産への関与、集団による制作、といった観点から「湘南台」を掘り下げてきましたが、こうした長谷川さん独自の関わり方が、以降どのように発展していったのかを伺っていきたいと思います。まず市民参加ですが、「すみだ生涯学習センター」（一九九四）、「大島町絵本館」（一九九四）、「新潟市民芸術文化会館」（一九九八）などを通じて、方法論が確立していったと伺っています。

「すみだ生涯学習センター」の資料を見ると、コンペが一九九〇年、竣工は一九九四年九月ですね。コンペの後、基本計画の説明書が一九九一年三月付で出ています。その翌月、間髪をおかず、これも長谷川さんらしいのですが、役所がつくった事業計画についての諸検討ということで意見を述べられています。さらに半年後、役所の立てた企画事業計画に関して再検証した報告書を出した後、一九九二年三月に実施設計がまとまっている。この畳みかけ方はなかなかおもしろいと思います。

長谷川　これは、文部省がつくった最初の生涯学習センターのコンペだったんですね。つまり、今まで高齢者のためにつくられていた「公民館」という名の公共建築を「生涯学習センター」にすることで、子どもから高齢者まで、男性も女性も使えるようにするというのがテーマだったんですね。

ちょうどノートパソコンが出た頃で、これから中高校生や大学生が来るのならコンピュータの部屋もつくろう、館内にちゃんとネットワークを引いて陶芸の工房でも図書館の本を参考にしながら作品を生み出せるようにしよう、コンピュータで同時に意見交換もできるようなシステムをつくろう、と発注者である墨田区に色々と提案したんですね。ところが「こんなリッチなことをしても墨田区には運営者が誰もいません！」って返されちゃうのね。じゃあ、集会で市民に説明したいと言うと、それに対しても「ノー」なのね。意見交換というものは行政としかできない。市民とはできない。市民というのは遠くにいてほしい存在で、意見交換なんてとんでもないという行政でした。

墨田区というのはすごく保守的な区で、色んなことが難しい。行政というのは何なんだろうと、ものすごく考えさせられましたね。「大島町絵本館」はソフトづくりからやっているし、「珠洲市多目的ホール」（二〇〇六）もワークショップを一年間やった後に建築をスタートさせていて、まちの人たちと一緒に設計をするというのは、「すみだ」以外はうまくいっているんですね。

門脇　「新潟市民芸術文化会館」はそのこともあってか、運営にまで戦略的にコミットされたという感じがします。市民参加型という手法、運営のシステムをデザインする方法が極まったのは「新潟市民芸術文化会館」だったと伺っています。それがどういう方法なのか、簡単に教えていただけませんか。

長谷川　「新潟市民芸術文化会館」は三つのホールがあるとても大きな建築物です。最初、簡単な意見交換会が開かれると「二千人のホールをどうやって使うのか」と市民が大きな声で質問したり、まちの商店街に図面を飾ったら新潟大学の若者たちが何か言ってきたので、まちの中で意見交換会をしたら、すごく積極的な意見をもっていた。「なんで七〇〇台も車を入れなくちゃいけないんだ」とか「車をどかして全部芝生にしてほしい」「空中庭園の下でも演劇ができるじゃないか」とかね。割と積極的な話でしたね。色々と公開することで、意見を聞いてくれる建築家だと思われたのか、私のところにたくさん手紙が来るし、意見をするための小冊子をつくって、建物ができ上がるまで投稿し続ける人もいて。

ある意味、新潟は厳しい社会でした。でもトップの市長さんが支援してくれたおかげで意見交換会もワークショップもできた。「長谷川が市民とやっているワークショップを止めさせてください」と市長さんに言いに行った建築関係者がいたのですが、その市長さんは私を呼び出して「こんな人がこんなことを言いに来ましたよ、でも僕は支援しているから続けなさい」とやさしく言う。本当に市長さん次第ですよね。意見交換から運営のためのワークショップまでやり、スタッフづくりも建物ができ上がるまでの間に、というようにやってきました。

門脇 新潟に関連のある、あるいは新潟在住の芸術家を調べた資料がありました。分厚い人物データベースを独自につくられ、公開講座を自ら企画し、冊子を出して建物の使い方をサポートする、というところまでやったんですね。様々なステークホルダーと意見交換をして、加えて運営方法や事業計画を独自に検証し、それを設計に反映させた後、さらにより良い運営の具体的な方法を探っていく。今村さんは間近でご覧になっていたのですか?

今村　長谷川さんが全体のプログラムを組み、市民の参加者を募って、三年間、毎月二回、ワークショップをしました。毎回、観世栄夫さん、田中泯さん、平田オリザさんといった、様々なジャンルの方がいらっしゃいました。僕は、平日は宮城の現場に常駐し、週末に新潟で手伝っていました。長谷川さんは、ワークショップ以外にも市民集会に出たり、役所の方々と協議をしたり、色んなレベルのことが複合的に起きていました。

長谷川　企画者ではない私に対して新潟の音楽家たちから、「サントリーホールみたいな二千人のホールが新潟で成り立つとは思えない」と、私のところに手紙が山ほど来る。それをどう解決したらいいかというのが私の大きな悩みでした。習字ホールにしてほしいと訴えている人と公開対談もしました。

調べてみると、新潟には音楽好きがすごく大勢いるというデータがあったんです。市民オーケストラもあるし、ジュニアオーケストラも合唱団もある。昔の五大港で、ロシアとか色んなところからクラシック音楽が入ってきたまちなんですね。

とにかく二千人のホールを何とか実現するために、私はサントリーに出かけて行ったんですよ。以前会ったことのあるサントリーの方に話をもちかけたんです。「新潟でサントリーホールと同じ規模のものをつくるんだけど、人が入らないだろうから市民が施設の規模を変更しろと言っている。サントリーホールと提携して、ウィーンフィルやベルリンフィルのような有名なフィルハーモニーが東京に来たら新潟にも来てくれる、というようなことはできませんか？」と。そうしたらその方は「それおもしろい！」と言ってすぐに受けてくれたのね。「地方にも楽団をやったほうがいい。新潟なら日帰りできるから、昼間のプログラムならいける」と。それですぐ新潟市長に宛てた覚書を書いてくれて。何とすごい人だと思ったんだけど、今も実行してくれていますからね。

そういうわけで、このホールにはしょっちゅう世界的な楽団が来る。私も聴きに行くことがあるんですがいつも超満員で、これが不思議と日本海側の青森、富山からお客さんが来ていて。市民オーケストラもすごくうまくなっているし、ジュニアオーケストラも合唱団もすごく良くなって、チケットが二千席ちゃんと売れるようになって。それで相当な収入を稼ぐようになっちゃったのだな。

私は図々しいから、蜷川幸雄さんのところにも野村萬斎さんのところにも行ったんですよね。萬斎さんとは月に一度は新潟に来るという約束を取り交わして、実行してくれている。蜷川さんは練習場所がなくていつも困っているので、新潟で練習をして公演の初日、東京に行く前に新潟の市民に見せてくれる。色んな人が関わってくれて、びっくりしましたけど。

比嘉　通りすがりの人たちをつかまえては引き込んでいく。いつの間にか関わる人たちがどんどん増えていくんですよね。

門脇　巻き込み型なんですかね、やっぱり。ものすごく色んな人を巻き込む。しかし、なぜこれができるのかは謎のままですね。ひとつの手がかりとして「湘南台」以前の話をしてみたいのですが。「湘南台」につながりそうな作品としては、「徳丸小児科」(一九七九)、「松山桑原の住宅」(一九八〇)、「AONOビル」(一九八二)でしょうか。「徳丸小児科」では「インフォームド・コンセント」というお話を紹介された……。

長谷川　それはね、徳丸先生がとても重要な考えとしてアメリカからもち帰って来たもので、市民と会話する場所を一階につくってほしいという依頼でした。個室も診察室も、徳丸先生の不思議な考えで建築はできています。初めてひとりでやるちょっと大きな建築だったので、徳丸先生の考えのとおりにつくった建築です。槇文彦さんが見にいらして、「野武士」と呼ばれた建物です。

門脇　じっくり対話をしてやったということですね。

長谷川　そうですね。二年も。

踏み込む姿勢

門脇　その後「松山　桑原の住宅」として建材屋さんの家を手がけられて、パンチングメタルを初めて使って軽い表現を獲得された。

長谷川　鉄や非鉄を扱う会社を経営するご主人だったんですね。そのご主人から「うちの倉庫に見に来て、使えるものは使ってください」と言われ、行きましたらアルミ板がいっぱいあったんですよ。それで「アルミ板に穴を開けたいんですけどやってくれますか?」と。結局、穴の大きさとか角度とか開口率が違う色んなサンプル板をつくってもらうことになって。それをみな新宿のマンションの階段のところに掲げておいて、パンチングメタルが四五度と六〇度の角度によって影がどう変わるかをしょっちゅう見て。「これにしよう」ってひとつに決めて以来、今もずっとそれを使っていますよ。

門脇　ここで技術的なことに踏み込む姿勢が発揮されたわけですが、このパンチングメタルが一九八〇年代、九〇年代の日本の建築界では広まって大流行する。それをご覧になっていて、どんな感じでしたか?

長谷川　いやぁ、良いことなのか悪いことなのか、ちょっと首を傾げていましたよ。

門脇　そういったことが言わばレッスンになって「湘南台」があったという感じもします。「AONOビル」では企画にも関与されたと伺っています。

長谷川　青野先生は眼医者さんで、とにかく眼科と音大に通う娘のための音楽ホールがほしいんだ、住宅なんて小さくていいんだという話をするわけ。私は「ホールを運営するのはたいへんだから、下の方にはホールと関係あるヤマハを入れて、演奏発表会なんかに使ってもらえばいい、ヤマハの楽器も売るとか教室もつくったほうがいい」と言って、企画をヤマハにもち込んだりして。

門脇　そのお話も、「湘南台」や「新潟市民芸術文化会館」との連続性をすごく感じますよね。

長谷川　地方に行くと、お金持ちがまちの人たちのために小さな公共空間を提案する、ということは昔からあるんですね。徳丸先生も小児科の一階に絵本をいっぱい置いて、まちの人が自由に使えるような公共空間を提案していましたし、「松山　桑原の住宅」も寝室のあるエリアとは違うところで、商工会議所の人たちが自由に出入りして会議する場があります。今の若い人たちは小さな建物でカフェをつくったりしていますけど。この三件はどれもまちの公共の部分を背負っていたと思いますね。

やさしいテクノロジー

門脇 では最後に、長谷川逸子という建築家が社会をどのように捉えていたか、いくつかの仮説を考えてみたいと思います。長谷川さんは、社会を階層的に秩序付けようとするものから最も離れようとする。おそらく権威に反発する位置、遠ざかる位置に自らの建築家としての立ち位置を定めようと思われたのではないでしょうか。

では、長谷川逸子から建築界はどう見えていたかというと、ほぼすべての建築家は男性的で、学歴主義的で、つまり権威的な存在なので、そうした建築家はすべて長谷川さんと対置する座標に来る。したがって、長谷川逸子は孤軍奮闘かつ孤独であったと言わざるを得ない。これが第一の仮説です。

次に、長谷川さんはテクノロジーを表現に昇華させた建築家でもある。現在の目線からすると、一九九〇年前後はポストモダン一辺倒の時代だったと捉えがちですが、当時の雑誌などを読むと、これからの建築は歴史主義的ポストモダンに向かうべきか、はたまたハイテックか、という問いがごく当たり前に立てられていて、決して一枚岩ではなかった。そのなかで長谷川さんは、どちらかと言うとハイテック派の建築家というふうに世間から見なされていたと思いますし、メカニズムへの興味があり、きわめて方法論的に設計をしていた菊竹事務所でのご経験もあり、やはりテクノロジーと親和性が高い。

一方で、長谷川さんはおそらく、「湘南台」での経験を通じて、民衆、生活そのもの、手の技といったものを発見されたのではないかと思います。民衆や生活や技といったものは、秩序立った階層的な世界には収まりきらない、雑多なものたちです。長谷川さんは、テクノロジー的な表現から出発しつつも、その過程で階層化され得ないものを包摂しながら「湘南台」をつくったと言える。

したがって長谷川さんは、「湘南台」以降、テクノロジーやシステムといった頭で理解するような理知的なものと、無名の人々の知恵や技といった肌で理解するようなものの間で引き裂かれた位置に自らの身を置いていたと言える。クロード・レヴィ＝ストロースの言葉を借りれば、科学的思考と野生の思考の両方にまたがっていたと言っても構いません。長谷川さんは、そういう非常に独特な建築家なのではないかというのが第二の仮説です。

長谷川　テクノロジーの表現と言っても、あんまり高級なテクノロジーをやっているわけじゃないんですよね。自分の経験でわかることをやっているわけで。

連　今のお話と関連して、長谷川さんには「リアリティ」と「エンジニアリング」という、二つの大事なキーワードがあるように思いました。

「リアリティ」について言うと、以前、長谷川さんはあるインタビューで「主観的にしか語り得ない私的な部分にしかリアリティをもつことができなかった」というふうにおっしゃっているんですね。同時に、抽象的な機能を優先することに否定的で、使用する側のためにある建築をどうやってつくるか、というような発言もされている。これはテクノロジーというよりはエンジニアリングと言ったほうがいいような態度なのではないかと思いました。エンジニアリングなのでちゃんと物事が動く、機能する、ということを重要視されていたんではないでしょうか？ そうすると、ワークショップを取り入れたという話もすごく納得がいくんですね。ガランドウとしての空間、はらっぱをつくったときに、どうやったらみんなが使うようになるかという、ある種エンジニアリング的なマインドがあった。なので、「市民のための広場をつくる」とか「虚構性としての広場をつくる」という抽象的な言葉や理念ではなく、ちゃんとみんなが使えるようにするためには何が必要なのかということを考えた結果、自然にワークショップや対話を取り入れるということにつながっていったんじゃないかなと思います。

逆に言うと、それまでの建築家、例えば篠原さんが、美的なこと、ある種の虚構性や形式性に重きを置いていたのに対し、長谷川さんはそういった態度によりまったく異なる独自の立場をつくられたのではないでしょうか？

長谷川　いい場所、はらっぱにいるように自由にみんながふるまえる場をつくるために、自分で色々なエンジニアリングの提案をするわけですが、確かに高次なテクノロジーという感覚はないですね。比嘉さんが監理した「新潟市民芸術文化会館」ではオーニングといって、建物の外周部を包む二枚のガラスの中に二枚のパンチングメタルを入れて、光をコンピュータで操作するんですね。そのオーニングを動かす速度をテストしたのですが、全員が「速く動いたほうがカッコいい」と言うのに、「ヨットの帆を手で動かしたぐらいのローテックさでこれを動かしたいんです」と私が言うと、みんなびっくりするんですよね。

わざとハイテックにならないように、なるべくやさしいテクノロジー、エンジニアリングでやりたいなと思うんです。そういうちょっとしたことでも、みんなに反対されても「ゆっくり動かないと駄目だ」って言って、何とか自分の思い描くようにするわけですけどね。今でも新潟へ行くたびに、オーニングがそろそろと動いているのを見て、いいなと思っているんです。

門脇　今、非常に重要な証言が出ましたね。当時、テクノロジーを表現に昇華させようという、物質表現主義的な潮流はおそらく確実にあったし、ピアノ・アンド・ロジャースやノーマン・フォスターを見て、そういう表現に可能性を見ていた建築家は日本にもいたと思うのですが、長谷川さんはそれとは一線を画していた。違う世界の自分を見ていた。どちらかと言えばブリコラージュ的な手の技、アート……。むしろそういうものを夢想していた。

六反田　「山梨フルーツミュージアム」（一九九五）のドームもそうですよね。長谷川さんにとっては竹籠のイメージというか、みんなの生活の近くにあった竹籠の素直なイメージをつくるために、ジョイントを溶接するという手法を選んでいたわけですよね。そしてフレームの溶接を造船会社にやらせた。

長谷川　竹籠みたいな模型をみんなでつくったんです。でもそのとき、よくあるボールジョイントを使うなんていうイメージはなかった。構造設計はイギリスのオブ・アラップに外注したのですが、ロンドンに出かけてジョイントを溶接にすると説明しても、「ドームのような建物を溶接でつくる」というイメージが理解されなかったので、石川島播磨重工業に電話して昔ヨットのことでお世話になった人に「溶接で建築できますよね？」と聞いたら、「船と一緒だからできる。ただし、道路で運ぶときの寸法は計算しといてくれないと。でも、やるよ」と言われて。アラップのセシル・バルモンドさんには「えぇっ⁉　溶接建築なんかやったことない」って言われて、私は「イギリスは造船の社会なのに！」と言ってしまいましたけど。

門脇　メカニカルなジョイントは使いたくなかったのですね？

長谷川　はい、私はね。実は菊竹さんの「萩市民館」（一九六八）で外壁がコンクリートから鉄骨に変わった責任は私にあるようです。コトブキに一緒に家具を見に行った帰り、菊竹さんが「君は独立したらどんな建築をつくる?」と、とんでもないことを聞いてきたんですね。「えぇ? 考えてもいませんけど、私は小さいとき、船をつくるところを見ていたから、鉄板と溶接でつくりたいですね」と言ったんです。そうしたら、次の日にはもう鉄板の溶接でつくった場合のことを記した小さなメモが出てきて、「長谷川、これ明日までに一〇〇分の一にしてよ」と言う。あの人はすごいですね。見積りも出てきて、萩の市長さんがそれを発注するばかりになっていたのに、私のちょっとしたひと言で結局鉄の建築に変えるんですね。

小さいときに船をつくっている現場を見ていたから、溶接がそんなに難しいことだと思っていない。だから「どうして建築には使わないんだろう?」とずっと思っていました。「山梨フルーツミュージアム」でみんながつくったきれいな模型を見て、「これは溶接でやるんだ」と決め込んでいましたからね。

六反田 当時はハイテックスタイル全盛の時代で、壮麗なジョイント構法が大流行していた時代だったわけですけどね。

門脇 これも非常に重要な証言だと思います。

長谷川 でも、難しいですよね。ジョイントをいちいち溶接していたらたいへんなことになる。

みんなの模型がすごく美しかったから、メカニカルジョイントなんて絶対に考えられなかったね。

六反田　「新潟市民芸術文化会館」のコンサートホールの劇場の椅子のつくり方とか……。

長谷川　外国に行くといつもコンサートホールへ訪れるのね、私。ベルリンフィルには何度も行った。日本人のバイオリニストがリハーサルを聴かせてくれたんだけど、何か本番と違うぞ、あれはなんだろうかとずっと思っていて。人がいなかったからです。だから「新潟市民芸術文化会館」では、椅子が上がるとシャッターが開いて吸音体になって、人間でいっぱいになっているのと同じ状態でリハーサルができる。このことはウィーンフィルの指揮者の人にすごく感激されたことがあります。普通に感じていることをやっているだけですけどね。

比嘉　長谷川さんは、人々とかテクノロジーとかマテリアルとかを全部ひっくるめて、まるでドストエフスキーの小説世界のような、いささか混乱したポリフォニックなプロセスのなかから建築を練り上げていくとでも言いますか。社会を再縫合している建築家みたいな印象を、そばでやっていた身としては感じていて。

結果として、「湘南台」のようなひとつの主体を大きく逸脱したような、新しい集合性とでも言うべき何かがダイナミックにでき上がっていく。その制作のプロセス全体が、社会のアレンジメントとでも言うべきような何か。

六反田　比嘉さんが「単独性」という言葉で長谷川さんを表現したことがありますよね。単独者としての長谷川さん。やはり権威の側にも民衆の側にも一体化しないんですよね。常に自由に循環できるようにフリーでいるという感じがします。フリーでいるから権威の側にも民衆の側にも動ける。

希薄な「作品」感覚

連　建築の自律的な形式の追求、自己表現の方法としての「作品」に対して、長谷川さんはあまり興味がないと思うんです。例えば初期の住宅では、東工大的なある種のマナーとか篠原さんの影響が見られるわけですが、作品解説を読むと、いかに狭い敷地を上手に使うかとか、通風の問題をどうやって解くかという、具体的な課題に説明を割かれているんですね。あまり建築家としての思想や理念を語っていない。

今日見てきた「湘南台」も「新潟市民芸術文化会館」も、作品としての強度が圧倒的にありつつ、同時に運営、計画、企画にまで関わるという、非常に広範な領域にわたって建物が機能するための仕事をされた。そんななかで、長谷川さんにとって「作品」とは何か、改めてお聞きしたいです。

長谷川　菊竹事務所にいたとき、菊竹さんと一緒にファーストイメージを描くとか、菊竹さんの横に座って何でもやっていたというように、いつも特別扱いされていたので、「私は何か他のスタッフとの共同性が足りないな」と思っていたんですよ。篠原先生のところも「共同」という感じではないですからね。だから「湘南台」の時点では、「みんなと一緒に建築をつくるのが自分は下手なんじゃないかな」と、そればかり考えていた。どうやって共同で設計をしていくんだろう？　できるだけたくさんの意見を入れて、いいものができればいいと。

敷地を見てファーストイメージをつくり、スケッチを始め、あらかた構造・設備も導入し、手を真っ黒にして設計図を描いているとき、作品を描いているという意識があります。「湘南台」以後やってきた仕事は、全部デザインコンペで一等を取ったものです。コミュニケーションを通して建築をつくるデザインコンペなら私のように経歴がなくても取れるんですよ。でも大きな仕事は、スタッフと一緒にやる以外にはできないです。だから、コンペ案をつくっているときは作品をつくっているという意識があります。コンペの案には作品性が残っているんだけど、設計作業中はみんなで共同でやっているという意識がすごく湧いてくるものですから、自分のなかにはあまり私の作品という感覚が残らないんですよ。

それと、コンペのときは構造や設備まで相当自分で考えるんですが、その後は図面を描くよりも、運営とか市民の意見交換とかをひとりでやることが多いんですよね。それに、大きな建築だとみんな図面を描くのに忙しいから、ワークショップを手伝ってくれる人はいなかったですよ。ひとりでやっていたことが多くて。

太田 建築が作品だという捉え方の場合、その作品が一番美しく完璧な状態なのは竣工のときだとされています。そのパーフェクトな瞬間に竣工写真を撮るわけですよね。だけど、長谷川さんはそういうふうには思われていない。建築というのは人々とずっとそこで生き続けるものであり、作品という概念は馴染まないんだろうと思います。

長谷川 例えば中庭に植えた木が、竣工写真だと貧弱だったけれど、何年も経ってから行くとすごく大きくなっている。時間が経ってからのほうが自分のイメージに近かったりするわけです。「新潟市民芸術文化会館」もそうですよ。すごい森になっていて、多くの人が散策したり楽しそうに歩いている様子は、竣工時にはなかった。今のほうがずっと目指していたものに近い気がする。むしろできたばかりのときは「作品」という感覚が遠いのよね。

連 別の聞き方をしたいのですが、例えば「湘南台」のお仕事をされているときは、どの段階で一番快感を感じましたか（笑）？

長谷川　コンペ案をスケッチし、図面化をしていたときです。その後は苦労ばっかりだったから（笑）、快感にはならなかったですね。市民との対話はたいへんだし、スタッフとの対話もたいへんだし！

連　「快感」という言い方が良くなかったかもしれないですね（笑）。「喜び」ではいかがですか？どのタイミングで一番喜びを感じられたのでしょうか？

長谷川　最初はすごく怖かった高齢者の住民たちが、ＢＢＣの取材で「長谷川と一緒につくったんだよ」と話したと知ったとき、私はうれしかったですね。市民参加の活動を一緒にやるようになって、みんなに賛同してもらって、工事が始まると「楽しみにしていますよ」と声をかけられながら建物ができていく。その過程が一番うれしかったですね。

註

★1 菊竹清訓は建築を「か＝構想」「かた＝技術や形状」「かたち＝形態」という三つの過程を通して設計する、という方法で、事務所もこの三つのチームに分けていた。「か」のチームは初期段階の構想をつくり、「かた」のチームは設計図面を担当していた。

★2 長谷川は横浜市にある関東学院大学に入学し、菊竹清訓の下で設計経験を積んだ後、篠原一男が教える東京工業大学で学んだ。

論考

長谷川逸子の発した問い
——「藤沢市湘南台文化センター」をめぐって

門脇耕三

いかに世界に触れ、他者と関わるか

連勇太朗

長谷川逸子の発した問い――「藤沢市湘南台文化センター」をめぐって

門脇耕三

長谷川逸子をめぐる仮説

長谷川逸子は、権力や権威に一貫して抗い続け、常に民衆を向いてきた建築家である。一九九〇年に完成させた「藤沢市湘南台文化センター」の設計の過程においても、当時としては珍しく、長谷川は粘り強く市民と対話を重ねていた。こうした事実は、公共建築における市民参加が常識となりつつある現在、再び注目を集めるようになってきている。[★1]また「藤沢市湘南台文化センター」は、長谷川の代表作と言ってよいが、こうした作品を通じて長谷川が建築界での地位を確立していった時期は、日本経済が異常に拡大したバブル期に重なっている。しかし長谷川は、市場に翻弄されることも、ポピュリズムにくみすることもなかった。

騒乱の時代にあった物事の真の意味を見定めることは難しいが、それに加えて、当時から既に三〇年以上の時間が経過している。そこで、このプロジェクトで長谷川を取り上げるに当たって、ひとつの仮説を提出し、これを定規に検証を進めてみたいと思う。すなわち、「藤沢市湘南台文化センター」は、一九七〇年代の日本の住宅で試みられた様々な実験の成果が、公共建築として結実した作品として捉えられるのではないか、というものである。日本の小住宅の実験性は世界でも知られているが、スケールや意思決定の仕組みなど、住宅と何もかもが異なる公共建築との結び付きは、これまで考えられてはこなかった。では、小住宅での実験は、いかにして公共建築へと結実することになったのか。

この仮説の検証には、当時の膨大な資料の研究に加えて、長谷川本人と対峙することを要したが、小住宅と公共建築のパラドキシカルな関係をめぐる一連の検証作業は、ポストモダニズムのただなかにあった、日本の一九八〇年代の建築の豊かさの見直しへと導かれていった。ともあれ、その詳細の理解に至るために、まずは多少の背景を語っておく必要があるだろう。

「藤沢市湘南台文化センター」がもたらした衝撃とその消費

長谷川は、槇文彦が「平和な時代の野武士達」と呼んだ、一九四〇年前後に生まれた建築家たちのひとりである。槇は、『新建築』一九七九年一〇月号に掲載された小論[★2]にて、まだ若かった長谷川たちの世代の建築家を「野武士」と表現した。野武士とは主君をもたない侍たちで、槇は、ごく当たり前の庶民のための住宅を、しかし建築への情熱を通じて作品へと昇華させる若い建築家たちに野武士の幻影を見たのだった。

そうした若手建築家のひとりだった長谷川が、一気にスターダムへと駆け上がったのは、一九八五年のことだった。この年に長谷川は、前年に竣工した「眉山ホール」により、国内で最高の建築賞とされる日本建築学会作品賞を受賞する。それとほぼ時期を同じくして、千人以上の応募登録と二一五もの応募作品を集めた、藤沢市の文化センターのコンペティションに勝利する。ふたつの快挙を同時に成し遂げた長谷川は、一躍時の人となった。またこの出来事は、日本の建築家の世界にもようやく女性が本格的に進出し始めたことを、強く印象付けるものになった。[★3]

長谷川のコンペ案のデザインはきわめて斬新で、当選が報じられた直後から、実現に要するだろう設計の労力と、工費に関する不安の声が上がるほどだった。[★4]しかし長谷川は、数々の困難を乗り越え、この提案を「藤沢市湘南台文化センター」として一九九〇年に完成させる。完成前の不安の声をよそに、それはむしろ、ハイテックな未来の集落のようなコンペ時のイメージを、さらに強化したものとして出現した。

「藤沢市湘南台文化センター」は、旧来的なフォルマリズムを退け、カオティックでありつつも軽くて現象的な、まったく新しい建築によるものとして衝撃をもって迎えられた。しかし不幸だったのは、竣工が日本のバブル景気のピークに重なったことである。やがて訪れたバブル崩壊後の景気低迷の時代に、狂乱的な経済によって実現した遊戯的な建物として受け取られることとなってしまったのである。「藤沢市湘南台文化センター」は、実際には、バブル景気前の建設単価を根拠にした予算で建設されたため、むしろローコストな建物である（長谷川が当選したのは一九八六年四月であるが、バブル景気は一九八六年一二月に始まったとされている）。

しかし往々にして、こうした誤解ははびこりやすい。筆者が大学に入学した一九九〇年代後半頃には、「藤沢市湘南台文化センター」は一時代前の建物と受け取られるようになっており、既に当初のみずみずしさを失っていたと記憶している。「藤沢市湘南台文化センター」は、コンペの結果が大きな話題となり、注目の作品として設計の経過も建築作品誌などのメディアで報じられているが、[★5]その注目度の高さゆえ、コンペから竣工までの間に、長谷川案に感化された類似の作品が数多く出現したことも、[★6]この作品の急速な消費に輪をかけたのだろう。

日本のポストモダン建築の実像

では、なぜ一九七〇年代後半の日本に、小住宅と格闘する「野武士」たちが登場することになったのか。ここでさらに、日本の現代建築の歴史的な流れを大まかに振り返っておこう。

太平洋戦争後に再出発した日本の建築は、戦争で壊滅した都市と人々の生活を回復すべく、工学的な知見に裏付けられた設計の合理化と、建築生産の工業化を大規模に推し進め、すぐに大量の都市建築物や住宅の供給を果たした。この動きを主導したのは官僚機構であったが、建築家とテクノクラートによる進歩主義的な都市像・建築像が極まって、ユートピア然とした実像として焦点を結んだのが、「人類の進歩と調和」をテーマに掲げて一九七〇年に開催された、日本万国博覧会（大阪万博）であった。

一方、この頃の世界では、それまでの近代主義に対する異議が、様々なかたちで申し立てられていた。一九六八年にはパリで五月革命が起こり、その波はミラノやヴェネチアにも飛び火して、ミラノ・トリエンナーレとヴェネチア・ビエンナーレの会場が学生や若い芸術家によって占拠された。こうした動きと呼応するように、ヨーロッパでは若い建築家による前衛的な建築運動が盛んになったが、磯崎新は、雑誌『美術手帖』で一九六九年末から開始した連載を通じて、その中心にいた建築家たちをいち早く日本に紹介した。[★7] 翌年の大阪万博は、日本の建築界における近代主義のピークであったが、世界的な趨勢には逆らえない。日本においても進歩主義的な近代主義はほどなくして挫折し、これに代わる枠組みの模索が余儀なくされたのであった。

磯崎よりさらに若い世代の「野武士」たちは、近代主義の挫折にもっとも敏感に反応した建築家だった。槇が「野武士」と呼んだ長谷川に加えて、石山修武、安藤忠雄、伊東豊雄ら同世代の建築家はそれぞれ、官僚機構をはじめとする権力に依存せずに、現代の民衆のための建築を模索したのである。だから一九七〇年代には、主に小住宅を舞台として、若い建築家たちの様々にラディカルな試行が多様な作品として花開いた。これを「狂い咲き」と表現した書籍すらある。[★8] いずれにせよ、一九七〇年代の日本の小住宅には、社会に対して今なお本質的な問いを発しているものが少なくない。

しかし一九八〇年代に入ってしばらく経つと、日本の建築は迷走を始める。この頃には社会資本が充足されて、本格的な消費社会が到来し、資本主義やポピュリズムに従属したような建築作品が登場するようになった。バブル景気の到来は、これに輪をかけた。時代は折しもポストモダン建築が全盛の頃だったが、日本の建築にも、自国の歴史とは連続しない西洋建築由来の記号化されたエレメントが乱舞するようになった。建築は遊戯性を極め、そしてバブルの崩壊と共に、すべてが一気に瓦解した。一九九五年に日本を襲った阪神・淡路大震災や、オウム真理教が起こしたテロ事件が、無根拠に高揚した気分にとどめを刺した。バブル期の過剰で装飾的な建築は忌み嫌われるようになり、一九九〇年代後半以降の日本の建築は、洗練されたミニマルな表現に急速に舵を切っていくのである。

「藤沢市湘南台文化センター」の特色

「藤沢市湘南台文化センター」は、こうした流れのなかにあって、不幸にも影響力を弱めてしまった作品だと私は考える。そこで私は、「小住宅での実験が公共建築として結実した」という自身の仮説を確かめるべく、公表されている資料に加え、長谷川の事務所が保管している資料の検討を行った。すると、以下のような点が際立った特色として浮かび上がってきた。すなわち長谷川は、

一　市民と共に考えながら建築をつくった

「藤沢市湘南台文化センター」では、設計の過程で一般向けの集会を介した市民参加などの先進的な試みが行われている。ここで長谷川は、これまでの「市民を啓蒙する建築家」（権威としての建築家）に対して、「市民と考える建築家」（傍らに立つ建築家）というあり方を示した。

二　運営にも果敢にコミットした

「藤沢市湘南台文化センター」は、公共施設の運営のあり方に計画段階から建築家が関わった、当時としては希有な例である。これを起点に、その後の長谷川の事務所では、公共建築のプログラムに関わる方法が確立されていく。

三　コレクティブな制作を主導した

長谷川は「藤沢市湘南台文化センター」を「第二の自然としての建築」というキーワードで説明するが、その言葉に違わず、そこでは人工的な地盤（スラブ）を一種のプラットフォームとして、建築とも家具ともつかない様々なエレメントが、アドホックな様相でしつらえられ、あたかも花を咲かせているかのようだ。それらのエレメントには、パンチングメタルや瓦など、新しいものから伝統的なものまで多様な材料が用いられているが、その少なくない部分が、コスト難を直接的な理由として、建築設計者・アーティスト・学生などによって制作されたものだという。つまりあのエフェメラルなデザインは、たくさんの人々のクリエイティビティが渾然一体となった、コレクティブな制作の結果として理解することができる。

四　生産システムに介入した

一九八〇年代後半は、工業部品や工業化構法がほぼ行き渡り、建築生産システム全体の工業化が完成する直前の時期であった。しかし「藤沢市湘南台文化センター」には、建築設計者の制作への参加などを通じて、手仕事的な要素が混入している。また、ドームに用いられたアルミ溶射をはじめとする様々な技術開発が行われており、長谷川自身も建築の生産システムに対して積極的に介入している。その意味で長谷川は、高度化した建築生産システムから疎外されていくその後の建築家たちとは一線を画している。

五　建築界に新しい「話法」をもち込んだ

「藤沢市湘南台文化センター」は、日本の建築界への女性の本格的な参入を印象付けたプロジェクトであり、それ以前はホモソーシャルで、したがって男性的な「話法」しか存在しなかった建築界に、これまでとは異なるジェンダーに対応した新しい「話法」がもち込まれた画期のひとつとなった。

以上のような特色は、そのどれもが、現代の建築界に対してもきわめて批判的な問いとして機能し得る。そこで二〇一九年三月二三日に長谷川に対して行われたインタビューでは、当時の資料に基づきながら、上記の五つについての実情が主に問われることになった。

結論から言えば、長谷川へのインタビューは、きわめてエキサイティングなものだった。既に述べたとおり、日本の一九八〇年代の建築は、いわゆるポストモダン建築として、その前後と断絶していると理解されることが一般的である。しかし、少なくとも「藤沢市湘南台文化センター」においては、一九七〇年代に若き建築家たちが小住宅を通じて発したラディカルな問いが、より社会性を増して大きく展開していたのであり、今回の対話は、このことを確信させるものになった。ここで明らかになったことを通じて、日本のいわゆるポストモダン建築は、その位置付けの見直しを迫られることになるだろう。

一九九〇年代後半以降の日本の洗練された現代建築の路線は、二〇一一年の東日本大震災などを経て、行き詰まりを迎えつつあるように見える。その打開策は、一九八〇年代の日本の狂騒の陰で行われていた、大胆な建築的実験に見出すことができるかもしれない。

以上が、インタビューを終えた私のポストスクリプトである。

註

★1 「藤沢市湘南台文化センター」の設計プロセスを扱った最近の記事としては、長谷川逸子(談)「「湘南台文化センター」(一九九〇)の設計プロセス——権威主義が崩れ始めたころ」(『建築雑誌』第一三三集、第一七〇七号、三一六頁、日本建築学会、二〇一八年)などが挙げられる。

★2 槇文彦「平和な時代の野武士達」(『新建築』一九七九年一〇月号、一九五—二〇六頁、新建築社、一九七九年)参照。

★3 例えば建築家の平山明義はこのコンペの結果を受けて、「時代は着実に女性のものになりつつある」と評している。平山明義「月評」(『新建築』一九八六年五月号、二九〇—二九一頁、新建築社、一九八六年)参照。

★4 高橋靗一「月評」(『新建築』一九八六年五月号、二八九頁、新建築社、一九八六年)参照。

★5 長谷川逸子「湘南台文化センター実施案」(『新建築』一九八七年九月号、一八三—一八六頁、新建築社、一九八七年)など参照。

★6 建築家の小林克弘の証言に基づく。小林克弘「月評」(『新建築』一九八九年一〇月号、三二五—三二六頁、新建築社、一九八九年)参照。

★7 一九七三年まで続いた磯崎による連載は、書籍『建築の解体』(美術出版社、一九七五年)としてまとめられ、後々まで強い影響を及ぼした。

★8 エクスナレッジ(編)『住宅70年代・狂い咲き』(エクスナレッジ、二〇〇六年)参照。

いかに世界に触れ、他者と関わるか

連勇太朗

手法の不在

一九六〇年代を起点とした社会の大きな変化は、権威主義的なものに対する反発が公民権運動、反戦運動、女性解放運動など種々のかたちをとって展開したことである。それは、政治家や専門家が特権的に知や力を有することに対する反抗の意志であり、性別、人種、社会階層を理由に抑圧されてきた人々による、公平性を求める異議申し立てであった。こうした社会の変化は建築・まちづくりの領域にも広く波及し、参加型デザインが探求されるきっかけをつくった。

長谷川逸子による「藤沢市湘南台文化センター」(一九九〇)は、公共建築の設計に市民参加を織り込んだという先駆性、そしてその完成度から、国内の参加型デザインの歴史において重要な作品であることに疑いの余地はない。しかし不思議なことに、その設計プロセスからは、長谷川が考案した独自のワークショップや明確な理論や手法を見出すことはできない。「Meanwhile in Japan」のダイアローグにおいて、筆者は背景にある方法論について聞き出そうとしたが、その思惑はあっさりと裏切られた。むしろ浮かび上がってくるのは、建築家が市民の声に真摯に耳を傾け、設計意図を丁寧に説明しようとする愚直なまでの姿勢である。そうした態度は当初あまりにも素朴過ぎるように感じた。何らかの理論的枠組みを通して参加と協働について議論する必要があるのではないかと私が考えていたからだ。しかし、そうした思考こそが、参加型デザインに対するある先入観に囚われたものであるということにやがて気付かされた。

方法論としての発展

建築や都市デザインの領域において、参加型デザインの取り組みは特定の理論や手法と結び付きながら発展してきた。例えば、誰もがまちや建築の設計プロセスに参画できるようにするためにクリストファー・アレグザンダーが開発した「パタン・ランゲージ」は、建築的・空間的な知識を共有するための体系的かつ厳密な手続きや評価方法をもったデザイン理論である。ローレンス・ハルプリンの「RSVPサイクル」は、リソース（R）、スコア（S）、ヴァリュアクション（V）、パフォーマンス（P）という四つの要素を通じて、集団的創造や共有体験を創出するための思考的フレームワークだ。ほかにも、構法的なアプローチとして、ニコラス・ハブラーケンの「オープン・ビルディング理論」、セルフビルドの先駆者であるウォルター・シーガルによる「シーガル・メソッド」など、ユーザーや居住者が自らの手で環境を創出するために必要な協働や創造のための手法や枠組みが様々なかたちで提案され発展してきた。また、こうした建築家やデザイナーによって確立された方法論だけにとどまらず、フィールドワークやワークショップなどの領域では、既に数多くの手法が広く一般化している。

こうした参加型デザインの歴史的系譜があるがゆえに、「藤沢市湘南台文化センター」を通して、長谷川から方法論めいた言葉を聞き出そうとした筆者の意図は、ごく自然な発想であったと言える。しかし、長谷川との対話は、それだけでは、参加型デザインの本質的な意義や可能性を十分に掬い取ることはできないという至極当たり前の事実を、深く突きつけられる機会となった。「そこに住み、その建物を使う人たちとコミュニケーションをとりたい」という今では当たり前になった建築家としての願望を、当時、多くの権威主義的な建築関係者から反対されたにもかかわらず、自然に貫いてみせた長谷川の、世界に対するその眼差しや認識に、近代の閉塞感を打破する鍵が隠されている気がしたのだ。その「鍵」とは、現代の多くの建築家やデザイナーが直面している課題の根本が、ひとりの人間としてどのように世界を認識し他者と対話するのかという認識にあると言っていいのかもしれない。技術論の前に、その「姿勢」や「態度」が問われているのだ。それは参加型デザインのもつ革新性の核であるが、ある特定のジャンルに限定され縛られる問題系では決してない。

「専門家」の読み替え

こうした問題意識は、そのまま脱専門家や脱専門性の問題系とも地続きだ。一九七〇年代、欧米で専門家の信頼が失墜していたそのとき、ドナルド・ショーンは科学的に一般化・標準化された知識を、ある状況や課題の解決のために一方向的に適用する思考（＝ものの見方）を「技術的合理性」として批判した。そして、そのオルタナティブとして、状況と対話しながら、特定の行為のなかの省察を通じて専門性を発揮し、知を生成していく「省察的実践」という認識モデルを提示する。彼は専門家を、現場に知を適用する主体ではなく、相互作用を通して現場で知を生成する主体として読み替えたのである。

このような認識に基づけば、専門家としての建築家やデザイナーの仕事は、ユーザーを含めた多様なアクターとの積極的な関係性のなかから物理的環境の形成に貢献するプロセスであると見なすことができる。ゆえに私たちが見極め評価しなければいけないのは、建築家やユーザー自身が変化し、それによって新しい価値や発見が生み出されるという、フィードバックの循環であり、その質である。

一九六〇年代以降の多様な参加型デザインの取り組みも、改めてこうした視座から評価することは決して無駄なことではないだろう。つまり、ワークショップやセルフビルドなど形式的・技術的側面に注目するあまり、ユーザー参加でありながらも権威主義的構造がそのまま温存されてしまっているプロジェクトもあるだろうし、その奇抜かつ特徴的な形態から、所謂ポストモダン建築のひとつとして片付けられ、背後にあるコミュニケーションと形態の関係が十分に理解されないまま正当な評価を受けていないものも数多くあるはずだ。その解明や評価のためには、建築家自身の言説だけでなく、建築やまちづくりのプロジェクトに関わった様々な主体からの多層的な声が必要であり、それは今後の建築学やメディアがプロジェクトをどのように記述・表現・発信するかということにも関わってくる。

共感的なアプローチへの転換

現在も私たちの世界には、人種差別、ジェンダー、グローバルサウスの問題など格差や搾取の課題が継続しており、半世紀前と違ったかたちで異議申し立てが行われ続けている。そして厄介なことに、その対象となる範囲は人間社会にとどまらず、動植物、微生物、機械を含めた多様なものへの配慮や考慮も必要になってきている。コミュニケーションの範囲に含め、関係性のなかに組み込むべきアクターが限りなく広がっているのだ。建築家やデザイナーの「ものの見方」がこれほどまでに問われる時代があっただろうか。

私たちの社会は常に特定の対象を特権化し、それ以外を従属化させる力学を内に孕んでいる。そうした構造を柔らかくほぐし、フラットに世界を眺めるための術が必要だ。このことの認識や術を私たちひとりひとりがもち合わせることができるか。それが問われているのかもしれない。世界を常にフラットに眺めなくてはならないという認識と術を獲得するための鍛錬があってこそ初めて、方法や理論が役立つ場面が訪れるのだろう。こうした鍛錬はどんな建築家にとっても容易いことではなく、誰もがもつ旧態依然とした専門家観や権威主義の残滓といったものとの不断の闘いを余儀なくされる。そうした意味では長谷川逸子でさえ、この闘いから自由ではない。

現代は、かつてないほど社会的・環境的な課題に直面し、これまでの価値観や枠組みが揺らいでいる時代である。同時に、専門家が関係性のなかに組み込むべきユーザーやアクターも限りなく多様化している。そのなかで、私たちが目指すべきは、近代的な人間観や専門性に対する認識の再構築であり、専門家としてのあり方を徹底的に見直すことである。知識や力を一方向的に押し付けるのではなく、多様な視点やアクターとの相互作用を通じて、より包括的かつ共感的なアプローチによって環境を創造していくことが求められる。そのためには、私たちひとりひとりが自身の「ものの見方」や「態度」を深く省察し、社会の変化に柔軟に対応し続ける力を養うことが重要なのだ。

本書は下記３冊を原書として、増補・加筆修正を行った日本語版である。
Itsuko Hasegawa with Kozo Kadowaki and others – Meanwhile in Japan.
Canadian Centre for Architecture, 2021.
Hiroshi Hara with Mikio Wakabayashi and others – Meanwhile in Japan.
Canadian Centre for Architecture, 2022.
Toyo Ito with Koji Ichikawa and others – Meanwhile in Japan.
Canadian Centre for Architecture, 2023.

Meanwhile in Japan（CCA c/o Tokyo プログラム）
キュレーション　太田佳代子
リサーチ・リード＋対話者　門脇耕三　若林幹夫　市川紘司

リサーチ協力
〈長谷川逸子〉水田寛美　室岡有紀子　六反田千恵（gallery IHA）　青山道乃（長谷川逸子・建築計画工房）
〈原広司〉　住田百合耶　砂川晴彦　中園幸佑（原広司＋アトリエ・ファイ建築研究所）
〈伊東豊雄〉　谷繁玲央　星野拓美　稲垣晴夏　太田由真（伊東豊雄建築設計事務所）

ダイアローグ 〈危機〉の時代の長谷川逸子・原広司・伊東豊雄

2025年4月21日　初版第1刷

著　者　長谷川逸子／原広司／伊東豊雄
門脇耕三／若林幹夫／市川紘司／連勇太朗
太田佳代子／ジョヴァンナ・ボラージ／アルベール・フェレ
編　集　富井雄太郎／ケイト・イェー・チウ／太田佳代子
原書シリーズ編集　アルベール・フェレ
デザイン　佐藤亜沙美
印刷・製本　シナノ書籍印刷
発　行　富井雄太郎
発行所　millegraph　Canadian Centre for Architecture
tel & fax　03-5848-9183
mail　info@millegraph.com
https://www.millegraph.com/

ISBN978-4-910032-12-2　C0052　Printed in Japan

アーカイブ資料・ダイアローグ撮影
〈長谷川逸子〉ケース・表紙・pp.2-32: 大町晃平